COURS D'ÉTUDE

POUR L'INSTRUCTION

DU PRINCE DE PARME.

COURS D'ÉTUDE
POUR L'INSTRUCTION
DU PRINCE DE PARME,
AUJOURD'HUI
S. A. R. L'INFANT
D. FERDINAND,
DUC DE PARME, PLAISANCE, GUASTALLE,
&c. &c. &c.

Par M. l'Abbé de CONDILLAC, de l'Académie françoise & de celles de Berlin, de Parme & de Lyon; ancien Précepteur de S. A. R.

TOME DIXIEME.

INTRODUC. A L'ÉTUDE DE L'HISTOIRE ANCIENNE.

A PARME,
DE L'IMPRIMERIE ROYALE.

M. DCC. LXXV.

TABLE DES MATIERES.

LIVRE QUINZIEME.

Considération sur les progrès de la religion dans les trois premiers siecles.

Pag. 1.

Dans quel esprit on doit étudier la religion. Quelles doivent être à cet égard les études d'un prince. Quelle doit être sa piété. Protection qu'il doit à l'église.

CHAPITRE I.

État des Juifs sous les princes Asmonéens & sous Hérode.

Pag. 7.

Sous Simon, les Juifs devinrent indépendants. Sous Jean-Hircan, ils font des conquêtes;

mais ils font troublés par la haine réciproque des Pharisiens & des Sadducéens. Aristobule prend le premier le titre de roi & regne en tyran. Et sous Alexandra qui ne montre que de la foiblesse. Hircan qu'elle a choisi pour successeur est forcé de céder à Aristobule son frere. Pompée rend la couronne à Hircan. Nouveaux troubles. Antoine donne la couronne à Hérode qui croit s'affermir en répandant le sang. Les propheties s'accomplissent.

CHAPITRE II.

Des opinions des philosophes payens avant Jesus-Christ, & dans les trois premiers siecles de l'église.

Pag. 15.

Sous Alexandre, les sectes de la Grece se répandent en Asie. Elles s'établissent en Egypte sous Ptolemée-Soter. Sous Philadelphe qui bâtit le Musée. Sous les successeurs d'Evergete, les philosophes fuyent. A leur retour, l'Egypte devint le centre de toutes les sectes. Origine du Sincrétisme. Ignorance & superstition des Egyptiens. Conduite de leurs prêtres qui veulent tout concilier. Toutes les sectes. Origine de l'Eclectisme. Chef de cette secte. Objet que se proposoient les Eclectiques. Leur enthousiasme. Leurs *principes absurdes. Ils defendent l'idolatrie par des allégories. Ils employent contre la religion chrétienne le mensonge & l'imposture. L'éclectisme n'étoit qu'un sincrétisme absurde.*

CHAPITRE III.

Des opinions qui se sont introduites parmi les Juifs 300 ans environ avant Jesus-Christ.

Pag. 29.

Quand & pourquoi les Juifs d'Alexandrie adopterent le sincrétisme. Commencement de la vie ascétique parmi les Juifs. Comment les Esséniens & les Thérapeutes adoptent des idées Pythagoriciennes. Les Juifs d'Egypte portent en Judée leurs usages. Maniere de vivre des Esséniens. Ils éprouvoient ceux qu'ils recevoient. Combien ils étoient attachés à leurs superstitions. Leur doctrine. Les Thérapeutes plus contemplatifs que les Esséniens & plus enthousiastes. Cette vie ascétique a été admirée avec peu de fondement. Les Pharisiens ont embrassé la philosophie mystérieuse & symbolique. Ils ont surchargé la loi d'œuvres surérogatoires. Leur doctrine. Ils subsistent encore sous le nom de Rabins. Les Sadducéens rejetoient les allégories & les interprétations, & s'en tenoient à la lettre de l'écriture. Ils tomboient dans des erreurs afin de ne pas penser comme les Pharisiens. La secte des Caraïtes étoit la plus raisonnable. Les sectes des Juifs étoient unies de communion.

CHAPITRE IV.

Des obstacles qui s'opposoient à l'établissement de la religion Chrétienne.

Pag. 46.

Obstacles qui s'opposoient à la propagation du Christianisme. Premier. Les sectes qui divisoient les Juifs. 2me. Les caractères de ces sectes. 3me. Les préjugés des Juifs. 4me. L'idée fausse que la plupart se faisoient du Messie. 5me. Les faux dieux dont le culte étoit cher, principalement aux Romains. 6me. Les imposteurs alors fort communs. 7me. Le peu d'étonnement que causoit le courage des martyrs. 8me. La prévention contre les Juifs. 9me. Le mepris des Juifs pour les Chrétiens. 10me. Les philosophes intéressés à combattre le Christianisme. En un mot, tous les préjugés qui regnoient.

CHAPITRE V.

Considérations sur le premier siecle de l'église.

Pag. 54.

Combien la raison est insuffisante pour éclai-

rer le préjugés. Des hommes ignorants étoient destinés à les éclairer. Ses miracles sont des démonstrations à la portée de tous. Premieres prédications dans la Palestine. Simon le magicien. Source de ses erreurs. Son système. Ses impostures. Que les Romains ne l'ont pas mis au nombre de leurs dieux. Autre fait qu'on rapporte avec aussi peu de fondement. Les Gnostiques ont puisé dans la même source que Simon. Leurs erreurs. L'église fait des progrès. Mœurs des premiers chrétiens. La conversion des Gentils donne lieu à une question, & au premier concile. La charité régnoit parmi les églises. Des imposteurs troubloient la paix. Persécutions sous Néron. Sous Vespasien, les Juifs restent sans temple & sans sacrifices. Les Chrétiens sont enveloppés dans la persécution que Domitien fait aux Juifs. Prévention générale contre les Chrétiens. Les prêtres du paganisme & des philosophes calomnient l'église.

CHAPITRE VI.

Idée générale des événements dans le second siecle de l'église.

Pag. 74.

Sous Nerva, les Chrétiens goûtent la paix. Ils sont persécutés sous Trajan. Mais on ne sait quels crimes leur imputer. Pourquoi la persécution est plus grande sous Adrien. Premieres apologies. La persécution diminue. Les Juifs sont entierement chassés de Jérusalem. Commencement de la doctrine des deux principes. Conversion de St. Justin. Les persécutions qu'elles n'ont pas empechées redoublent sous Marc-Aurele. Autres écrits pour la défense de la religion. Montan, faux prophête. Erreurs des Montanistes. Hérésie des Eucratites ou Continents. Pourquoi les persécutions cessent sous Commode. Ouvrages de St. Irénée contre les hérétiques. Question sur le jour que la pâque doit être célébrée. Les hérésies & les persécutions dans le 2ᵉ siecle n'ont pas empêché les progrès de l'église.

CHAPITRE VII.

Considérations sur le second siecle.

Pag. 89.

Dans le premier siecle, l'évangile étoit prêché avec la plus grande simplicité. Dans le deuxieme, il attire l'attention des savants & des philosophes. Alors les sectes de philosophie tomboient dans le mépris. Les hommes les plus éclairés se convertissoient. Ils combattoient toutes les sectes de philosophie. Quelquefois ils en corrigeoient le langage, & revendiquoient les vérités qu'elles enseignoient. C'est sous différents points de vue que les peres du 2e siecle louent & blâment les mêmes sectes. Ils rejetoient Aristote. Ils faisoient cas de Platon. Ils ne croyoient penser comme lui que parce que, selon eux, Platon avoit pensé en Chrétien. Par là, ils se rapprochoient des philosophes, qui quelquefois se rapprochoient aussi des Chrétiens. Et on entreprend de faire voir que ce que la religion enseigne s'accorde avec ce que les philosophes ont dit de mieux. On parloit quelquefois de la religion comme si elle n'eût été qu'une philosophie plus saine. Il y avoit du danger à vouloir la concilier trop avec la philosophie. Il en naquit des héréfies.

CHAPITRE VIII.

Depuis le commencement du troisieme siecle jusqu'en 325, que Constantin donna la paix à l'église.

Pag. 101.

L'éclectisme étoit la philosophie du 3e. siecle. Dangers de cette philosophie ténébreuse. Les Eclectiques se piquoient d'être gens de lettres, &, surtout, orateurs. Les peres de l'église qui se prêtent au goût du siecle s'appliquent à toutes les études des Grecs & s'éloignent de plus en plus de la simplicité des Apôtres. Sous Sévere, une persécution excite le zéle de Tertullien. Objet de Tertullien dans son apologie. Erreurs où tombe Tertullien. Dans les temps de paix, les Chrétiens étoient persécutés par les jurisconsultes. Zéle des Chrétiens & leurs écoles. St. Clément d'Alexandrie prend la défense de la religion. Source des erreurs où il est tombé. Origenes célébre de bonne heure & persécuté par Démétrius évêque d'Alexandrie. Il a formé un grand nombre de disciples. Il a fait quantité d'ouvrages. Il est tombé dans des erreurs. Persécution sous Maximin, assassin d'Alexandre Sévere. Les Chrétiens avoient alors des églises publiques. Leurs mœurs se corrompent, parce qu'ils sont long-temps sans être persécutés. Cruelle persécution. Grand nombre de Chrétiens succombent. Beaucoup aussi souffrent le martyre. La persécution ayant cessé, on demande si l'église pouvoit absoudre les apostats. Erreurs de Novatien à ce sujet. Novatien est le premier anti-pape. Il est condamné. Après quelques persécutions, la paix est rétablie dans l'église. Dispute sur la validité du baptême des hérétiques. Manès. Il établissoit deux principes. Persécution sous Dioclétien. Lâcheté de ceux qu'on nomma traditeurs. Schisme des Donatistes. Commencement de l'Arianisme.

CHAPITRE IX.

De la discipline dans les trois premiers siecles.

Pag. 131.

Pourquoi la discipline a varié dans les trois premiers siecles. Usages généraux. Lieux où l'on s'assembloit. Peu de cérémonies. Jours solemnels. Comment les Gentils étoient reçus dans l'église. Pénitence publique. Ce que l'église exigeoit dans ses ministres. Subordination qui s'établit parmi eux. Usage des excommunications. La célébration de l'Eucharistie. Les jeûnes des Chrétiens. Les opinions qu'on avoit sur le mariage portoient au célibat. Commencement de l'ordre monastique.

CRAPITRE X.

Conclusion de ce livre.

Pag. 141.

Les apôtres étoient convaincus de la vérité de l'évangile qu'ils préchoient. L'accomplissement des anciennes prophéties, premier motif de leur conviction. Les miracles de Jesus-Christ, *second motif. L'accomplissement des prophéties de Jesus-Christ, 3e motif. Comment les apôtres convaincus ont donné de nouveaux motifs de conviction pour les hommes éclairés qui se sont convertis dans le second siecle. Motifs de conversion dans le 3e siecle.*

LIVRE SEIZIEME.

CHAPITRE I.

La conduite de Constantin par rapport à l'église.

Pag. 152.

Il suffit de considérer Constantin sous deux points de vue. Constantin fait triompher la religion. Il répare les maux que la persécution avoit faits. Il accorde des exemptions au Clergé. Inconvénients de ces exemptions. En voulant remédier à ces inconvénients, Constantin en occasionne d'autres. Il consacre le dimanche à la priere. Il autorise le célibat en croyant faire respecter la virginité. Il permet de faire les affranchissements dans les églises. Il permet de laisser aux églises telle part de bien qu'on jugera à propos. Il confie l'administration de la justice aux evêques.

Moyens de Constantin pour abolir le culte des idoles. Sa conduite avec les Donatistes. Faux jugement de Constantin sur la doctrine d'Arius. Concile de Nicée. Conduite de Constantin avec les Ariens. Sa conduite avec les Catholiques.

CHAPITRE II.

La conduite de Constantin par rapport à l'empire.

Pag. 165.

Rome croit trouver un libérateur dans Constantin. Constantin veut tout changer. Il ôte le commandement aux préfets du prétoire. Quelle avoit été la puissance des préfets du prétoire. Pour assurer leur despotisme, les empereurs s'étoient donnés des maîtres dans leurs préfets. Cependant il ne falloit pas casser les gardes prétoriennes. Conséquences qui en dévoient résulter. Constantin partage l'empire en quatre gouvernements & croit assurer sa puissance. Il croit encore l'assurer en créant des grands avec des titres sans autorité. C'est aussi par cette raison qu'il porte le siége de l'empire à Constantinople. Mort de Constantin.

CHAPITRE III.

De l'état de l'empire vers les temps de Constantin.

Pag. 176.

Epuifement de l'empire lors de la fondation de Conftantinople. Accroiffement du luxe. Haine mutuelle des fectes, qui arment tour à tour le fouverain contre les fujets. Quels étoient anciennement les droits du fénat. A quoi fe bornoient ceux de l'empereur. Les bons empereurs ont reconnu des bornes à leur puiffance. La flatterie même, contenue par l'opinion publique, a été forcée à refpecter ces bornes. Comment le fénat perd fes droits. Combien les droits du fénat de Conftantinople étoient différents. Cette confufion permit à Conftantin de regarder l'empire comme fon patrimoine.

CHAPITRE IV.

Digreffion fur les grands empires & fur les peuples qui environnoient l'empire Romain après la mort de Conftantin.

Pag. 186.

Pourquoi il importe de confidérer la chûte des

des empires qui se sont précipités les uns sur les autres. Fausses idées que les Romains se faisoient de leur empire. Les anciens empires ne sont connus que par des traditions vagues. Quelle idée on peut se faire de l'ancien empire d'Assyrie. De celui de Sésostris. Commencement des Parthes. Le Nord & le midi occupés par des nations bien différentes. Flux & reflux de ces nations. Combien toutes ces nations se confondoient. Des peuples du Nord de l'Asie, & de leur genre de vie. Pourquoi ils ont fait & pourront faire encore de grandes révolutions dans les pays policés. Invasions des Scythes, lorsque les Médes secouoient le joug des Assyriens. L'empire des Assyriens détruit par les Médes & les Babyloniens, qui succombent sous les Perses. Empire d'Alexandre, auquel plusieurs monarchies succédent. Empire des Parthes, qui se rendent redoutables aux Romains. Nouvel empire des Perses sur les ruines de celui des Parthes. Combien les peuples de l'Europe sont différents des peuples de l'Asie. Nations barbares ou peu policées de l'Asie. Nations policées, dès les siecles les plus reculés. Cette différence entre les nations de l'Asie est la cause des révolutions fréquentes. De l'étendue des monarchies de l'Asie. Du despotisme de ces monarchies. Par où les peuplades ont passé d'Asie en Europe. Genre de vie des premiers habitants de l'Europe. Pourquoi les parties occidentales de l'Europe se civilisent les premieres. Il s'y forme de cités. Esprit de ces cités. Usages des Germains pour maintenir l'égalité. Les Grecs cultivent les arts & n'en sont pas moins jaloux de leur liberté. Chez quelles nations se trouve davantage l'amour de la liberté. Effet de cet amour. Les arts passant d'une nation à l'autre les amollissent successivement. Les Germains ne s'amollissent pas. Les Germains au temps de Tacite. Depuis Tacite, les nations germaniques se font connoître sous de nouveaux noms. Au temps de Constantin, deux vastes empires, qui se craignoient & qui devoient être envahis par des nations barbares qu'ils ne craignoient pas.

CHAPITRE V.

Depuis la mort de Constantin jusqu'à celle de Jovien.

Pag. 110.

Les dispositions de Constantin occasionnent le massacre d'une partie de sa famille. Ses trois fils méritent peu d'être connus. Guerre de Constance avec la Perse. Défaite & mort de Constantin, son frere. Pourquoi Constance est favorable aux Ariens. Constance protége les catholiques. Magnence lui ôte l'empire & la vie. Constantine, sœur de Constance, donne la pourpre à Vétranion. Népotien prend la pourpre & périt. Conduite de Magnence. Constance se prépare à la guerre. Il arrive dans la Thrace & entre dans l'Illyrie. Vétranion est relégué en Bithynie. Magnence perd deux batailles & se tue. Constance donne sa confiance aux délateurs. Il est le jouet de ceux qui l'entourent. Multitude de ses valets. Leur avidité. Les grands avoient la même avidité. Les eunuques commencent, sous Constance, à s'élever aux grandes charges. L'intrigue faisoit tout. Gravité ridicule de Constance. Gallus, gouverneur de l'orient. Education de Gallus & de Julien. Mort de Gallus. Silvain, forcé à se soulever, périt par la trahison d'Ursicin. Les Gaules ouvertes aux barbares. Constance donne à Julien le commandement des Gaules. Il entretient les disputes de religion. Il fait un formulaire. Il persécute pour le faire recevoir aux catholiques. Cependant les catholiques lui ont donné des louanges. Les Ariens le méprisoient & lui resistoient ouvertement. Insolence d'un évêque Arien. Elle est approuvée par Constance. Ce prince changeoit continuellement de sectes. Grand tremblement de terre. Conciles de Séleucie & de Rimini. Les évêques catholiques signent une profession Arienne. Ils reviennent *de la surprise qu'on leur a faite. Les Ariens ne peuvent s'accorder. Succès de Julien. Il est proclamé Auguste. Constance meurt & Julien est reconnu. Sa vie mérite d'être étudiée. Cause de ses erreurs. Sa mort. Court regne de Jovien. Barbares qui ont attaqué l'empire pendant le regne de Constance.*

LIVRE DIX-SEPTIEME.

CHAPITRE I.

Depuis la mort de Jovien jusqu'à Théodose.

Pag. 249.

Combien les disputes de religion étoient funestes à l'empire. Tolérance dont Jovien forma le projet. C'est aux circonstances à déterminer ce que la tolérance exige des souverains. Nous ne pouvons pas nous en instruire en observant la conduite des premiers empereurs chrétiens. Valentinien est élevé à l'empire. La tolérance le rend suspect d'indifférence. Son caractère. Il prend pour collegue Valens, son frere. Procope aspire à l'empire & périt. Les barbares tombent de toutes parts sur l'empire. Trahisons des Romains. Schisme à Rome. Mort de Valentinien. Les Huns & les Alains.

Les Goths. Les Goths s'établissent dans la Thrace. Valens, par avarice, s'expose à manquer de soldats. Soulèvement des Goths. Valens perd la bataille & la vie. En occident, Gratien avoit, pour collegue, son frere Valentinien II. Sa foiblesse le rend incapable de soins & lui fait commettre des injustices. Défaite des Allemands. Gratien reconnoissant qu'il ne peut défendre l'empire, s'associe Théodose.

CHAPITRE II.

Théodose.

Pag. 262.

Les Goths obtiennent des terres. Ils servent dans les armées sous des chefs de leur nation. Maux de l'église. La modération de Théodose est blamée. Situation embarrassante de ce prince. Loix qu'il fait contre les hérétiques. Loix contre les Idolâtres. Défauts des loix de Théodose. Concile œcuménique de Constantinople. Théodose fait conférer ensemble les chefs de secte & la dispute les aigrit. Gratien devenu odieux, perd l'empire & la vie. Maxime, qui a fait périr Gratien, arme contre Valentinien, & a la tête tranchée.

L'armée de Théodose étoit presque toute composée de barbares. St. Ambroise empêche de punir les incendiaires d'une synagogue. Conduite de Théodose avec les idolâtres, pendant son séjour en Italie. Pénitence publique de Théodose. Puissance des moines. Valentinien II perd l'empire & la vie. Eugene, qui usurpe l'empire a la tête tranchée. Mort de Théodose.

CHAPITRE III.

Depuis la mort de Théodose jusqu'à la prise de Rome par Alaric.

Pag. 180.

Théodose avoit partagé l'empire entre ses deux fils, Arcadius & Honorius. Foiblesse de ces deux princes. Etat de l'empire. Rufin ministre d'Arcadius. Stilicon, ministre d'Honorius. Ces deux ministres ont entretenu les troubles. L'eunuqne Eutrope. Irruption des barbares dans l'empire d'orient. Stilicon, traversé par Rufin, est forcé de faire retraite devant Alaric. Gaïnas le venge. Mort de Rufin. Eutrope lui succède. Les Goths ravagent la Grece. Stilicon marche contre eux; il est traversé par Eutrope. Eutrope excite des soulévements en occident. Il est fait consul. Trame de Gaïnas contre Eutrope. Eutrope a la tête tranchée. Gaïnas se révolte. Il perd la vie dans un combat contre les Huns. L'orient n'offre que des troubles. Alaric en Italie. Honorius établit son siege à Ravenne. Défaite de Radagaise. Invasion des barbares dans les Gaules. Constantin maître des Gaules & de l'Espagne, & reconnu par Honorius. Alaric menace l'Italie. Mort d'Arcadius & de Stilicon. Trente mille barbares qui avoient servi dans les armées Romaines, passent dans le camp d'Alaric. Rome assiégée par Alaric. Elle capitule. Alaric reprend les armes. Honorius fait des loix pour & contre les payens. Alaric donne & ôte tour à tour la pourpre à Attale. Les Vandales s'établissent en Espagne. Les Armoriques secouent le joug des Romains. Rome est prise par Alaric. Mort de ce conquérant.

CHAPITRE IV.

Jusqu'à la mort d'Honorius.

Pag. 293.

Constantin assiégé dans Arles. Honorius le fait mourir. Ataulfe dans les Gaules. Les Bourguignons s'établissent dans les Gaules.

Révolutions parmi les Goths. Ils s'établissent dans la seconde Aquitaine. Mort de Constantius. Mort d'Honorius.

CHAPITRE V.
Jusqu'aux temps où Attila commence à menacer l'empire.

Pag. 197.

Anthémius gouverne l'empire d'orient. Pulchérie se saisit des rênes du gouvernement. Goût de Théodose le jeune pour les sciences. Sa curiosité ne pouvoit ni se fixer ni se régler. Il se croyoit instruit dans tous les genres. Il s'appliquoit sur-tout à la théologie ; mais sans succès. Fait qui le prouve. Sa piété étoit celle d'un moine. Son ineptie dans les affaires. Il abandonne sa confiance aux eunuques. Injustices sous son regne. Ses ministres achetoient continuellement la paix. Ils se portoient pour juges en matiere de foi. Les bienfaits de Théodose ont été funestes à l'église. Les loix en faveur de la religion occasionnent de grandes violences. Persécution contre les chrétiens & guerre occasionnée par le zéle inconsidéré d'un évêque. Jean proclamé Auguste après la mort d'Honorius. Théodose envoie Valentinien III en Italie. Valentinien est reconnu en occident. Placidie, trompée par Aëtius, force Boniface à la révolte. Boniface livre l'Afrique aux Van-

dales. Rentré en grace, il défait Aëtius, à qui on a ôté le commandement, & il meurt de ses blessures. Aëtius se fait craindre & reprend le commandement des armées. Etat de l'empire d'occident. Provinces qu'il a perdues. L'intolérance armoit tous les peuples. Exemple de cette intolérance. Etat de l'empire d'orient. Hérésie de Nestorius. Caractère de cet Hérésiarque Ses persécutions. Un concile de Constantinople lui est favorable. Un synode de Rome lui est contraire. Un concile d'Ephese, tenu à ce sujet. Conduite de Théodose entre les deux partis. Hérésie d'Eutyckès. Théodose en devient le fauteur. Traité honteux avec Attila & Bléda chefs des Huns.

CHAPITRE VI.
Jusqu'à la mort d'Attila.

Pag. 325.

Guerres en occident. Les Bagaudes. Genseric arme contre Valentinien III, & Théodose arme sans succès contre les Vandales. Attila & Bléda attaquent l'orient. Fierté d'Attila, humiliation de Théodose. Empire d'Attila. Théodose veut faire assassiner Attila. Mort de ce prince. Demande d'Attila à Valentinien. Aëtius défait Attila. Attila en Italie. Sa mort. Son empire finit avec lui. Ce qu'on doit penser de ce barbare.

CHAPITRE VII.

Jusqu'à la ruine de l'empire d'occident

Pag. 323.

Droits de Valentinien III à l'empire d'Orient. Pulchérie dispose de l'empire en faveur de Marcien. Concile de Chalcédoine. Conduite modérée de Marcien. Le regne de Marcien a été tranquille. Mort de Marcien. Mort de Valentinien, à qui Maxime Succéde. Loi de Valentinien favorable au S. Siége. Abrogation d'une loi qui faisoit les évêques juges en matiere civile. Maxime est égorgé & Rome est pillée par Genseric. Avitus qui lui succéde, est déposé & on lui donne l'évêché de Plaisance. Interregne en occident. Léon en orient. Majorien en occident. Majorien est assassiné. Sévérus lui succéde. Léon n'a que des vices. Anthémius, après un interregne, succéde à Sévére. Léon arme sans succès contre Genseric. Il fait assassiner Aspar. Ricimer arme contre Anthémius. Mort d'Anthémius, d'Olibrius qui lui succéde & de Ricimer. Glicerius prend la pourpre & la perd. Julius Népos. Mort de Léon. Un moine Chambellan, & un moine consul. Léon II. Zénon & Basilicus. Népos est chassé. Auguste lui succéde. Odoacre regne en Italie avec le titre de Roi.

CHAPITRE VIII.
Conclusion de l'histoire romaine.
Pag. 333.

Objet de cette conclusion. Les Romains brigands sous Romulus. Sous Numa, sans cesser d'être moins brigands, ils deviennent plus superstitieux. Numa ne leur parle pas d'une autre vie. Ses dieux sont l'ouvrage de l'ignorance la plus grossière. Sa religion toute en cérémonies. Dogme qui s'introduit. Effets de la superstition sur les Romains. Elle ne les portoit pas à la paix. Pourquoi les mêmes superstitions ont eu plus d'influence à Rome qu'en Etrurie. Les Romains n'ont jamais pu avoir une idée de la vraie liberté. Après l'expulsion des Tarquins, les patriciens sont seuls souverains. Auparavant les plébéiens avoient une autorité que les usages limitoient. Autorité que le sacerdoce donne aux patriciens. Après l'établissement du consulat, le gouvernement est une Aristocratie héréditaire & tyrannique. Le tribunal devoit, tôt ou tard, ruiner cette puissance. Peu après l'établissement du tribunat, il y eut deux républiques dans Rome. La loi agraire ne servit qu'à l'élévation des tribuns. Les changements faits dans la forme des comices par centuries, leur furent, sur tout, favorables. Comment les patriciens & les plébéiens cessant de faire deux ordres, on ne distingua plus que le sénat & le peuple. Pendant un temps, l'au-

torité du sénat se maintint par le respect que le peuple avoit pour ce corps. Effets avantageux des dissentions. Comment les dissentions dégénerent en factions & produisent l'anarchie. Cette anarchie prépare les citoyens à plier sous le joug d'un maître. Combien les désordres qui s'introduisent dans les comices, deviennent favorables aux citoyens ambitieux. Sylla est l'époque où les ambitieux aspirent à la tyrannie. Circonstances qui achevent la ruine de la république. Conduite d'Auguste pour assurer sa puissance. Il accoutume le peuple à l'esclavage. Le despotisme se décele sous Tibere. Il se montre à découvert sous Caligula. Sous Claude il met toute l'autorité entre les mains des affranchis. Sous Néron il ose tout. Avidité qui croît avec le luxe. Cette avidité ruine la discipline militaire. Alors la sagesse du prince faisoit seule toute la force du gouvernement. C'est de l'usage que les princes justes font de l'autorité, que nous devons apprendre quels sont les droits des souverains. Sort des despotes qui mettent toute leur confiance dans les soldats. Dioclétien ôte aux soldats le pouvoir de vendre l'empire. Comment le gouvernement de Rome se complique, à mesure que l'empire s'étend & que la corruption générale des mœurs en désunit les parties. En changeant tout, Constantin a précipité la ruine de l'empire. Sur la fin de l'empire, l'ignorance confond toutes les idées. Tout concourt à la ruine de l'empire.

INTRODUCTION A L'ÉTUDE DE L'HISTOIRE.

LIVRE QUINZIEME.

Considération sur les progrès de la religion dans les trois premiers siecles.

On est également condamnable, lorsqu'on nie les choses, parce qu'on ne les a pas vues, ou parce qu'on ne les comprend pas ; & lorsqu'on les croit légérement, sans avoir examiné l'autorité de ceux qui les rapportent. Un esprit sage évitera donc l'une & l'autre de ces extrémités.

<small>Dans quel esprit on doit étudier la religion.</small>

Dieu ne peut ni se tromper, ni me tromper. Il seroit donc insensé de ne pas croire ce qu'il a dit : mais il faut s'assurer qu'il a parlé ; car pour éviter l'incrédulité, il ne faut pas tomber dans des erreurs injurieuses à la vérité même, & attribuer à Dieu les mensonges des hommes.

Cependant, comme il n'est pas possible à tous de faire ces recherches, Dieu vient au secours des foibles : l'ignorant croit, & sa foi le sauve, parce que la grace lui tient lieu de lumiere ; tandis que d'autres fois le savant ne croit pas, par ce qu'il se refuse à la grace. Il s'aveugle, ou par trop de confiance, ou par l'ambition de se singulariser, ou par le désir de briser le frein des passions. Mais Dieu confond l'orgueil de son ame, ou le déréglement de son cœur.

Tous ne sont donc pas obligés de raisonner sur la religion : mais tous sont obligés de l'étudier avec humilité. C'est ici, sur-tout, que la confiance est dangereuse. Nous ne saurions être trop en garde contre cette raison, qui ne cherche souvent à nous prouver que ce qu'il nous plaît de croire. Ne permettons pas aux passions de nous séduire : ne murmurons pas contre la morale qui les condamne : aimons la vérité qui nous gêne, adorons la, & soumettons nous.

Quelles doivent être à cet égard les études d'un prince.

Plusieurs catéchismes vous ont appris les vérités, que vous devez croire ; & celui de l'abbé Fleury, comme plus développé, vous a donné aussi plus de lumieres. Un abregé de l'ancien & du nouveau testament vous a fait connoître l'histoire de cette religion, qui remonte à la naissance du monde : vous avez touché, pour ainsi dire, les fondements solides sur lesquels elle est établie. Enfin le petit carême de Massillon vous a instruit de ce que sa morale a de plus relatif à vos devoirs. Ce sera là des choses sur lesquelles il sera nécessaire de revenir encore ; parce que, comme je vous l'ai dit plusieurs fois, lorsque les vérités sont importantes, on ne les connoît pas assez, si on ne se les est pas rendues familieres.

Mais cette étude ne suffiroit pas encore. Si Dieu ne commande au commun des hommes que de croire & de pratiquer, il exige plus de ceux qu'il établit pour conduire les autres. L'instruction des peuples & la défense de la religion veulent qu'un théologien ait fait une étude profonde de l'histoire écclesiastique ; qu'il connoisse les hérésies, les décisions de l'église, les écrits des saints Peres, & qu'il saisisse tout le fil de la tradition.

Des recherches aussi vastes ne doivent pas occuper un prince ; parce qu'il leur sacrifieroit un temps, qu'il doit à des études plus relatives à son état. Il est cependant nécessaire, qu'il soit, à cet égard, plus instruit qu'un simple particulier; puisqu'il est dans l'obligation de donner l'exemple de la vraie piété & de protéger la religion.

Quelle doit être sa piété.

Vous ne sauriez être trop pieux, Monseigneur: mais si votre piété n'est pas éclairée, vous oublierez vos devoirs, pour ne vous occuper que de petites pratiques; parce que la prière est nécessaire, vous croirez devoir toujours prier; & ne considérant pas que la vraie dévotion consiste à remplir d'abord votre état, il ne tiendra pas à vous que vous ne viviez dans votre cour comme dans un cloître. Les hypocrites se multiplieront autour de vous. Les moines sortiront de leurs cellules. Les prêtres quitteront le service de l'autel, pour venir s'édifier à la vue de vos saintes œuvres. Prince aveugle, vous ne sentirez pas combien leur conduite est en contradiction avec leur langage: vous ne remarquerez pas seulement que les hommes qui vous louent d'être toujours au pied des autels, oublient eux-mêmes que leur devoir est d'y être. Vous prendrez insensiblement leur place, pour leur céder la vôtre; vous prierez continuellement, & vous croirez faire votre salut; ils cesseront de prier, & vous croirez qu'ils font le leur. Etrange contradiction qui pervertit les ministres de l'église, pour donner de mauvais ministres à l'état.

Protection qu'il doit à ce l'église.

Si la piété demande des lumières dans un prince, la protection, qu'il doit à l'église, en demande encore davantage; c'est-à-lui, sur-tout, de contribuer à la propagation de la religion;

de confier l'instruction de fideles à des pasteurs, qui ayent les mœurs & les connoissances de leur état; de pourvoir à l'entretien des temples & du clergé, d'assoupir les disputes frivoles; d'extirper les héréfies par les moyens que la religion & la prudence conseillent, & de faire respecter les ministres des autels, sans autoriser toutes les prétentions qu'ils forment, & qui tourneroient à la ruine de l'état. Vous n'imaginez pas combien ces devoirs sont difficiles à remplir: cependant ils ont été jusqu'ici l'écueil des meilleurs princes; & le zele, pour avoir été trop aveugle, a produit une multitude d'abus, qui subsistent encore.

Il faut vous instruire par les fautes des souverains. Voilà l'objet que je me propose, & je négligerai d'ailleurs tout ce qui ne m'y conduira pas; mon dessein étant moins d'écrire l'histoire de l'église, que de vous apprendre dans quel esprit vous devez l'étudier.

La maniere dont la religion s'est répandue, est le principal objet qui s'offre dans les trois premiers siecles. Vous verrez d'un côté les obstacles, qu'elle a rencontrés, & de l'autre les moyens miraculeux, qui l'ont rendue victorieuse. Vous serez bientôt convaincu, que sa propagation est une nouvelle preuve de sa divinité. Il ne faudra plus que vous transporter au temps de Jesus-Christ, & considérer de-là les siecles antérieurs & les siecles postérieurs : car ce sera le vrai point de vue, pour saisir l'ensemble de toutes les vérités, qui font le fondement ou l'objet de notre foi.

CHAPITRE I.

Etat des Juifs sous les princes Asmonéens & sous Hérode.

UNE suite de victoires miraculeuses ayant souftrait les Juifs à la domination des rois de Syrie, qui les vouloient forcer de sacrifier aux idoles; ils reconnurent les services des Macchabées, en confiant à Simon la souveraine sacrificature, le gouvernement de la république, & une autorité suprême en tout. Ce prince est le premier des Asmonéens, ainsi nommé, d'Assamonée, bisayeul de Mathathias pere des Macchabées; & c'est sous lui que les Juifs commencerent à se gouverner par leur loix, à jouir de la paix, & à se faire même respecter de leurs voisins; protégé, d'ailleurs pas les Romains, avec qui Simon renouvella l'alliance, que ses freres avoient déja faite.

Sous Simon, les Juifs devinrent indépendants.

Jean-Hircan, son fils, étendit ses états par de nouvelles conquêtes, se vit maître de toute la Judée, de la Galilée & de la Samarie, acheva d'affermir sa puissance, & la transmit

Sous Jean-Hircan, ils font des conquêtes; mais ils sont troublés par la

à ses descendants, exempte de toute sujetion. Mais la haine, qui étoit entre les Pharisiens & les Saducéens, ne lui permit jamais d'établir la paix au dedans; ne pouvant les réunir, il voulut au moins s'attacher les premiers, qui avoient un grand empire sur l'esprit du peuple. Il se flatoit d'y réussir, parce qu'il avoit été élevé parmi eux, & que jusqu'alors il avoit fait profession de leur secte. Cependant ses tentatives furent inutiles. Ils se déclarerent ouvertement contre lui, & il se jeta dans le parti des Saducéens. Il mourut après un regne de vingt-neuf ans, laissant des troubles qui devoient être funestes à sa famille.

haine réciproque des Pharisiens & des Saducéens

Aristobule, l'aîné de ses fils, prit le diadême & le titre de Roi, ce qu'aucun de ceux, qui avoient gouverné la Judée depuis la captivité de Babylone, n'avoit fait encore. Jaloux de son autorité, il fit mourir de faim sa mere, qui vouloit gouverner, mit trois de ses freres en prison, & conserva la liberté à un seul, qu'il sacrifia bientôt à des soupçons mal-fondés. Il mourut dans la seconde année de son regne, tourmenté par ses remords.

Aristobule prend le premier le titre de roi & regne en tyran

Les trois princes sortirent de prison. Alexandre Jannée, qui fut couronné, fit mourir l'un de ses freres, & laissa vivre l'autre, parce qu'il ne le craignoit pas. Il entreprit ensuite des guerres, où quoiqu'avec des talents, il devint par ses défaites méprisable aux yeux de son peuple, que les Pharisiens soulevoient contre lui, & où il se rendit odieux par sa cruauté dans les succès. Enfin ses sujets s'étant ouvertement révoltés, ce ne fut qu'après une guerre de six ans, qu'il vint à bout de les soumettre. Il se vengea en barbare, altéré de sang; & après vingt-sept ans de regne, il mourut de ses débauches.

Il laissoit deux fils Hircan & Aristobule : mais il avoit ordonné qu'Alexandra, sa femme, gouverneroit le royaume, & qu'elle choisiroit, pour regner après elle, celui de ses deux fils qu'elle jugeroit à propos.

Et sous Alexandra qui ne montre que de la foiblesse

La premiere démarche d'Alexandra fut de donner aux Pharisiens la principale administration des affaires, voulant s'attacher cette secte redoutable, & s'assurer par elle de la soumission du peuple. Elle témoigna même qu'elle ne faisoit en cela que se conformer aux dernieres volontés de son mari.

Elle crut d'abord ne s'être pas trompée dans son attente : car, non-seulement, les Pharisiens parurent oublier leur haine pour Alexandre, mais encore ils le comblerent de bénédictions, & ils lui firent une pompe funebre des plus magnifiques. Cependant la reine connut bientôt qu'elle s'étoit donné des maîtres; & elle ne fut plus que l'instrument de la vengeance des Pharisiens. Ses anciens amis furent exposés à la persécution de ces hommes vindicatifs; un grand nombre périt; elle ne sauva les autres, qu'en les dispersant dans les places, où elle avoit garnison. Enfin, après un regne de neuf ans, où elle n'avoit montré que de la foiblesse, elle mourut, & laissa la couronne à Hircan, son fils aîné, foible comme elle, & soumis aux Pharisiens avec le même aveuglement.

Hircan qu'elle a choisi pour successeur est forcé de céder à Aristobule son frere.

Mais Aristobule, qui s'étoit échappé pendant la maladie de sa mere, parcouroit les garnisons, se montroit aux soldats, & à tous ceux qui avoient toujours été attachés à sa famille. Il eut bientôt une armée. Le peuple même accourut de toutes parts, las de la tyrannie des Pharisiens; & Hircan abandonné de la plus grande partie de ses troupes, fut contraint de céder à son frere la sacrificature & la souveraineté.

Les factions, qui divisent le peuple, sont tôt ou tard funestes à l'état, quand les souverains passent alternativement d'un parti dans un autre: car en les affoiblissant & fortifiant tour-à-tour, ils ruinent insensiblement leur royaume; & ils entretiennent des ennemis domestiques contre lesquels ils sont toujours trop foibles.

Pompée rend la couronne à Hircan.

Antipas, ou Antipater n'attendoit rien d'Aristobule, &, tout au contraire, d'Hircan, auquel il avoit toujours été attaché. Il songea donc à faire remonter sur le trône ce prince, trop lâche pour y songer lui-même. Il s'adressa pour cet effet à Pompée, qui revenoit de son expédition contre Mithridate. Le Romain prit connoissance des prétentions des deux freres, lorsqu'il se présentoit un troisieme parti, qui ne vouloit, ni de l'un ni de l'autre; prétendant ne devoir être gouverné que par le souverain sacrificateur, & reprochant aux Asmonéens d'avoir changé la forme du gouvernement, & d'avoir pris le titre de roi, pour assurer leur tyrannie.

Pompée, qui eut peu d'égard à ces représentations, parut disposé pour Hircan. Cependant Aristobule, toujours entre l'espérance & la crainte, tenta de le gagner, & tenta aussi de défendre ses droits par la force. Ainsi tout-à-la-fois armé & soumis, il tint une conduite peu soutenue, & fit des démarches contradictoires, dont il fut enfin la victime. Pompée, qu'il vint trouver, le mit dans les fers, offensé de la mauvaise foi de ses procédés. Il conduisit ensuite son armée devant Jérusalem.

Cette place auroit pu soutenir un long siége: mais le parti d'Hircan ouvrit les portes; & ceux qui ne voulurent pas abandonner Aristobule, se refugierent dans le temple, où ils furent forcés au bout de trois mois; ils auroient pû tenir plus long-temps, sans la superstition avec laquelle ils observoient le sabat: car ils ne croyoient pas qu'il leur fût permis, ce jour là, ni de faire de travaux, ni de ruiner ceux des ennemis. Hircan fut donc rétabli, & Aristobule, envoyé à Rome, d'où il s'échappa, & revint en Judée causer de nouveaux troubles.

Nouveaux troubles.

Il avoit obtenu deux legions de César: mais Pompée le fit empoisonner; & son fils Alexandre ayant été saisi, on lui fit son procès, & il eut la tête tranchée. Cependant Antigone, frere de ce dernier, ne renonçant pas à ses prétentions, obtint le secours des Parthes, qui le mirent sur le trône. Il fit couper les oreilles à son oncle Hircan, afin de le rendre incapable du sacerdoce; & il le remit aux Parthes pour l'emmener.

Antoine donne la couronne à Hérode.

C'étoit alors le temps du second triumvirat. Hérode, fils d'Antipater, se rendit à Rome, dans le dessein d'obtenir la couronne de Judée pour Aristobule, neveu d'Antigone & fils d'Alexandre, qui avoit eu la tête tranchée. Il s'intéressoit pour ce jeune prince, parce qu'il espéroit de gouverner sous lui, comme Antipater sous Hircan. D'ailleurs il en avoit fiancé la sœur, cette vertueuse & malheureuse Mariamne que vous connoissez. Antoine à qui il s'adressa, & qui étoit alors tout puissant, lui donna la couronne à lui-même; ce fut le sujet d'une nouvelle guerre, d'où ce nouveau roi sortit victorieux; & Antigone vaincu, traité comme coupable, fut jugé dans les formes, & condamné à mort; c'est le dernier des princes Asmonéens. Tels ont été les troubles de la Judée, pendant trente-deux ans, depuis la mort d'Alexandra.

Hérode fut toujours malheureux, parce qu'il fut toujours impie, soupçonneux & cruel. Il acheva d'exterminer toute la race des princes Asmonéens, se flattant de dissiper par-là toutes ses inquiétudes: mais il en trouva de nouveaux sujets dans ses enfants; & il répandit le sang de ses trois fils, comme si c'eût été un reste du sang des princes, sur qui il avoit usurpé la couronne. Il regna trente-sept ans, toujours odieux à ses sujets, toujours odieux à lui-même, déchiré tour-à-tour par ses soupçons ou par ses remords. Il mourut dans sa soixante-dixieme année.

Qui croit s'affermir en répandant le sang.

Jacob avoit prédit que le sceptre ne seroit point ôté à Juda, & qu'il y auroit dans sa postérité des conducteurs du peuple, jusqu'à la venue de celui qui devoit être envoyé. L'autorité étant donc passée à Hérode, Iduméen, &, par consequent, étranger à la race de Jacob, c'étoit une preuve que le temps du Messie n'étoit pas éloigné. D'ailleurs, les septantes semaines, marquées par Daniel, étoient sur le point d'expirer, & les Juifs attendoient l'accomplissement des prophéties. Aussi Jesus-Christ est-il né sur la fin du regne d'Hérode, quatre ans avant l'ere vulgaire.

Les Propheties s'accomplissent.

Toutes les prophéties s'accomplirent en Jesus-Christ, & si visiblement qu'il ne paroissoit pas possible de le méconnoître. Cependant les Juifs furent assez aveugles pour ne pas voir en lui le Messie qu'ils attendoient, ils s'opiniâtrerent la plus grande partie, dans leur aveuglement, tandis que la vérité, prêchée aux Gentils, fit des progrès rapides.

Quand on veut juger d'une révolution, il faut auparavant se faire une idée des circonstances, où elle s'est faite; voilà pourquoi je viens de faire un tableau du gouvernement des Juifs sous les princes Asmonéens & sous Hérode; mais il nous reste encore à faire plusieurs considérations, soit sur ce peuple, soit sur les Gentils; il faut, sur-tout, connoître la philosophie qui régnoit.

CHAPITRE II.

Des opinions des philosophes payens avant Jesus-Christ. Et dans les trois premiers siecles de l'église.

Les révolutions des opinions suivent les révolutions des empires. Ainsi nous ne pouvons pas douter que les conquêtes d'Alexandre n'ayent produit de grands changements dans ce que les Perses, les Indiens & les Egyptiens appelloient philosophie. Ce fut alors que les sectes de la Grece se répandirent, & porterent chez les barbares, des systêmes qu'ils ne connoissoient pas, quoiqu'ils en eussent fourni les principes. Sans doute, que les Mages, les Gymnosophistes & les prêtres d'Egypte, prévenus d'abord, contre la nouveauté de ces opinions, dédaignerent d'en prendre même connoissance; mais dans la suite, plusieurs causes concoururent à diminuer leur prévention, & à les rapprocher des philosophes Grecs.

Vous vous souvenez que les vainqueurs s'allierent avec les vaincus, & se hâterent d'en

Sous Alexandre les sectes de la Grece se répandent en Asie.

prendre les mœurs. Les Grecs cesserent donc bientôt de paroître étrangers. Dès lors, leurs opinions parurent aussi moins etrangeres: on eut la curiosité de les connoître; & les mages qui en firent une étude, s'en rapprocherent peu à peu, lors qu'ils découvrirent, dans la mythologie & dans les systêmes des Grecs, des principes qu'ils adoptoient eux-mêmes. Ils se firent en quelque sorte platoniciens, comme Alexandre s'étoit fait Perse; & les sectateurs de Zoroastre s'allierent avec ceux de Platon. Il faut, seulement, remarquer qu'en se prêtant aux opinions des Grecs, les mages songeoient plutôt à se concilier avec eux, qu'à renoncer aux opinions qu'ils avoient suivies jusqu'alors.

La protection qu'Alexandre donnoit aux lettres, & sa préférence marquée pour les philosophes de la Grece, durent aussi contribuer à cette révolution, qui fut encore plus grande en Egypte qu'en Asie. Ce conquérant, occupé à peupler la ville à la quelle il donna son nom, y fit venir des colonies de divers endroits; il y transporta même des Juifs, & voulant y attirer toutes les nations, non-seulement, il accorda de grands privileges aux habitants, il leur permit encore d'exercer librement toute espece de cultes.

<small>Elles s'établissent en Egyp-</small> Depuis la mort de ce conquérant, Alexandrie se peupla de plus en plus. Les Grecs, sur-

sur-tout, & les savants dans tous les genres y accoururent sous le premier des Ptolémées; soit parce que ce prince ne négligea rien pour les attirer, soit parce que l'Egypte jouissoit seule de la paix, tandis que les autres provinces de l'empire d'Alexandre étoient troublées par la guerre. Ptolémée ayant conquis la Phénicie, saisit encore cette occasion pour augmenter la population de l'Egypte, car il y fit conduire un grand nombre de Juifs; & comme il leur accorda dans Alexandrie les mêmes droits qu'aux Macédoniens, d'autres vinrent bientôt s'y établir d'eux-mêmes, cherchant dans ce royaume un repos, qu'ils ne trouvoient pas en Asie.

ce sous Ptolémée-Soter.

Philadelphe suivit la même politique, & protégea les arts & les sciences avec encore plus de passion. Il augmenta considérablement la Bibliotheque que son pere avoit commencée; & il bâtit le Musée, cette école célèbre qui devint l'asyle de toutes les sciences & de toutes les sectes. Les Pythagoriciens, qui avoient été chassés de la grande Grece vers le temps de Philippe & d'Alexandre, se refugierent, sur-tout, en Egypte, parce que c'étoit le seul lieu, où ils étoient soufferts.

Sous Philadelphe qui bâtit le Musée.

Evergete marcha sur les traces de Soter & de Philadelphe: mais depuis, comme je l'ai déjà dit, les rois d'Egypte ne furent plus que des monstres. Physcon, le septieme des

Sous les successeurs d'Evergete, les philosophes fuyent.

Tom. X.   B

Ptolémées, fit presque un desert de la ville d'Alexandrie. Les savants, forcés de fuir pour échapper à ses persécutions, se répandirent dans l'Orient. Ils y étudierent la Philosophie de Zoroastre ; & lorsque les circonstances leur permirent de revenir en Egypte, ils y apporterent ce système d'émanations, dont j'ai fait le précis.

A leur retour l'Egypte devint le centre de toutes les sectes.

Ces révolutions doivent vous comprendre que l'Egypte devint insensiblement le centre de tous les arts, de toute les sciences, de toutes les opinions, de tous les cultes & de toutes les superstitions. Péripatéticiens, Stoïciens, Sceptiques, Pythagoriciens, Platoniciens, sectateurs de Zoroastre, Idolâtres, Juifs, tous, en un mot, professoient librement leur religion ou leur système. Mais cette multitude de sectes étrangeres fit beaucoup de tort aux prêtres Egyptiens, qui sous les Ptolémées furent toujours moins considérés que les philosophes Grecs.

Origine du Sincrétisme.

Les disputes qui s'élevoient continuellement parmi tant de sectes, donnerent lieu au Sincrétisme, c'est-à-dire, à un système par le quel on entreprenoit de concilier toutes les opinions, &, sur-tout, celles des principaux philosophes. Comme la cour prenoit souvent part à ces disputes, on voulut paroître se rapprocher des opinions qu'elle goûtoit davantage, ou du moins on ne voulut pas paroître les combattre. Or, les circonstances étoient en Egypte très favorables à cette maniere de philosopher : c'est ce qu'il faut vous faire comprendre,

Il n'y a point de pays, où les nouveaux cultes se soient introduits plus facilement qu'en Egypte, parce qu'il n'y en a point où la superstition ait été plus grande, & où les prêtres ayent mieux su s'accommoder aux circonstances; en effet, les Egyptiens, toujours tenus dans une ignorance profonde, n'ont pu manquer de devenir le peuple le plus superstitieux. Ils ont recueilli, pour ainsi dire, les préjugés de toute la terre, parce qu'ils se sont trouvés dans la nécessité de se conformer à la façon de penser des différentes nations qui les ont conquis, & que d'ailleurs le commerce des étrangers, qui abordoient de toutes parts en Egypte, a dû, peu-à-peu, les familiariser avec des opinions de toute espece.

Ignorance & superstition des Egyptiens.

Quant aux prêtres, comme ils avoient seuls le secret des sciences & de la religion, rien ne leur étoit plus aisé que de s'accommoder à l'esprit du gouvernement. Accoutumés de tous temps aux allégories, ils s'en servirent pour se concilier avec les principales sectes : car il leur importoit de ne céder aux Grecs, ni en connoissance, ni en sagesse, ni en credit. Ils

Conduite de leur prêtres, qui veulent tout concilier.

B 2

se rapprochèrent d'abord des Pythagoriciens, chez lesquels ils retrouvèrent, à bien des égards, la même doctrine qu'ils avoient enseignée au chef de cette secte; c'étoit d'ailleurs de part & d'autre, la même manière de vivre: ils aimoient tous également le silence, la retraite, le secret & la méditation. Les Pythagoriciens & les prêtres d'Egypte, ainsi réunis, se retirèrent dans les campagnes, fondèrent des collèges où ils philosophèrent loin du tumulte des villes, & jouirent de toute la considération qu'on accordoit aux Grecs.

Il leur importoit encore de n'avoir pas contre eux les Platoniciens, dont la philosophie avoit alors beaucoup de partisans. Or, ils se trouvoient déja d'accord dans les principes que Platon avoit pris de Pythagore; & dans les autres, ils s'en rapprochoient, en conciliant, par des allégories, les opinions les plus contraires. Les émanations de Zoroastre furent aussi employées à cet effet, parce que Platon en avoit lui-même emprunté quelque chose.

Toutes les sectes. Par là, toutes les sectes s'altérèrent. On ne reconnoissoit plus ni Zoroastre, ni Pythagore ni les anciens prêtres d'Egypte. Le Sincrétisme avoit fait de tous ces systêmes un cahos, où les opinions se confondoient tous les jours de plus en plus. Tel étoit, avant Jesus-Christ, l'état de la philosophie dans ce royaume. Le Sincrétisme, fondé sur les allégories, y avoit fait de si grands progrès, que les Juifs même entreprirent de concilier Moyse, Pythagore & Platon. Cependant cette méthode absurde ne fut pas sitôt abandonnée. Elle subsista, au contraire, long-temps après Jesus-Christ; & les philosophes du Musée qui se convertirent, donnerent lieu à bien des héréfies, pour avoir voulu allier leurs opinions avec les dogmes de la religion chrétienne.

Les disputes, qui naissoient du Sincrétisme même, firent imaginer l'Eclectisme, autre méthode, qui se proposoit moins de concilier les philosophes, que de prendre ce qu'il y avoit de bon dans chacun. Ce projet eût été louable, si les systêmes, dans lesquels on devoit puiser, avoient été faits avec quelque jugement, & si l'on avoit pu se flatter de savoir choisir, sans préventions. Mais cette seule considération vous fait prévoir que l'Eclectisme ne produira que des absurdités. *Origine de l'Eclectisme.*

L'Eclectisme eut pour chef Ammonius Saccas d'Alexandrie, élevé dans la religion chrétienne, & instruit dans le Sincrétisme. Il vivoit à la fin du second siecle & au commencement du troisieme. La religion chrétienne ne lui laissant pas la liberté de se faire un systême à son choix, il embrassa l'idolatrie comme plus conforme à son dessein; quoi qu'il se crût destiné pour éclairer le monde, il adopta la méthode secrete des Pythagoriciens, & il défendit à ses disciples de publier l'objet & la nature de ses leçons. Ils ne *Chef de cette secte.*

furent pas assez scrupuleux pour observer le silence qu'ils lui avoient juré.

Objet que se proposoient les Eclectiques.

Les Eclectiques avoient pour maxime que la vérité est répandue parmi toutes les sectes; & que, par conséquent, il ne seroit pas raisonnable de s'assujettir à suivre les opinions d'un seul philosophe. Ils se faisoient donc une loi de puiser quelque chose dans tous. Il ne faut excepter que les sceptiques, avec qui ils ne pouvoient pas s'accorder.

Le platonisme étoit le fond de leur philosophie, non celui de l'académie, mais celui de l'école d'Alexandrie, d'où ils étoient sortis. Ainsi le Sincrétisme avoit déja altéré tout ce qu'ils prirent dans ce système.

Leur ambition étoit, sur-tout, d'accorder Platon & Aristote, comme les deux philosophes qui avoient le plus de réputation. Pour cela on imagina des distinctions & des subtilités, on fit violence au texte, on l'interpréta arbitrairement & on parvint à faire dire à tous deux ce qu'ils n'avoient pensé ni l'un ni l'autre.

Leur enthousiasme.

Si les idées de Platon & de Pythagore conduisoient naturellement à l'enthousiasme, elles y devoient porter avec plus de violence en Egypte qu'ailleurs. Car de la superstition à l'enthousiasme, le passage est rapide, & les Egyptiens étoient le peuple le plus superstitieux. Aussi les extases étoient elles communes parmi les Eclectiques; leurs méditations les élevoient au dessus du reste des hommes, & ils voyoient tout ce qu'ils vouloient voir. Quelques uns pouvoient être de la meilleure foi du monde: car de pareilles extases ne sont, dans le vrai, que le délire d'une imagination foible, crédule, échauffée par un soleil ardent. On peut en avoir, lorsqu'on est éveillé ; comme on a des songes lorsqu'on dort.

Plus enthousiastes que Platon & Pythagore, les Eclectiques croyoient pouvoir, dès cette vie, s'élever par degrès jusqu'à Dieu, s'abymer dans la divinité, & se déifier en quelque sorte eux-mêmes. Les émanations, telles que les Perses les avoient imaginées, étoient le fondement d'une confiance si extravagante : car en ce point, ils préféroient Zoroastre à Platon.

Or, dans ce système, tous les êtres émanant d'un premier principe, sont plus ou moins parfaits, suivant qu'ils émanent plus ou moins immédiatement. De là, les choses visibles & invisibles, qui se distribuent en différentes classes pour former l'univers. Tout vient de cette premiere source, les corps comme les esprits ; & nos ames en sont séparées par une longue suite de génies, de démons & de divinités de toute espece. Elles sont à l'extrémité de la chaîne, & comme elles se sont éloignées par degrès du principe de tout, elles peuvent aussi s'en rapprocher par degrès. Il leur est, par exemple, bien aisé de s'unir aux esprits du dernier ordre, de

Leurs principes absurdes

passer ensuite aux esprits d'un ordre supérieur; &, montant de la sorte de divinité en divinité, d'arriver enfin au Dieu suprême. Il ne faut pour cela, que des méditations, des retraites, des jeûnes & des mortifications: régime en effet bien propre à donner l'essor à l'ame; par ce qu'il exalte d'autant plus les têtes, qu'on a moins de jugement. Mais si par hazard il ne réussissoit pas, ou qu'il ne fût pas du goût de tous ceux qui aspirent à la même perfection, on auroit alors recours à des prieres, à des évocations, à des cérémonies extraordinaires & à des superstitions de toute espece. Car il falloit absolument commercer avec les esprits, soit en s'élevant à eux, soit en les faisant descendre à soi; c'étoit le vrai moyen d'obtenir tout ce qu'on pouvoit desirer, & de faire des miracles. Ainsi la philosophie, qui se piquoit de prendre, avec choix, dans tous les systêmes, n'étoit, parmi les Eclectiques, que ce qu'elle avoit été parmi les Chaldéens, c'est-à-dire, de la magie.

Ils defendent l'idolatrie par des allégories L'objet de ces philosophes étoit, sur tout, de s'opposer aux progrès de la religion chrétienne, & d'étayer l'idolatrie, qui penchoit vers sa ruine. S'il eût été possible d'y réussir, Ammonius, plus qu'un autre, eût pu se flatter du succès. Elevé parmi des Chrétiens, qui pouvoit mieux les combattre? eût-il ignoré la foiblesse de leurs preuves? & ne leur eût-il pas porté des coups, dont ils ne se seroient pas relevés?

Mais les Eclectiques se garderent bien d'attaquer directement le Christianisme : ils s'attacherent plutôt à defendre l'idolatrie ; il falloit justifier cette mythologie, ces fables monstrueuses qui dèshonoroient la raison, & qui étoient même l'objet de la raillerie des hommes sensés du Paganisme. Il falloit répondre aux peres de l'église, qui en montroient l'extravagance, & qui opposoient à ces absurdités, l'autorité même des philosophes payens.

L'allégorie vint au secours des Eclectiques ; ils interpréterent toute la mythologie à leur gré : ils ne virent plus dans Jupiter, dans Junon, & dans les autres dieux, que les divinités qu'ils voyoient émaner du Dieu suprême : en un mot, ils prouverent au monde idolâtre, que ce qu'il avoit cru jusqu'alors, n'étoit pas en effet ce qu'il avoit cru.

Satisfaits d'avoir trouvé ces subtilités, ils s'applaudissoient, & ils croyoient pouvoir dire aux Chrétiens : *nous n'admettons qu'un Dieu ainsi que vous ; mais comme vous reconnoissez des esprits, des anges, des démons, nous reconnoissons avec tous les philosophes, des divinités, qui remplissent l'intervalle entre le Dieu suprême & nous. Elles sont ses ministres : c'est par elles que ses graces descendent jusqu'à nous.*

De là ils concluoient, qu'il n'y a, dans le vrai, qu'une religion. Ils la voyoient la même parmi toutes les sectes & parmi tous les peuples. Leurs allégories faisoient disparoître toutes les différences, & paroissoient concilier toutes les opinions, en les renfermant dans le système, qu'ils s'étoient fait ; afin même de se rapprocher du Christianisme, ils imaginerent une espece de trinité, n'abandonnant point la maxime de prendre, par-tout, ce qui pouvoit s'allier avec leurs principes. Par ce Sincrétisme, ils croyoient prouver que la religion chrétienne n'enseignoit rien de nouveau ; qu'elle étoit inutile ; & que, par conséquent, on ne devoit pas la permettre, ou qu'elle devoit elle-même souffrir l'idolatrie.

Ils employent contre la religion chrétienne le mensonge & l'imposture.

Cependant les Chrétiens renversoient facilement tout cet édifice, par ce qu'ils ne se bornoient pas à combattre le culte des idoles par des raisonnements. Ils prouvoient encore la vérité de leur doctrine par des miracles, que les Eclectiques n'osoient ni nier, ni mettre parmi les prestiges. Le Sincrétisme ne trouvoit point ici de moyen de conciliation ; & les Eclectiques eurent recours aux blasphêmes, aux mensonges & aux impostures. Ils dirent que Jesus Christ n'étoit lui-même qu'un philosophe, qu'il avoit reconnu la multitude des dieux, qu'il les avoit adorés, que par sa sagesse il s'étoit élevé jusqu'à eux, & qu'il en avoit obtenu le pouvoir de faire des miracles. Afin même de donner quelque fondement à cette opinion impie, ils entreprirent d'attribuer d'aussi grands miracles à des philosophes, qui n'avoient pas abjuré le Paganisme. Ils choisirent parmi les plus anciens Pythagore, & parmi les plus recents, Apollonius de Tyane; & l'on apprit, pour la premiere fois, les miracles, que ces hommes étoient supposés avoir faits, dans des temps, où personne n'en avoit été témoin. Les Eclectiques ne se faisoient point un scrupule de ces impostures. C'étoient, selon eux, des fraudes pieuses; & le mensonge même étoit sanctifié, lorsque la defense de leur doctrine en étoit le motif. Ils avoient pris cette façon de penser des prêtres Egyptiens, à qui elle a toujours été chere; ils l'avoient prise de Pythagore, de Platon, & de presque tous les anciens; car elle n'a été que trop générale.

Si cependant Jesus-Christ n'eût été qu'un philosophe, tel qu'Apollonius, ou Pythagore, il n'auroit pas combattu le polythéisme. Aussi les Eclectiques prétendoient-ils que les Chrétiens lui attribuoient des choses qu'il n'avoit point enseignées; comme si les Apôtres & les disciples n'avoient pas prouvé par des miracles, qu'ils prêchoient la vraie doctrine de leur maître.

Telle est la philosophie, qui dans les trois premiers siecles de l'église, s'est répandue d'Alexandrie jusqu'à Rome & dans presque tout l'empire. Quoi qu'on lui donnât le nom d'Eclectisme, ce n'étoit dans le fond qu'une branche

L'Eclectisme n'étoit qu'un Sincrétisme absurde.

de ce Sincrétisme absurde, qui étoit fort ancien en Egypte. Je me borne à vous en faire voir l'esprit & à vous en indiquer les sources que vous connoissez. Il seroit inutile d'entrer dans de plus grands détails. Il suffit de vous faire remarquer, que, dans le vrai, les Eclectiques n'avoient point de système, & qu'ils ne pouvoient en avoir. Leur philosophie étoit nécessairement variable, & sans consistance, puisque, par la nature de l'Eclectisme, chacun avoit la liberté de choisir ses principes & d'imaginer des allégories à son gré. D'ailleurs, quand je vous rapporterois leurs différentes opinions, vous n'y comprendriez rien, non plus que moi, non plus qu'eux : car certainement ils ne s'entendoient pas.

CHAPITRE III.

Des opinions qui se sont introduites parmi les Juifs 300 ans environ avant Jesus-Christ.

Jusqu'a la captivité de Babylone, les Juifs conservèrent sans altération la doctrine, que Dieu leur avoit donnée par Moyse; & même encore après leur retour à Jérusalem, tant qu'ils furent éclairés par Esdras, Aggée Zacharie & Malachie. Mais après la mort de ces hommes inspirés, la prophétie ayant cessé, & les systèmes des philosophes ayant peu-à-peu pénétré en Judée, les mauvais raisonnements y produisirent, comme ailleurs, des sectes & des absurdités.

<small>Quand & pourquoi les Juifs d'Alexandrie adopterent le Sincrétisme.</small>

Cette révolution répond au temps des premiers Ptolémées. Les Juifs d'Alexandrie ne purent se refuser à la curiosité de connoître une philosophie, qui promettoit de pénétrer dans la nature de l'univers, qui, d'après Platon, parloit de Dieu en termes magnifiques, & qui donnoit une grande considération à ses sectateurs. Ils étudierent donc ce Sincrétisme, qui conciliant Platon, Pythagore, Hermès & Zoroastre, leur fit concevoir le dessein de concilier encore Moyse avec ces philosophes, & leur en montra le moyen dans l'usage des allégories. En effet, il ne falloit qu'étendre les expressions, les restreindre, ou leur donner des sens figurés, pour faire dire à tous les mêmes choses. Ainsi frappés de la maniere dont les Platoniciens parloient de Dieu, ils se regarderent dans le Musée, comme dans une de leurs écoles : ils crurent entendre Moyse. Cette conformité les flatta ; ils en chercherent la raison ; ils se persuaderent bientôt que Moyse étoit la source, où Pythagore & Platon avoient puisé leurs doctrines ; ils en chercherent la preuve dans le Sincrétisme qui concilioit tout. C'est ainsi qu'ils devinrent partisans outrés de cette méthode ridicule ; & qu'ils répandirent comme une chose sûre, que les philosophes payens avoient tiré des livres de Moyse tout ce qu'ils avoient dit de mieux. Ils comptoient par là détruire la prévention, où l'on étoit contre leurs lumieres.

Commencement de la vie ascétique parmi les Juifs. Tels étoient les Juifs d'Alexandrie. Mais l'Egypte en avoit encore d'autres, qui vivoient loin des villes, dans la retraite, & qui s'étoient fait une doctrine singuliere. Voici ce qu'on en peut conjecturer.

Lorsque Jérusalem fut détruite, & que le peuple fut emmené en captivité à Babylone, ceux qui purent échapper, chercherent leur falut hors de la domination du vainqueur, & fe refugierent en Egypte, c'eft-à-dire, dans un pays, où leur nom étoit odieux. Afin donc d'y trouver leur fureté, ils furent forcés d'éviter les villes, & de fe retirer dans les lieux les plus reculés & les plus deferts. Telle fut parmi les Juifs l'origine de la vie monaftique : car dans de pareilles circonftances, ils ne pouvoient fe raffembler qu'en petit nombre, & plufieurs, fans doute, étoient dans la néceffité de vivre feuls. Sans temple, fans autel, fans facrifice, ils s'accoutumerent infenfiblement à penfer que la religion pouvoit abfolument fubfifter fans ces chofes ; & ils fongerent feulement à fuppléer au culte par une vie dure & auftère. Devenus moines par choix, ils fe firent une habitude de la vie afcétique ; il s'introduifit peu-à-peu parmi eux des ufages, qui devinrent des regles ; & ces regles s'étant multipliées, & ayant été recueillies, formerent enfin un fyftême de morale & de conduite.

Cependant comme les Juifs étoient d'eux-mêmes peu capables de faire des fyftêmes, il y a lieu de croire, qu'ils vécurent ainfi moins par principe que par ufage, jufqu'au temps, où les Pythagoriciens, perfécutés partout, chercherent auffi une retraite en Egypte. Or, ceux ci commencerent à s'y répandre fous Alexandre & fous Ptolémée Soter, qui protégeant plus

Comment les Effeniens & les Thérapeutes adoptent des idées Pythagoriciennes.

particulierement les sectes grecques ne paroissoient pas leur devoir être favorable. Craignant donc les ennemis qu'ils trouveroient dans les villes, ils fuirent, comme les Juifs, dans les deserts.

Ces anachoretes ou cénobites Juifs & Pythagoriciens eurent donc occasion de se connoître. Rapprochés d'abord par un même genre de vie, ils se lierent bientôt de plus en plus par le récit de leurs malheurs; & ils se communiquerent enfin leurs usages & leur doctrine.

Dans ces conversations, les Pythagoriciens, naturellement fanatiques, eurent beaucoup d'avantages sur les Juifs, qui suivoient leurs usages par tradition, & sans avoir encore des principes bien arrêtés. Ils leur apprirent l'art de déraciner les passions, de purger l'ame, de l'élever à Dieu; & ils leur montrerent une piété, qui paroissant excellente, étoit bien capable d'entraîner des hommes, disposés à l'enthousiasme par l'ignorance, la solitude & le climat. les Juifs écoutant donc avec avidité, & toujours plus curieux, adopterent une partie des opinions des Pythagoriciens; & se familiarisant avec les allégories, ils connurent enfin le secret de concilier Moyse & Pythagore. C'est ainsi que se sont formées les deux sectes qu'on nomme Esséniens & Thérapeutes. Des traces de Pythagorisme qu'on trouve dans leur doctrine, confirment

ment cette origine, que les circonstances rendent vraisemblable.

Lorsque l'exercice de toutes les religions eut été autorisé par les rois d'Egypte, les moines, Juifs ou Pythagoriciens, ne craignirent plus la persécution. Mais il est à présumer, que pour la plupart ils gardèrent par habitude le genre de vie, qu'ils avoient embrassé par nécessité. Ils ne se rapprochèrent des villes, & ne commercèrent avec les citoyens que dans la vue de faire des prosélytes ; à quoi ils réussirent, parce qu'ils étoient enthousiastes, & que les Egyptiens étoient superstitieux.

Enfin Philadelphe accorda une liberté plus grande encore : car voyant que les Juifs venoient d'eux-mêmes s'établir en Egypte, il permit à ceux qui y étoient, de retourner en Judée. Il y eut donc alors un commerce libre entre tous les Juifs ; & vous prévoyez que la doctrine sera altérée à Jérusalem, & qu'il y va naître des sectes. *Les Juifs d'Egypte portent en Judée leurs usages.*

Les Esséniens qui vinrent en Judée, n'y trouvèrent point cette piété sublime, dont ils faisoient profession. Scandalisés de tout ce qu'ils voyoient, ils crurent ne pouvoir communiquer avec les autres Juifs, sans se souiller eux-mêmes. Le temple leur parut être profané, & ils jugèrent que s'ils prenoient part aux sacrifices qui s'y faisoient, ils se rendroient complices des profanations. Ils continuèrent donc de vivre à *Maniere de vivre des Esséniens.*

l'écart, ne venant jamais au temple, se contentant d'y envoyer leurs offrandes, & faisant des sacrifices partout où ils se trouvoient, quoique ce la fût contre la loi de Moyse.

Loin des villes, ils vivoient de l'agriculture, dans une grande sobriété, se refusant à tous les plaisirs, se tenant en garde contre toutes les passions, fideles à leur parole, & observateurs exacts de leur discipline.

Ils étoient tous vêtus de blanc, avoient leurs biens en commun, se regardoient comme freres, & observoient entre eux l'hospitalité. Lorsqu'un Essénien voyageoit dans les pays, où ils étoient répandus, il n'avoit pas besoin de rien porter avec lui. Partout, logé, nourri, vêtu, il trouvoit tout ce qui lui étoit nécessaire. Lors même qu'il se rencontroit parmi des freres qu'il n'avoit jamais vus, il étoit traité comme s'il eût toujous vécu avec eux.

Ils prioient avant le lever du soleil, & se tournoient alors du côté de l'orient. Après la priere, ils alloient chacun à leurs occupations. A la cinquieme heure du jour, ils entroient dans le bain, & se rendoient ensuite dans un même lieu, où ils dînoient ensemble, en observant un profond silence. Un prêtre bénissoit les viandes, avant qu'on y touchât; & quand le repas étoit fini, ils rendoient à Dieu des actions de graces. Alors on se séparoit pour retourner au travail : le soir on se rassembloit & on soupoit encore en silence.

Les jeunes montroient une grande vénération pour les plus âgés ; & dans les conversations on écoutoit toujours avec respect le maître qui prenoit la parole.

Si quelqu'un vouloit entrer dans cette secte, on l'éprouvoit pendant trois ans : on ne l'admettoit, que lorsqu'on s'étoit assuré de sa continence, de son zele & de sa constance. Alors il juroit d'observer exactement toutes les cérémonies religieuses, d'être juste, de ne nuire à personne, de rechercher les bons, de fuir les méchants, d'être fidele à ses supérieurs, sur tout, à son souverain ; de ne point abuser de l'autorité, s'il parvenoit aux charges, de veiller au maintien de la regle, de transmettre la doctrine telle qu'il l'auroit reçue, de souffrir plutôt la mort que de la révéler aux étrangers.

Ils éprouvoient ceux qu'ils recevoient.

Les Esséniens étoient singulierement attachés à leurs superstitions : les épreuves par où ils passoient, leur genre de vie, leur respect aveugle pour leurs chefs, leurs vertus nourries dans le fanatisme, & l'opinion qu'ils avoient de leur sainteté, devoient naturellement produire cet effet. Aussi Joseph remarque que lors de la guerre des Romains contre les Juifs, les Esséniens mouroient dans les tortures les plus cruelles, plutôt que de rien faire, qui fût contraire à leur croyance.

Combien ils étoient attachés à leurs superstitions.

Leur doctrine

Vous voyez que par la maniere dont vivoient les Eſſéniens, ils avoient beaucoup de rapport avec les ſectateurs de Pythagore. On remarque la même choſe dans leur doctrine; car ils croyoient au deſtin, c'eſt-à-dire, à une providence, qui, enchaînant les cauſes & les effets, entraînoit tout néceſſairement: ils ſe repréſentoient l'ame formée d'un éther ſubtil, & qui, immortelle de ſa nature, étoit dans le corps comme dans une priſon, d'où elle s'échapoit enfin, pour être punie ou récompenſée. Quant aux lieux où elle paſſoit, ils les avoient imaginés d'après la mythologie, dont les idées s'étoient répandues en Egypte. Selon eux, les ames des méchants étoient précépitées dans des ſouterrains ténébreux, où elles étoient livrées à toutes ſortes de tourments; & celles des bons étoient tranſportées au de-là de l'océan dans une région, où les zéphirs entretenoient un printemps perpétuel.

Les Eſſéniens formoient pluſieurs ſectes. Il y en avoit, par exemple, qui approuvoient le mariage. Mais le plus grand nombre jugeoit que ce n'étoit pas un état aſſez ſaint: ils penſoient d'ailleurs, qu'il n'étoit pas prudent de confier à des femmes, le ſecret de leur doctrine. Pline remarque avec étonnement que les Eſſéniens duraſſent des ſiecles, quoi qu'il ne nâquît perſonne parmi-eux. Il ne ſeroit pas ſi étonné, s'il vivoit aujourd'hui.

Les Thérapeutes sont regardés comme une classe d'Esséniens : mais ils tendent à une bien plus grande perfection. Leur vie est toute contemplative ; ils ne se regardent plus comme de ce monde ; ils abandonnent leurs biens à leurs parents ou à leurs amis ; ils quittent leurs peres, leurs meres, leurs freres, leurs femmes, leurs enfants ; ils renoncent, en un mot, à tous les attachements terrestres ; & retirés dans des solitudes, où ravis par l'amour des choses célestes, leur ame s'élance continuellement vers Dieu, ils rêvent dans le sommeil, des sentences admirables, & voyent presque toujours les perfections divines.

Les Thérapeutes plus contemplatifs que les Esséniens & plus enthousiastes.

Ils vivent solitairement, à une petite distance les uns des autres ; & pendant six jours, chacun est renfermé dans son hermitage, sans sortir, sans regarder même déhors. Au lever du soleil, ils prient Dieu que leur ame soit remplie de la lumiere céleste ; & au coucher, ils demandent qu'étant dégagés du corps & du joug des sens, ils soient capables de découvrir la vérité. Tout l'intervalle est employé à la méditation. Ils ne prennent jamais de nourriture que le soir ; persuadés que le jour est destiné à l'étude de la sagesse, & qu'on ne doit donner aux soins du corps que quelques moments de la nuit. Ils sont même communément plusieurs jours sans rien prendre : il y en a qui le sixiéme, sentent à peine encore la faim ; tant la contemplation, qui nourrit leur ame, leur fait oublier tout autre nourriture.

Ils méditent au reste sur la loi, sur les prophetes : ils les commentent, ils étudient les commentaires de leurs prédécesseurs. Le principe qui sert de fondement à toutes leurs interprétations, est que, dans l'écriture, le sens littéral est comme le corps, & que le sens spirituel ou allégorique est comme l'ame. Ils s'écartent donc du premier, pour se rapprocher du second; & à force d'allégories, ils donnent à l'écriture telle ame qu'il leur plaît.

C'est ainsi qu'ils vivent séparément, pendant six jours. Le septieme ils se rassemblent; & comme ils ont une grande vénération pour le nombre sept, ils font de sept en sept semaines une fête, qu'ils célebrent ensemble avec solemnité. Dans les assemblées, ils sont placés suivant l'âge, les bras cachés sous le manteau, la main droite posée sur la poitrine audessous de la barbe, & la main gauche appliquée sur le côté. Au milieu d'eux s'avance un des plus vieux & des plus savants: il disserte avec gravité & modestie; les autres écoutent dans le silence, montrant, d'un mouvement de tête, leur approbation ou leur doute.

On ne sert sur leur table que du pain, du sel & de l'eau; toute l'attention, qu'on a pour les plus délicats, c'est de faire chauffer leur eau, & de leur donner de l'hyssope.

Dans les grandes solemnités, ils mangent ensemble, mais dans le silence. Un d'eux seulement propose une question, ou résout celle qui a été proposée par une autre. S'il est applaudi, il se leve, chante à la louange de Dieu une hymne qu'il a faite, ou qu'un autre poëte a composée; & lorsqu'il finit, tous chantent avec lui les derniers mots.

Ils ne se séparent pas d'abord après le repas. Ils passent la nuit à chanter des hymnes, jusqu'au moment où l'aurore va paroître. Alors toutes les voix se réunissent; & se tournant ensuite vers le soleil levant, ils demandent à Dieu l'esprit de sagesse. C'est là que la fête finit. Chacun se retire, & va chercher la sagesse dans son hermitage. Tels ont été les Thérapeutes. Il faut seulement remarquer qu'ils admettoient des femmes dans leur secte, & qu'ils ne paroissent pas s'être répandus au de-là de l'Egypte.

J'ay omis plusieurs détails sur les Esséniens & sur les Thérapeutes: mais c'en est assez pour vous faire connoître ces moines, dont Joseph & Philon admirent la haute sagesse. Il y a certainement des choses louables dans ces solitaires. Cependant il me semble qu'on se fait des idées peu raisonnables, lorsqu'on pense trouver la vertu jusques dans des pratiques, qui ne peuvent être ni agréables à Dieu, ni utiles aux hommes. La vraie sagesse ne consiste-t-elle

Cette vie ascétique a été admirée avec peu de fondement.

donc qu'à fuir la société, pour laquelle nous sommes nés, & faut-il appeller vertu ou délire, ces allégories où l'esprit s'égare, ces contemplations où la raison se perd, & ces extases où l'ame s'abyme ? est-ce là adorer Dieu ? est-ce le servir ? Vous voyez que l'enthousiasme de ces ascétiques à séduit Joseph & Philon. Il en séduira beaucoup d'autres : car le fanatisme qui ne permet pas de se faire des idées exactes, fait admirer tout ce qui étonne.

Les Pharisiens ont embrassé la philosophie mystérieuse & symbolique.

La philosophie mystérieuse & symbolique causa des désordres en Judée, aussitôt qu'elle s'y répandit. Elle étoit toute nouvelle : mais les Pharisiens, c'est ainsi qu'on nomma ceux qui l'adopterent, imaginerent que Dieu l'avoit révélée à Moyse, & qu'elle leur avoit été transmise par une tradition orale. Sur ce principe, ils appliquerent les allégories à l'écriture, & ils la corrompirent.

Ils ont surchargé la loi d'œuvres surérogatoires.

Surchargeant la loi d'une infinité d'observances frivoles, ils se piquoient, sur-tout, de faire des œuvres de surérogation. Ils jeûnoient plus souvent que les autres Juifs, faisoient de plus longues prieres, couchoient sur des pierres, ou même sur des épines, & pratiquoient des austérités de toutes espece. Cependant comme chacun observoit ce qu'il croyoit voir dans l'écriture, chacun aussi imaginoit des mortifications différentes. Les uns, par exemple, marchoient sans lever les pieds ; d'autres, en marchant, se frappoient la tête contre les murs ; & quelques uns étoient enveloppés dans un grand capuchon, d'où ils regardoient comme du fond d'un antre. Aureste, s'ils voyoient toutes ces obligations dans la loi, ils y voyoient aussi tout ce qui leur étoit favorable: car ils savoient l'interprêter suivant leurs intérêts.

A cette vaine science & à cette fausse piété qui en imposoit à la multitude, les Pharisiens joignoient encore l'ambition de commander ; ils ne négligeoient rien pour s'attacher le peuple. Leur grand art fut de pencher toujours à la douceur dans les jugements qu'ils rendoient ; ne montrant pas moins d'indulgence pour les autres, que de sévérité pour eux-mêmes. Ils acquirent beaucoup d'autorité: ils excitèrent des guerres civiles: ils persécutèrent lorsqu'ils furent les maîtres: ils souffrirent l'exil & la mort plutôt que d'obéir à leurs souverains.

Ils condamnoient les ames des méchants à demeurer éternellement dans des cachots ténébreux. Ils admettoient la métempsycose pour celles des bons, & ils croyoient qu'un des corps auxquels elles auroient été unies, ressusciteroit un jour.

Leur doctrine

Ils reconnoissoient la providence, ainsi que les Esséniens, & ils lui soumettoient tout ce qui ne dépend pas de la liberté. Mais ils pensoient que les actions méritoires sont, tout à la fois, l'effet du concours de Dieu & de l'homme.

Voilà ce qu'ils avoient de particulier dans leur doctrine. Ils étoient d'ailleurs aussi différents des autres par leurs habits que par leurs pratiques.

Ils subsistent encore sous le nom de Rabbins.

Les Pharisiens n'ont pas cessé avec le temple. Ils subsistent encore sous le nom de Rabbins; & c'est presque l'unique secte que suivent aujourd'hui les Juifs. Toujours attachés de plus en plus à leur méthode secrete & symbolique, ces docteurs ont fait un corps d'opinions, où l'on retrouve des idées de Zoroastre, de Pythagore, de Platon, & qui n'est qu'un amas de contes, de puérilités & d'absurdités. C'est ce qu'on nomme cabale.

Les Sadducéens rejetoient les allégories & les interprétations & s'en tenoient à la lettre de l'écriture.

Ce ne fut pas sans quelque opposition que la méthode allégorique & secrete s'introduisit parmi les Juifs de Jérusalem; plusieurs en sentirent les abus: ils jugerent que la loi ne pouvoit subsister, s'il étoit permis à chacun de l'interpréter arbitrairement; & s'attachant à la lettre, ils rejeterent toutes les traditions prétendues des Pharisiens. Mais la dispute, comme il arrive presque toujours, fit tomber dans une extrémité opposée, & produisit de nouvelles erreurs.

Tout ne peut pas être écrit. Il n'est donc pas possible qu'une religion & qu'un corps de loi subsistent, sans laisser quelque chose, qui se perpétue par la pratique, qui se transmet par la tradition, & qui s'explique, suivant les circonstances, par ceux qui gouvernent le peuple. Il faut, par conséquent, admettre des traditions & des interprétations. Tout consiste seulement à distinguer les vraies des fausses. Cela est difficile. Aussi les Sadducéens, craignant d'accorder un principe dont les Pharisiens pourroient abuser pour appuyer leur doctrine, condamnerent les traditions & les interprétations de toute espece, & soutinrent qu'il n'étoit permis, en aucun cas, de s'écarter du texte.

Les Pharisiens & les Sadducéens, toujours ennemis, faisoient deux partis dans l'état, comme deux sectes dans la religion. Ils devoient donc se contredire plus par haine que par principe; & tomber, par conséquent, d'erreur en erreur. Ainsi, comme les Pharisiens proposoient des récompenses pour les œuvres de surérogation; les Sadducéens, qui ne vouloient pas de ces œuvres, dirent d'abord : *ne soyez pas comme des esclaves ; n'obéissez pas à votre maître simplement par la vue des récompenses ; obéissez sans intérêt, & sans espérer aucun fruit de vos travaux.*

<small>Ils tomboient dans des erreurs à fin de ne pas penser comme les Pharisiens.</small>

Cet excès de spiritualité est déja une erreur: car il n'est pas dans la nature de l'homme de renoncer à tout intérêt; & Dieu n'éxige pas de nous un culte absolument désintéressé, puisqu'il nous offre lui-même des récompenses.

Cependant les Sadducéens, au lieu de reculer, avancerent encore. Pour prouver que nous ne devons pas agir dans la vue de récompenses, ils assurerent qu'il n'y en a point après cette vie. En conséquence, ils nièrent l'immortalité de l'ame & la résurrection; & parce que vraisemblablement on voulut leur prouver, que l'ame pouvoit être immortelle, puisqu'il y a des esprits immortels, ils nièrent encore l'existence des anges.

Enfin les Esséniens avoient soumis au destin, jusqu'aux actions des hommes; & les Pharisiens, convenant de l'influence de la providence, avoient soutenu que nous agissons avec elle comme elle avec nous, puisque nous avons le pouvoir de faire ou de ne pas faire des actions de justice. Il restoit un troisieme sentiment; c'étoit de dire que le libre arbitre se suffit, & qu'il n'a pas besoin du concours de Dieu. Les Sadducéens l'embrasserent.

La secte des Caraïtes étoit la plus raisonnable.

Voilà, du moins, autant que je le puis conjecturer, comment les Sadducéens s'engagerent dans une suite d'erreurs. Les Caraïtes furent plus raisonnables: car ils s'appliquerent à s'écarter également de ces deux sectes & à prendre un juste milieu. Condamnant les opinions particulieres aux Pharisiens & aux Sadducéens, ils ne connoissoient d'autre regle que l'écriture & ils s'attachoient, sur tout, à la lettre, sans néanmoins rejeter les explications, lorsqu'elles étoient nécessaires & faites avec sagesse: aussi reconnoissoient-ils la providence, la liberté, l'immortalité de l'ame, les récompenses & les peines de l'autre vie.

Quelque différence qu'il y eût entre ces sectes, & quelles que fussent leurs erreurs, elles n'ont jamais songé à s'accuser d'hérésie. Au contraire, elles étoient unies de communion; & si les Esséniens ne venoient pas au temple, ce n'est pas qu'ils en eussent été exclus, c'est qu'ils s'en exclurent eux-mêmes Il falloit, par conséquent, que les Juifs regardassent la liberté, l'immortalité de l'ame & l'existence des esprits, comme autant de choses problématiques : c'est-à-dire, qu'ils n'avoient plus d'idées de religion. (*)

Les sectes des Juifs étoient unies de communion.

(*) J'ai tiré de l'histoire de la philosophie de Mr. Brucker ce que j'ai dit sur les pratiques & les opinions des Esséniens, des Thérapeutes, &c. & j'avertis que je puiserai encore dans cet ouvrage toutes les fois que j'aurai à parler de quelque secte.

CHAPITRE IV.

Des obstacles qui s'opposoient à l'établissement de la religion chrétienne.

Obstacles qui s'opposoient à la propagation du Christianisme.

Pour juger de la propagation miraculeuse de la religion chrétienne, il faut considérer les obstacles qu'elle a eus à surmonter. Ils ont été en grand nombre.

Premier. Les sectes qui divisoient les Juifs.

L'esprit de dissention & de révolte, qui s'étoit répandu en Judée sous les Asmonéens & sous Hérode, en est un des premiers. En effet, quoi de plus contraire à une religion de paix, qui prêche l'obéissance aux souverains, & qui commande à tous les hommes de se regarder comme freres? Devoit-on attendre que les Pharisiens, les Sadducéens & les Esséniens oublieroient leurs querelles & leurs opinions, pour se soumettre à une autorité, qui les condamnoit tous également? étoit-il possible de détruire des préjugés, transmis de génération en génération depuis plusieurs siecles, & d'un jour à l'autre, enracinés de plus en plus par des disputes ou par des guerres? qu'on observe les passions des hommes, & on verra que les sectes contractent un nouvel attachement pour leurs erreurs, à proportion qu'elles se combattent davantage.

Non-seulement, le Christianisme trouvoit des obstacles dans toutes les opinions, il en trouvoit encore dans le caractère de ceux qui les avoient embrassées ; dans l'orgueil des Pharisiens, qui vouloient dominer sur le peuple & sur le roi même ; dans l'obstination des Sadducéens, qui nioient les plus grandes vérités plutôt que de céder ; & dans l'enthousiasme des Esséniens, qui n'estimant que leur doctrine & leurs usages, croyoient se souiller en communiquant avec les autres sectes.

2me. Le caractère de ces sectes.

Il falloit, d'ailleurs, abandonner, proscrire un culte établi autrefois par des miracles, renoncer à la qualité de peuple choisi, se confondre avec les Gentils, & avoir désormais avec eux le même Dieu & la même religion. C'étoit là certainement des nouveautés, avec lesquelles les Juifs ne pouvoient pas naturellement s'accoutumer.

3me. Les préjugés des Juifs.

Il est vrai qu'ayant la connoissance du Messie, ils auroient dû le connoître dans Jesus-Christ. En effet, ils n'ignoroient pas qu'il naîtroit de la tribu de Juda, de la famille de David, dans la bourgade de Bethléem, & à la fin des septantes semaines marquées par Daniel : ils savoient qu'il auroit un précurseur, que sa venue seroit

4me. L'idée fausse que la plupart se faisoient du Messie.

cachée, qu'il demeureroit éternellement, qu'il feroit des miracles, & plusieurs autres circonstances, qui se sont toutes accomplies dans notre Sauveur. Mais, par tout dans l'écriture, ils trouvoient le Messie Dieu & homme, grand & abaissé, maître & serviteur, prêtre & victime, roi & sujet, soumis à la mort & vainqueur de la mort, riche & pauvre, puissant & sans forces ; & ces idées, contradictoires en apparence, voiloient à leurs yeux le vrai sens des prophéties. Ils imaginerent donc, pour la plupart, un Messie au gré de leur ambition. Ils se le représenterent semblable à ces hommes, que Dieu leur avoit envoyés plusieurs fois, pour les tirer de l'oppression & de la servitude : & ils le jugeoient seulement plus grand. Ce devoit être un héros, un conquérant, dont le royaume seroit de ce monde ; qui étendroit son empire sur toute la terre, & qui combleroit les Juifs de toutes sortes de biens temporels. Ces préjugés flattoient si fort leur amour propre, qu'ils ne voyoient plus les humiliations du Messie, ou qu'ils les expliquoient dans des sens figurés. Aussi étoit-il prédit qu'ils verroient, sans connoître, qu'ils entendroient, sans comprendre ; qu'ils seroient réprouvés ; & qu'un peuple, auparavant infidele & étranger, entreroit dans la nouvelle alliance. C'est cet aveuglement qui leur fit méconnoître le Messie dans Jesus-Christ

pauvre,

pauvre, inconnu, méprisé, souffrant, sans éclat, sans suite, sans puissance temporelle.

Les obstacles n'étoient pas moindres du côté des Payens. Il falloit leur persuader que leurs idoles n'étoient pas des dieux; & que rien n'étoit plus injurieux à la divinité que les fêtes & les spectacles, dont ils ne pouvoient se passer, & qui faisoient la principale partie de leur culte. Il falloit ouvrir leurs yeux sur cette multitude de fables, qu'ils avoient toujours crues; qu'ils aimoient à croire, parce qu'elles étoient ingénieuses; & dont ils cachoient l'absurdité par des allégories. En un mot, il falloit tout à la fois combattre & les goûts du peuple & ses préjugés.

5me. Les faux dieux dont le culte étoit cher.

Les Romains, surtout, étoient difficiles à convaincre. Persuadés que leurs succès étoient l'effet de leur piété, & que les dieux de Rome avoient combattu pour eux, ils ne doutoient pas que la ruine de l'empire ne dût suivre de près le changement de culte; & ils ont été attachés à leurs superstitions plus qu'aucun autre peuple. Aussi étoient-ils intolérants à certains égards. Ce n'est pas qu'ils voulussent forcer les nations d'adorer avec eux les mêmes idoles: ils auroient plutôt été jaloux de conserver les leurs pour eux seuls. Ils ne faisoient donc aucun changement dans la religion des peuples conquis: mais il ne permettoient pas d'apporter à

Principalement aux Romains.

Tom. X.

Rome de nouveaux dieux & d'y introduire de nouveaux cultes. Ils auroient craint d'ébranler l'empire, en offensant les dieux qui l'avoient protégé. C'est pourquoi Alexandre Sévére se hâta de renvoyer Elogabal; démarche qui fut fort agréable au peuple.

6me. Les imposteurs alors fort communs.

Jamais la Judée, les provinces de l'empire & Rome même n'ont vu plus de magiciens & & d'astrologues, que pendant les trois premiers siecles de l'église. Ainsi le peuple, séduit de toutes parts, & peu capable de discerner la vérité, confondoit, par une ignorance monstrueuse, Jesus-Christ avec tous ces imposteurs. Les ennemis de la religion, ne pouvant nier les miracles, profitoient de cette disposition des esprits; & ajoutant l'impiété à l'imposture, ils ne représentoient le Sauveur que comme un magicien. Enfin les hommes les plus éclairés ne considéroient que les inconvénients, d'un changement de culte; & jugeant du Christianisme par toutes les autres religions, ils le rejetoient sans l'examiner.

7me. Le peu d'étonnement que causoit le courage des martyrs.

Il semble néanmoins que le courage des martyrs auroit dû de bonne heure attirer & fixer l'attention de tout le monde; mais il faut remarquer que le Stoïcisme, alors fort répandu, avoit accoutumé les Romains à voir des morts courageuses; & qu'en Judée les Pharisiens, les Sadducéens, & les Esséniens avoient souvent montré la même fermeté. Les martyrs n'étonnerent donc pas. On les voyoit mourir; & sans chercher les motifs de leur persuasion, les plus modérés des Gentils les accusoient d'être trop obstinés. Tel est l'effet de la prévention : les meilleurs esprits n'examinent pas & ils condamnent.

Une cause de cette prévention, c'est le mépris qu'on avoit généralement, pour les Juifs, dont on supposoit que les Chrétiens n'étoient qu'une secte. Comme on les croyoit ignorants, crédules, superstitieux, & qu'on avoit toujours négligé de s'instruire de leur culte, on ne songeoit pas à faire des recherches sur les changements, qui arrivoient à leur religion.

8me. La prévention contre les Juifs.

Il suffit de lire les écrivains profanes, pour se convaincre de cette vérité, & pour s'assurer que les gens de lettres, trop prévenus, se sont peu occupés des Juifs & des Chrétiens. Les gens du monde ne s'en occupoient pas davantage : plongés dans le vice ou dans le luxe, & tous entiers à leur fortune, ils n'étoient pas disposés pour une religion, qui condamnoit les mœurs du temps. C'étoit, tout au plus, pour eux un sujet de conversation. Chacun en parloit suivant ses prétentions & ses préjugés. C'étoit des contes ridicules, des calomnies, des horreurs; & tous se faisoient des idées tres fausses. C'est ainsi que raisonnent dans tous les siècles les hommes riches & desœuvrés.

9me. Le mépris des Juifs pour les Chrétiens.

Quand même la prévention eut été moins grande contre les Juifs, elle n'en eut pas été moindre contre les Chrétiens : au contraire, puisque les Juifs en étoient les plus grands ennemis. Il étoit donc naturel qu'on méprisât les Chrétiens, ou parce qu'on les confondoit avec les Juifs, ou parce qu'ils en étoient méprisés.

10me. Les Philosophes intéressés à combattre le Christianisme.

Les philosophes, obstinés dans leurs systèmes & livrés à leurs disputes, obéirent à la même prévention, & dédaignerent d'abord de prendre connoissance des commencements du Christianisme. Ceux d'Alexandrie, qui le connurent les premiers, ne purent être favorables à une doctrine, dont l'esprit étoit contraire à leurs opinions, & qui, condamnant l'orgueil & la confiance, ordonnoit de croire avec humilité. C'est pourquoi, si quelques uns se convertirent, le plus grand nombre se déclara contre la religion chrétienne ; & n'omit rien pour l'empêcher de se répandre.

En un mot, tous les Préjugés qui regnoient.

Quand on considére la magie, l'astrologie, les oracles, les cérémonies religieuses, les superstitions, les opinions des sectes, & tous les préjugés qui regnoient ; on n'imagine pas qu'on pût être plus crédule, qu'on l'étoit dans ces siecles. Cependant cette incrédulité étoit opsée à la religion, qui en condamnoit l'objet; car plus on étoit crédule en ces choses, moins on devoit croire en Jesus Christ.

Tels ont été en général les obstacles à l'établissement du Christianisme. Mais il s'en formera encore d'autres. Toutes les puissances vont s'armer pour le détruire.

CHAPITRE V.

Considérations sur le premier siecle de l'église.

<small>Combien la raison est insuffisante pour éclairer les préjugés.</small> Le peuple ne raisonne pas, il juge par habitude, & il est porté à croire toujours ce qu'il a cru une fois. Il croit par imbécillité & sans réfléchir.

Le philosophe tient encore plus à ses opinions. Il s'imagine être éclairé, parce qu'il raisonne : il compte d'autant plus sur ses lumieres, qu'il raisonne plus mal ; il s'offense, s'il est contredit : il s'entête par amour propre.

Les gens du monde, qui se piquent d'avoir le plus de jugement, observent les préjugés du peuple, s'amusent des disputes des philosophes; & finissant par mépriser ce qui se dit de part & d'autre, ils jugent que tout est problématique. Ils considérent, sur tout, d'un œil indifférent, les questions les plus importantes lorsque les circonstances détournent leur attention sur de grands interêts où il s'agit de leur fortune & de leur vie. C'est ce qui a dû arriver daus le premier siecle, sous les regnes de Tibere, de Caligula, de Claude, de Néron, & de Domitien.

Dans de pareilles conjonctures, les hommes les plus éclairés ne sauroient faire une révolution subite, quelque science & quelque éloquence qu'on leur suppose. Le peuple ne sera pas capable de suivre leurs raisonnemens, les philosophes, les combattront, les gens du monde ne les écouterons pas. Il faudroit des siecles pour éclairer l'univers avec le secours seul de la raison.

Aussi les Apôtres étoient-ils tout à fait ignorants. Leurs écrits sont sans art: ils ne montrent que du mépris pour les sciences des Gentils: ils font gloire d'une sagesse, qui paroît folie aux yeux du siecle: & ils n'appellent d'abord à eux que les hommes simples, dont l'esprit est mieux disposé, parce qu'il est moins corrompu.

Des hommes ignorans étoient destinés à les éclairer.

On ne manqua pas de reprocher aux Chrétiens que la plupart de ceux qu'ils convertissoient, étoient des hommes sans lettres; & c'étoit avec fondement, dans le premier siecle de l'église. Mais ces ignorans, une fois convertis, étoient éclairés par une sagesse bien supérieure à la sagesse humaine; & devenant capables de prêcher eux-mêmes l'évangile, ils devoient enfin convaincre les savants. L'ignorance n'est donc pas un reproche à faire aux premiers Chrétiens. C'est une preuve que la religion ne se répandoit pas par les mêmes moyens que les sectes des Philosophes.

Ses miracles sont des démonstrations à la portée de tous.

Les miracles de Jesus-Christ, annoncés par les Apôtres qui en avoient été témoins, & confirmés par les miracles qu'ils faisoient eux-mêmes: voilà les causes de la propagation du Christianisme. Les boiteux qui marchent, les aveugles qui voyent, les morts qui ressuscitent, le don des langues communiqué par l'imposition des mains, sont autant de démonstrations à la portée de tout le monde. Elles ne demandent pas que ceux qui les donnent, se soient instruits dans les sciences humaines; ni que ceux qui s'y rendent, se soient exercés dans l'art de raisonner. On vit, on crut; & la foi, scellée du sang des martyrs, parvint dans les siécles suivants à ceux qui n'avoient pas vu. En effet, peut-il rester quelque doute, quand des milliers de témoins prouvent la vérité de ce qu'ils attestent en souffrant la mort au milieu des tourments?

Premieres prédications dans la Palestine.

Saint Etienne fut le premier martyr, & ce fut alors que les fideles, persécutés à Jérusalem, se dispersent dans la Palestine, prêchent partout l'évangile, mais ne l'annoncent néanmoins encore qu'aux seuls Juifs. Saint Philippe, un des sept diacres, vint prêcher à Samarie: car on ne confondoit pas les Samaritains avec les Gentils, quoique les Juifs, les jugeassent hérétiques: en effet, ils avoient la circoncision, & faisoient profession d'adorer le vrai Dieu, suivant la loi de Moyse. Plusieurs se convertirent à la vue des miracles, & furent instruits & baptisés. Le saint diacre ne pouvant leur donner lui-même le St. Esprit, Pierre & Jean vinrent consommer son ouvrage ; ils imposerent les mains sur les nouveaux convertis ; & le St. Esprit, decendu sur eux, donna des marques de sa présence par le don des langues & d'autres graces sensibles.

Parmi ceux qui embrasserent la foi, étoit un magicien, nommé Simon ; mais sa conversion n'étoit pas sincere : il songeoit seulement à se perfectionner dans son art, & il espéroit d'apprendre de Philippe le secret de faire des prodiges. Aussi quand il vit les merveilles opérées par l'imposition des mains, il offrit de l'argent aux Apôtres, pour obtenir d'eux le pouvoir de communiquer lui-même le St. Esprit. *Que ton argent périsse avec toi*, lui dit St. Pierre, *toi, qui penses que le don de Dieu peut s'acquérir avec de l'argent.*

<small>Simon le magicien.</small>

Alors renonçant au Christianisme, Simon ne songea plus qu'à se faire chef d'une nouvelle secte. On le regarde comme hérétique, sans doute, parce qu'il avoit été Chrétien : on devroit plutôt le compter parmi les imposteurs, qui se sont donnés pour le Messie. Il n'a rien conservé ni des dogmes ni de la doctrine de Jesus-Christ. Son système, qui est, on ne peut pas plus extravagant, ne mériteroit pas de nous arrêter, s'il ne l'avoit pas puisé dans des sources d'où sont nées plusieurs hérésies.

Source de ses erreurs.

D'après les principes de Zoroastre, les orientaux se représentoient, au de-là du monde, une lumière immense, qui étant répandue dans un espace sans corps, étoit pure & sans mélange d'aucune ombre. Cette lumière, toujours vivante, étoit supposée donner la vie à tout; & l'écoulement de ses rayons, qui se répandoient à l'infini, faisoit concevoir comment tous les êtres en venoient par émanation. Car, disoient-ils, ce monde n'est qu'un lieu de ténèbres, où quelques rayons se sont répandus. Or, les ténèbres ne sont qu'une privation de lumière; elle ne sont rien par elles-mêmes, il n'y a donc de réel dans ce monde, que ce qui émane de cette lumière première, pure & immense. Voilà, du moins autant qu'on le peut deviner, comment ces philosophes expliquoient l'émanation de la matière. D'où nous pouvons conclure que, selon eux, les corps ne sont qu'un composé de peu de lumière & de beaucoup de ténèbres, ou autrement d'un peu d'être & de beaucoup de privation.

Mithra, c'est ainsi qu'ils nommoient cette source de lumière, ne pouvoit produire que des dieux comme lui, puisque les ténèbres ne pouvoient approcher de sa substance lumineuse. Les dieux, qui en émanoient immédiatement, participoient donc à toute la plénitude de sa lumiere ou de sa divinité. Mais les émanations venant à se succéder, il se trouvoit enfin des dieux qui étoient tout à fait hors de cette plénitude. L'essence divine s'affoiblissoit donc en eux à proportion qu'ils s'éloignoient davantage de leur source ; & ils devenoient d'autant plus imparfaits, qu'ils se rapprochoient & participoient plus des ténébres.

Cette suite d'esprits remplissoit l'intervalle qui est entre Dieu & la matiere ; & ceux qui s'étoient rapprochés des ténébres, avoient seuls produit le monde. Mais il n'avoient pu le produire que très imparfait, parce que des ténébres naissent nécessairement le froid, les infirmités, les maladies, la mort.

Ces esprits présidoient à tout : ils étoient dans les cieux, dans les airs, dans la terre. Plus puissants que les ames, qui émanoient comme eux, mais qui étoient à une plus grande distance de la source commune ; ils les avoient forcées de s'unir aux corps, & ils les avoient assujeties à toutes les miseres de la vie.

Tout étant donc plein d'anges bons & mauvais, il s'agissoit de se soustraire aux uns, de se rendre les autres favorables, de se dégager des liens du corps, de s'élever audessus des ténébres, & de tendre vers la source de la lumiere. Voilà sur quels principes on imagina les superstitions & les extravagances de la magie ; & Simon prit toutes ces abſurdités dans l'école d'Alexandrie.

Son ſyſtême. Dieu, ſelon lui, ſubſiſte, dans une lumiere inacceſſible. Les Eons ou Eones ſont les ſubſtances divines qui en émanent plus immédiatement. Ils ſont les uns actifs, les autres paſſifs : ils ſont de différent ſexe : il n'y en a qu'un certain nombre.

L'intelligence étoit d'abord deſtinée à former le monde : Mais s'étant échappée de la plénitude de lumiere, du ſein de Dieu, elle avoit engendré les anges, qui ayant uſurpé l'empire ſur le monde, leur ouvrage, eurent l'ambition d'être reconnus pour les ſeules divinités. Dans cette vue, ils avoient empêché leur mere de retourner à ſon principe, la faiſant paſſer de corps en corps, & l'expoſant à toutes ſortes d'ignominies.

Ses impoſtures. Simon ſe donnoit lui-même pour un de ces Eons, qui étant émané immédiatement, avoit plus de puiſſance que tous les anges enſemble. Il étoit venu pour délivrer l'intelligence, & pour enlever le monde à la tyrannie des démons. Il avoit avec lui une femme débauchée, qu'il avoit achetée à Tyr, & qu'il diſoit être cette intelligence même. Il la nommoit Hélene ou Selene, c'eſt-à-dire, la Lune ou Minerve. Il prétendoit qu'elle étoit deſcendue en terre, en paſſant de ciel en ciel ; qu'elle étoit cette même Hélene, qui avoit été la cauſe de la ruine de Troye ; & il lui donnoit quelque fois le nom de St. Esprit, la représentant comme l'ame du monde, & la source de toutes les ames. Quant à lui, il n'étoit rien moins que ce qu'il paroissoit ; il n'avoit que la figure de l'homme. Il étoit un Eon, un Sauveur, le Messie ; & il vouloit bien être adoré sous le nom de Jupiter. Venu pour rétablir l'ordre, pour détruire les maux produits par l'ambition des anges, & pour procurer le salut aux hommes, il assuroit qu'il suffisoit de mettre son espérance en lui & en son Hélene, disant d'ailleurs que les bonnes œuvres sont inutiles, & que la distinction du bien & du mal moral n'est qu'une invention des anges, pour tenir les hommes dans la servitude.

Il lui falloit des miracles. Il se vanta donc d'attirer des enfers les ames des prophêtes, d'animer les statues, de changer les pierres en pain, de passer sans résistance au travers des rochers, de se précipiter du haut d'une montagne sans se blesser, de voler dans les airs, de se rendre invisible, de prendre telle forme qu'il vouloit, &c. Ces mensonges, aidés de quelques prestiges, persuadoient le peuple, qui croit volontiers, lorsqu'on lui promet des merveilles.

Simon forma donc une secte. Il eut de grands succès à Samarie. Si nous en croyons St. Justin, il fut reçu à Rome comme un Dieu, & on lui éleva une statue ; avec cette inscription : *Simo-*

Que les Romains ne l'ont pas mis au nombre de leurs dieux.

ni Deo Sancto. Ce saint a vu lui-même cette statue, qui subsistoit encore vers l'an 150. St. Clément d'Alexandrie, St. Irénée, St. Cyrille de Jérusalem, Tertullien, Euzebe & Théodorat assurent la même chose; & St. Augustin ajoute que cette statue avoit été dressée par autorité publique. Voilà un fait bien attesté, & ce qui semble le confirmer, c'est qu'il ne paroît pas avoir été jamais contredit par les Payens.

Mais dans l'île du Tibre, au même endroit où St. Justin croit avoir vu cette statue, on en déterra une en 1574, avec cette inscription qui subsiste encore: *Simoni Deo Sanco* c'étoit là les noms d'une divinité qui présidoit aux sermens. Cette découverte a fait conjecturer que St. Justin, préoccupé de Simon le magicien, aura lu trop rapidement, & sera tombé dans une méprise. Plusieurs raisons viennent même a l'appui de cette conjecture.

Premierement, l'esprit du gouvernement ne permettoit pas d'introduire à Rome de nouvelles divinités. Si les Romains ont déféré les honneurs divins aux empereurs, c'étoit par crainte ou par flatterie; comment les auroient-ils accordés à un étranger sans naissance, sans crédit, sans autorité?

En second lieu, les loix condamnoient les magiciens; elles ont plus d'une fois sévi contre eux : elles punissoient sévérement ceux qui les consultoient. Que la populace ait donc été séduite par les prestiges de Simon, le sénat se sera-t-il aveuglé lui-même, jusquà diviniser, dans cet homme, ce qu'il méprisoit dans les autres magiciens ? cette apothéose, si contraire aux loix, se seroit-elle faite sans obstacles ? les historiens n'en auroient-ils point parlé ? & ne se seroient-ils pas fait un devoir d'en marquer toutes les circonstances.

En troisieme lieu, si les Romains avoient adoré Simon, ils auroient adopté ses erreurs, & on en trouveroit depuis quelques traces, dans leur religion. Or, cela n'est pas. Les peres mêmes qui leur reprochent de l'avoir reconnu pour Dieu, ne leur reprochent pas d'avoir embrassé sa doctrine. Les Romains ne paroissent seulement pas l'avoir connu : ou du moins il faut qu'ils l'ayent bien négligé ; car le nom de cet imposteur ne se trouve dans aucun de leurs écrits.

Enfin, quant aux peres qui parlent de la statue de Simon, ils n'ajoutent rien au témoignage de St. Justin ; parce qu'ils auront répété le fait d'après lui, ou d'après des bruits populaires, auxquels la méprise de ce saint avoit donné lieu. Si St. Augustin dit que cette apothéose s'étoit faite par autorité publique, c'est que l'ayant supposée vraie, il a jugé avec raison qu'elle n'avoit pas pu se faire autrement. D'ailleurs quand un fait s'est une fois répandu, il n'est pas étonnant qu'il s'y joigne de nouvelle circonstances.

Autre fait qu'on rapporte avec aussi peu de fondement.

Vers l'an 65 sous Néron, Simon, étant à Rome, entreprit de voler, & vola, dit-on, quelques moments : mais St. Pierre & St. Paul s'étant mis en priere, il fut précipité & mourut de sa chûte. Ce fait est encore bien suspect : car on ne le trouve point dans les écrivains anciens, qui ont recueilli avec plus de soin tout ce qu'ils savoient de cet imposteur; & ceux qui le rapportent, ne remontent pas plus haut que le troisieme siecle; encore ne s'accordent-ils pas sur les circonstances. Quoiqu'il en soit, les Apôtres n'avoient certainement pas besoin de ce triomphe.

Les Gnostiques ont puisé dans la même source que Simon.

Je passe sous silence d'autres magiciens moins célébres. Mais j'ai dû vous faire connoître Simon; parce que plusieurs hérétiques ont puisé dans la même source que lui, & sont tombés dans des erreurs semblables; on les nomme *Gnostiques* mot qui signifie éclairés.

Les Gnostiques ont formé quantité de sectes. Il seroit bien difficile de marquer en quoi elles different. Il y en a même plusieurs, dont on ne sait que le nom. En général, les anciens hérétiques affectoient de se dire Gnostiques, parce qu'ils se flattoient d'être venus pour répandre la lumiere : mais ceux qu'on nomme plus particulierement ainsi, sont des philosophes, qui se piquoient d'avoir des connoissances supérieu-

supérieures sur Dieu & sur le monde. Leur Système, ainsi que celui de Simon, portoit sur les émanations de Zoroastre. Ils entreprenoient d'expliquer la génération de tous les êtres par une suite de dieux, d'éons, d'anges, d'esprits ; considérant le premier principe comme une mer immense, comme un abyme qui comprenoit tout, & d'où ils voyoient sortir des écoulements, qui s'alteroient peu à peu & qui se terminoient à la matiere. Enfin ils croyoient rendre raison du mal moral & du mal physique ; parce qu'ils imaginoient que les anges, qui avoient formé le monde, étoient imparfaits, & qu'il s'étoit d'ailleurs répandu dans leurs ouvrages des démons malfaisants. Prévenus pour cette doctrine, ils se précipitoient dans toutes les erreurs qu'elle entraîne. Ils n'étoient occupés que des moyens de se soustraire aux puissances des ténébres ; & ils se ventoient d'y réussir par des initiations, des sacrifices & des abominations de toute espece.

Frappés des miracles, ces philosophes embrasserent le Christianisme : mais bien loin de renoncer à leurs principes, ils crurent pouvoir les allier avec la doctrine de Jesus-Christ ; & jugeant même qu'ils étoient destinés pour l'expliquer, ils accuserent les Apôtres de l'avoir mal entendue.

Leurs erreurs.

Ils dirent que le Sauveur n'étoit qu'un de leurs Eons, une de ces premieres émanations, qui participoient le plus à la divinité ; & ils en conclurent qu'il n'avoit pas pu prendre réellement un corps ; & que sa naissance, sa vie, sa passion, sa mort n'étoient que des apparences. En un mot, ils niérent qu'il se fût incarné, qu'il eût souffert, & qu'il fût ressuscité.

Sur les mêmes principes, ils nioient encore la résurrection, n'imaginant pas que les ames pussent tout à la fois retourner à Dieu & être unies à des corps. Ils les condamnoient même à passer successivement dans plusieurs animaux ; & ils ne les jugeoient dignes de remonter au principe de toutes choses, qu'autant qu'elles seroient remplies de la doctrine qu'ils enseignoient. Je ne m'arrêterai pas davantage sur les erreurs des Gnostiques : je négligérai même de vous parler des différentes sectes, qu'ils ont formées : il me suffit de vous avoir montré la source, d'où ils ont tiré toutes les absurdités qu'ils ont pu dire.

L'église fait des progrès. L'église, troublée par des hérétiques, & combattue par des imposteurs, étoit encore persécutée par les Juifs, & faisoit néanmoins de grands progrès. St. Paul, converti miraculeusement, lorsqu'il ne songeoit qu'à répandre le sang des Chrétiens, devint Apôtre lui-même, & contribua beaucoup à répandre la foi.

Mœurs des Il vint à Jérusalem trois ans après sa conversion. Les fideles alors y jouissoient de la paix, marchant dans la crainte du Seigneur, & s'édifiant mutuellement. Il n'y avoit point de pauvres parmi eux. Les plus riches vendoient leurs maisons ou leurs terres: ils en mettoient le prix aux pieds des Apôtres; & les biens étoient en commun.

premiers chrétiens.

Les fideles s'assembloient, les dimanches, dans une maison particuliere. Ils lisoient l'écriture, ils écoutoient les exhortations des Apôtres des prêtres ou des prophétes inspirés extraordinairement. Ils chantoient ensuite les pseaumes de David, ou d'autres cantiques, & faisoient ensemble un repas, qu'on nommoit Agape, mot grec, qui exprime une charité mutuelle. Cet usage s'étoit introduit pour entretenir l'union, & en mémoire de la cene, où Jesus-Christ institua l'Eucharistie. C'est aussi dans ce repas qu'on donnoit la communion aux fideles.

Cependant la persécution ayant recommencé, les Apôtres se disperserent vers l'an 42, au commencement du regne de Claude. Ce fut alors que St. Pierre vint établir son siége à Rome, après l'avoir tenu sept ans à Antioche, & avoir prêché aux Juifs dispersés dans le Pont, la Galatie, la Cappadoce, l'Asie & la Bithynie.

Beaucoup de Juifs s'étoient convertis: mais le corps de la nation, s'étant opiniâtré dans son aveuglement, l'évangile fut porté aux Gentils, & les Apôtres prêcherent avec fruit dans toutes les provinces de l'empire.

La conversion des Gentils donne lieu à une question.

La conversion des payens occasionna quelques divisions: car les fideles circoncis, se regardant comme le seul peuple de Dieu, ne croyoient pas devoir partager avec d'autres, la grace de l'évangile: ils vouloient au moins obliger à la circoncision & aux observances de la loi Mosaïque, tous les Gentils qui embrassoient le Christianisme.

Et au premier concile.

Cette question donna lieu au premier concile. Cinq Apôtres, St. Pierre, St. Jean, St. Jacques, St. Paul, St. Barnabé, & plusieurs prêtres s'étant assemblés, il fut décidé que les observances légales n'étoient plus nécessaires. Néanmoins on les toléra encore dans les Juifs convertis & les Apôtres voulant maintenir la paix, s'y conformerent eux-mêmes quelquefois. Ils étoient bien éloignés de condamner comme mauvaises, des cérémonies, qui avoient été bonnes pour le temps auquel Dieu les avoit ordonnées.

La charité régnoit parmi les églises.

La charité régnoit entre toutes les églises. Les riches se faisoient un devoir de soulager les pauvres; & on envoyoit de toutes parts des aumônes à Jérusalem, pour secourir les fideles, qui étoient en grand nombre dans la Judée. Les Apôtres ne négligéoient rien, pour maintenir cette paix & cet amour. Ils ne vouloient pas que les Chrétiens eussent des procès, ou du moins ils vouloient qu'ils prissent d'autres Chrétiens pour arbitres. En effet, il y avoit quelque danger d'idolâtrie à paroître devant les tribunaux des payens, ne fût-ce qu'à cause des sermens. C'est pourquoi dans la primitive église, les évêques ont été les arbitres des différents, qui s'élevoient parmi les fideles; & cet usage a subsisté long-temps.

La charité des Chrétiens excita l'avidité de ces hypocrites, qui font dégénérer en abus les choses les plus saintes. Il y eut de ces hommes, qui prêcherent l'évangile, pour exiger de grosses rétributions. Ils pilloient les fideles: ils les traitoient durement; faisant un trafic de leurs travaux, & cherchant à s'élever en abaissant les vrais Apôtres. C'est ainsi que des imposteurs abusoient de la piété des Chrétiens. *Des imposteurs troublent la paix.*

Alors regnoit Néron. Ce prince, voulant détourner sur des innocents la haine qu'on lui portoit, accusa les Chrétiens de l'incendie, dont on l'accusoit lui même. C'est le premier empereur, sous lequel ils ont été persécutés, & ils en faisoient gloire. Sur la fin de son regne, St. Pierre & St. Paul souffrirent le martyre à Rome; & St. Marc, en Egypte, où il avoit répandu la foi. Il y avoit déja dans cette province des Chrétiens, qui menoient la vie des Thérapeutes. *Persécution sous Néron.*

Alors Vespasien marchoit contre les Juifs, qui après avoir essuyé bien des véxations, s'étoient enfin soulevés. Divisés entre eux, pres- *Sous Vespasien les Juifs se rendent sans temple & sans sacrifices.*

sés par les troupes romaines dont Titus prit le commandement, ils furent réduits aux plus cruelles extrémités. La ville de Jérusalem fut prise & détruite, ainsi que le temple, comme Jesus-Christ l'avoit prédit.

Les Juifs ayant ensuite causé quelques troubles en Egypte, Vespasien ordonna d'abattre le temple, qu'ils y avoient bâti, malgré les défenses de la loi, environ cent cinquante ans avant Jesus-Christ. Il craignoit que ce ne fût pour eux une occasion de se réunir, & de se porter encore à la révolte. Ses ordres ne furent pas absolument exécutés : mais ce temple fut au moins fermé, & on ne permit plus d'y faire aucun exercice de religion. Alors les Juifs, restés sans temple & sans sacrifices, cesserent de former un peuple à part ; & depuis, il ne leur a jamais été possible de se réunir. Il semble que Joseph leur historien, n'ait écrit que pour montrer l'accomplissement des prophéties : témoignage d'autant plus fort, que venant d'un Juif, il ne sauroit être suspect.

Les Chrétiens sont enveloppés dans la persécution que Domitien fait aux Juifs.

Les Juifs souffrirent beaucoup sous Domitien, qui exigea, avec la derniere rigueur, les tributs dont on les avoit chargés ; & qui porta, sur la fin de son regne, des édits cruels contre eux. Cette persécution enveloppa les Chrétiens que les payens ne distinguoient pas encore des Juifs ; Flavius Clément, cousin germain de l'empereur, perdit la vie. Sa femme & sa niece, toutes deux nommées Domitilla, furent bannies. L'Apôtre St. Jean, sorti miraculeusement d'une cuve d'huile bouillante, fut relégué à Patmos; & plusieurs autres Chrétiens souffrirent le martyre. On les accusoit de Judaïsme, d'impiété, & d'atheïsme. C'étoit en effet les seuls crimes, dont ils puffent être coupables aux yeux des Payens. Cependant tous les efforts des puissances dévenoient inutiles. L'église s'affermissoit au milieu des persécutions: elle croissoit de plus en plus. Rien ne prouve mieux, qu'elle n'est pas l'ouvrage des hommes.

La prévention contre les Chrétiens étoit générale. Les peuples se soulevoient contre eux, sans les connoître, & le gouvernement avoit pour maxime de les condamner, sans s'informer ni de leurs mœurs, ni de leur doctrine. Si les plus modérés ne les persécutoient pas, ils les abandonnoient au moins comme des hommes peu raisonnables, qui méritoient d'être les victimes de leur entêtement. Les persécutions que St. Paul a souffertes nous font voir avec quelle indifférence les Gentils traitoient également les Chrétiens & les Juifs. Gallion, frere de Séneque, étant proconsul d'Achaïe, ne voulut pas seulement écouter St. Paul accusé par les Juifs, d'introduire un culte contraire à la loi: *s'il s'agissoit de quelque crime, ou de quelque injustice, je vous écouterois*, leur dit-il: *mais si ce sont des questions de mots sur votre loi, je m'en rapporte à vous, & je n'en veux*

Prévention générale contre les Chrétiens.

E 4

pas être le juge. Portius Festus, gouverneur de Judée traitoit ces choses avec la même indifférence. *Ils ne l'ont accusé,* disoit-il, en parlant de St. Paul, *d'aucun des crimes que je suςςonnois: mais seulement, ils proposoient contre lui des questions de leur religion, & parloient d'un certain Jesus mort, que Paul disoit être vivant.*

Les prêtres du paganisme & des philosophes calomnient l'église.
Si les Gentils confondoient les Chrétiens avec les Juifs, il étoit naturel qu'ils confondissent encore les hérétiques & les catholiques; & que par conséquent, ils se prévinssent de plus en plus contre l'église. Or, les prêtres du paganisme se prévalurent de cette prévention aveugle. Ils rejeterent, sur la religion, les erreurs, qu'elle condamnoit: ils la rendirent méprisable & odieuse par leurs calomnies; & ils échaufferent si fort l'esprit du peuple, que c'étoit assez de s'avouer Chrétien pour être jugé digne de mort. Il y eut même des philosophes, qui, se joignant à eux, prirent la défense de l'idolâtrie, parce que c'étoit la religion du prince. Apollonius de Tyane, Pythagoricien, est le plus célébre. Je n'en dirai cependant rien, parce que son histoire, écrite plus de cent vingt ans après sa mort, ne porte aucun caractère de vérité. On voit seulement, que, malgré la grande réputation dont il a joui à Rome & dans tout l'empire, il n'a néanmoins laissé, après lui, ni

difciples, ni fectateurs. Il mourut fort vieux ; on ne s'accorde pas fur fon âge.

Combien donc la réligion n'a-t-elle pas eu d'obftacles à vaincre dans ce premier fiecle! combien d'ennemis à combattre! mais quand vous verrez dans l'abbé Fleury ou dans Tillemont, le nombre des miracles & des martyrs, vous ne ferez pas étonné qu'elle ait enfin triomphé.

CHAPITRE VI.

Idée générale des événements dans le second siecle de l'église.

Sous Nerva les Chrétiens goûtent la paix.

NERVA avoit défendu, qu'on accusât personne d'impiété ou de Judaïsme : il avoit même diminué les tributs, dont on accabloit les Juifs : & en rappellant les exilés, il avoit rendu la liberté à ceux qu'on avoit bannis sous prétexte de religion. Ce fut donc un temps de repos pour l'église ; mais ce temps fut court, puisque ce prince ne regna qu'un an & quelques mois.

Ils sont persécutés sous Trajan.

Trajan défendit les assemblées, qui n'étoient pas autorisées par les loix. C'étoit défendre indirectement l'exercice de la religion Chrétienne. ce fut donc une occasion de recommencer les persécutions, & l'église fit de nouveaux progrès, parce qu'elle eut de nouveaux martyrs.

Mais on ne sait quels crimes leur imputer.

Cependant ceux qui commandoient dans les provinces n'étoient pas peu embarrassés sur la conduite qu'ils devoient tenir : nous en voyons la preuve dans une lettre que Pline le jeune, gouverneur de Bythynie, écrivit à Trajan pour le confulter. Il demande ce qu'on punit dans les Chrétiens, ou ce qu'on recherche; fi c'eft le nom feulement, ou quelques crimes attachés à ce nom; fi, diftinguant les âges, on doit traiter les enfants avec moins de rigueur; s'il faut pardonner à ceux qui fe repentent, ou fi c'eft affez d'avoir été une fois Chrétien pour être cenfé encore coupable, lorfqu'on eft revenu au culte des idoles.

Dans cette incertitude, il envoyoit cependant au fupplice ceux qui perfiftoient; ne doutant pas que leur opiniâtreté ne méritât au moins d'être punie. Mais le nombre des accufés l'éffrayoit: il en voyoit de tout âge, de tout fexe, de toute condition : cette fuperftition, ajoute-t-il, avoit infecté les villes & la campagne; & il avoit trouvé les temples prefqu'abandonnés.

Il ne négligea pas de rechercher en quoi les Chrétiens pouvoient être coupables. Mais il ne trouva qu'une fuperftition exceffive; & tout ce qu'il put apprendre de ceux mêmes, qui eurent la foibleffe d'abandonner la foi, c'eft qu'ils s'affembloient un certain jour avant le lever du foleil; qu'ils chantoient un cantique en l'honneur du Chrift, leur Dieu; qu'ils s'engageoient par ferment, non à commettre aucun crime, mais à ne faire ni vol, ni larcin, à ne point manquer à leur parole, & à ne point dénier un dépôt; & qu'ils se rassembloient une seconde fois pour prendre un repas. Pline, ne voyant rien dans tout cela qui fût digne de châtiment renvoyoit tous les accusés qui désavouoient le Christianisme, & qui faisoient des actes d'idolatrie.

On voit par cette lettre combien la religion Chrétienne étoit déja répandue. Mais ce qui étonne, c'est l'aveuglement des Gentils. Comment Pline, après toutes ses recherches, ne trouvoit il dans les Chrétiens que de l'opiniâtreté & de la superstition ? comment n'a-t-il pas soupçonné leur culte d'être au moins le plus raisonable ? & comment n'a-t-il pris aucune connoissance des miracles, qui en prouvoient la divinité. Sans doute qu'entraîné par l'esprit du gouvernement, il cherchoit moins à découvrir ce que croyoient les Chrétiens, qu'à les forcer à croire comme lui. Peut-être aussi ceux à qui il fit souffrir le martyre, étoient-ils plus faits pour répandre leur sang, que pour raisonner sur leur croyance.

Trajan approuva la conduite de Pline, déclarant qu'il falloit punir ceux qu'on accusoit, s'ils s'avouoient Chrétiens, & renvoyer, comme innocents ceux qui sacrifioient aux dieux, quelque suspects d'ailleurs qu'ils eussent été. Il défendit même de les rechercher, & d'avoir aucun égard aux accusations, lorsque c'étoit des libelles sans nom d'auteurs. Mais s'ils sont coupables, pourquoi ne pas les rechercher, & s'ils ne le sont pas, pourquoi les punir ? Voilà des contradictions où l'on tomboit, parce qu'on vouloit empêcher les progrès de la religion; telle a été dans ce siecle, la conduite des Gentils envers les Chrétiens.

Cette prévention aveugle fit durer la persécution sous le regne suivant. Adrien, à la vérité, ne porta point d'édits contre l'église : mais il étoit si attaché aux cérémonies religieuses des Grecs & des Romains, & si adonné à l'astrologie, à la divination & à la magie, qu'on pouvoit inpunément persécuter tous ceux qui se declaroient ennemis de ces superstitions. D'ailleurs les Juifs devenoient tous les jours plus odieux. Les dernieres années du regne de Trajan, ils s'étoient soulevés en Egypte, ils avoient commis les plus grandes cruautés, & on ne les avoit soumis qu'après en avoir exterminé une grande partie. Or, les Chrétiens partageoient la haine qu'on portoit aux Juifs c'étoit donc là une nouvelle raison pour les persécuter.

Pourquoi la persécution est plus grande sous Adrien

Cependant Adrién étant à Athènes, pour la seconde fois, la huitieme année de son regne, Quadrat lui présenta une apologie pour la religion Chrétienne. Disciple des Apôtres, il avoit comme eux prêché l'évangile, & fondé plusieurs,

Premieres apologies.

ses. Dans le même temps Aristide, philosophe Athénien, fit aussi une apologie. Ce sont là les premiers écrits pour la défense de la religion. Il n'en reste rien : nous savons seulement qu'on en a fait beaucoup de cas, & que Quadrat s'appuyoit sur les miracles, dont il démontroit la vérité.

La persécution diminue. Les raisons de ces deux apologistes furent soutenues par une lettre de Sérénius Granianus, proconsul d'Asie, qui représentoit à l'empereur combien il étoit odieux de punir les Chrétiens sur le nom seul. Adrien eut égard à ces remontrances. Il ne voulut plus que les Chrétiens fussent les victimes des plaintes vagues & des cris tumultuaires du peuple. Il ordonna qu'on les produiroit devant les tribunaux, pour être condamnés s'ils étoient convaincus d'avoir fait quelque chose contre les loix, ou pour voir punir les calomniateurs qui leur supposeroient faussement des crimes. Cet ordre diminua la persécution, sans l'éteindre entierement : car les assemblées seules étoient un prétexte suffisant pour accuser les Chrétiens.

Les Juifs sont entierement chassés de Jérusalem. Adrien avoit envoyé une colonie à Jérusalem : & ayant rétabli cette ville sous le nom d'Aëlia capitolina, il avoit bâti un temple à Jupiter dans la place même du temple de Dieu ; les Juifs ne pouvant souffrir cette idolatrie, se révolterent, & ce fut leur ruine. L'empereur, qui réduisit la Judée en solitude leur défendit d'oser jamais venir à Jérusalem, ou même d'en approcher. Cet événement est de la dix-huitieme année d'Adrien, & de la cent trenteq uatrieme de Jesus-Christ. C'est l'époque où les restes de l'ancienne servitude de la loi commencerent à s'abolir, parce qu'il n'y eut plus à Jérusalem que des Chrétiens, Gentils d'origine.

Jusqu'alors les hérésies n'avoient été que le systême absurde des Eons, manié & remanié de bien des manieres; & Valentin un des derniers & des plus célébres de ces hérétiques, avoit donné naissance à bien des sectes. Mais Cerdon ayant imaginé deux dieux, l'un bon & l'autre mauvais. Marcian, son disciple, répandit, quelques années après, cette doctrine, & fit un grand nombre de sectateurs. Il importe peu d'examiner comment ils concevoient l'un & l'autre ce systême. Il suffit de remarquer, que, quoiqu'ils rejetassent les Eons, ils étoient cependant Gnostiques à bien des égards. Ils raisonnoient en effet sur les mêmes erreurs; & parconséquent, leur hérésie étoit un rejeton de la philosophie orientale.

Commencement de la doctrine des deux principes.

L'église avoit alors un grand défenseur dans St. Justin, le plus ancien auteur ecclesiastique dont il nous reste des écrits. Né Gentil, & peu satisfait des opinions dans lesquelles il avoit cherché la vérité parmi les philosophes, il s'étoit enfin livré à la secte des platoniciens.

Conversion de St. Justin.

Déja la contemplation des idées le ravissoit, & il se flattoit de s'élever bientôt jusqu'à Dieu. rempli, comme il le dit, de cette folle espérance, il imagina de se retirer dans un lieu, où loin du bruit, il pût être tout entier à la méditation. Il y arrivoit, lorsqu'un vieillard l'aborda, l'entretint, lui fit voir que les platoniciens ne connoissoient ni Dieu, ni l'ame, & lui persuada de lire les prophétes. Il les lut: bientôt frappé de l'accomplissement des prophéties, il reconnut combien la simplicité de ces hommes inspirés étoit au dessus des raisonnements subtils des philosophes.

Joignant à la connoissance de la philosophie, une étude profonde de l'écriture sainte, il annonça la vérité, il la defendit: il avoit tout pour y réussir. Ainsi que Quadrat & Aristide, il adressa ses apologies à l'empereur. Il montra combien il étoit injuste de punir les Chrétiens sur le nom seul; il exposa leur doctrine; il ruina les calomnies dont on les noircissoit: il prouva la vérité de la religion, par l'acomplissement des prophéties & par les miracles de Jesus-Christ. Cependant la persécution, qui n'avoit jamais cessé entierement, continua encore; quoique Antonin n'ait jamais publié d'ordonnance contre les Chrétiens, & qu'il ait même defendu de les inquieter au sujet de la religion.

Après

Après la mort de cet empereur, la persécution redoubla. Les loix contre les assemblées particulieres & contre toute religion nouvelle étoit autant de prétextes qu'on saisissoit; & les crimes imaginaires, dont on accusoit les Chrétiens, étoient les motifs d'un soulevement général. Les peuples ne cessoient de demander leur sang: les philosophes & les prêtres du paganisme entretenoient cette haine aveugle: & les gouverneurs suivoient cette impression, soit par superstition, soit par foiblesse. Marc-Aurele lui même étoit trop prévenu, pour résister au torrent. Comme homme d'état, il ne vouloit pas d'un culte, qui ne pouvoit s'établir que sur la ruine de l'ancienne religion; & comme stoïcien, il ne croyoit pas aux miracles, &, par conséquent, il ne les examinoit pas. Les Chrétiens lui paroissoient des enthousiastes, qui n'alloient à la mort que par obstination. Cependant, ennemi de la violence, ainsi qu'Antonin, il défendit dès la premiere année de son regne, toute persécution contre eux, & ne permit de les punir, que lorsqu'ils seroient convaincus de quelque entreprise contre l'état.

Les persécutions qu'elles n'ont pas empechées, redoublent sous Marc-Aurele.

St. Justin lui adressa une de ses apologies, & souffrit le martyre sous son regne: l'église eut encore pour défenseurs Méliton, Athénagore, & Apollinaire. Ils montroient l'absurdité du paganisme, mettoient au jour les erreurs des

Autres écrits pour la défense de la religion.

philosophes. Ils prouvoient la vérité de la religion chrétienne, & ils détruisoient les calomnies. Ils avoient tous le même objet dans leurs écrits, parce que l'aveuglement des peuples étoit toujours le même. Mais on ne les lisoit pas, on défendoit même de les lire, & l'aveuglement continuoit.

<small>Moutau faux prophète.</small>

Le don de prophétie, que Dieu accordoit encore quelquefois à l'église, & dont on venoit même de voir un exemple dans St. Quadrat, donna lieu à quelques faux prophètes. Moutau est le plus célèbre de ceux qui parurent sous ce regne. Il s'associa plusieurs autres imposteurs ou fanatiques, entre autres deux femmes, Priscille & Maximille. Prophétesses comme lui, elles avoient d'ailleurs de grandes richesses, dont il se servit pour hâter les progrès de son hérésie.

Toute cette prétendue prophétie n'étoit qu'un vrai délire, pendant lequel des discours sans suite & sans jugement échappoient par accès. Cependant, Moutau osoit se donner pour le St. Esprit: il prétendoit au moins, que le Paraclet étoit avec lui dans toute sa plénitude; que la promesse, que Jésus-Christ avoit faite de l'envoyer, s'accomplissoit en lui; & que les Apôtres n'avoient eu qu'une connoissance imparfaite, de la vérité.

Jusqu'à lors il n'y avoit point d'exemple que la prophétie se fût annoncée par des accès de démence. Il semble donc qu'on auroit dû reconnoître l'imposture. Mais tout ce qui est extraordinaire, est fait pour séduire le peuple; & les vrais prophêtes portoient à croire aux faux, parce que tout le monde ne sait pas examiner & discerner. Cette hérésie se répandit donc; dès sa naissance, elle infecta plusieurs provinces de l'orient.

On n'avoit point tenu de concile depuis celui de Jérusalem. A cette occasion, les évêques d'Asie s'assemblerent en plusieurs endroits. Les Montanistes furent excommuniés, & parurent se séparer volontiers de l'église. Voici leurs erreurs.

Ils condamnoient les secondes noces: ils rejetoient la pénitence; & quoi qu'ils accordassent à l'église le pouvoir de remettre les péchés, ils soutenoient qu'elle n'en pouvoit pas donner l'absolution, lorsqu'ils avoient été commis après le baptême. Souvent même ils disoient que ce pouvoir n'appartenoit qu'à leurs prophêtes: ils prétendoient qu'il n'étoit pas permis de fuir dans la persécution, ni même de prendre des mesures pour n'être pas surpris dans les exercices que la religion prescrit; & ils célébroient leur culte si publiquement quils paroissoient chercher à braver les infideles. D'ailleurs ils suivoient une discipline rigoureuse: ils multiplioient les jeûnes, & ils prati-

Erreurs des Montaniste.

quoient plusieurs austérités, quils s'imposoient comme autant d'obligations.

Ils pensoient encore ques les saints, les patriarches & les prophêtes regneroient un jour sur la terre, avec Jesus-Christ, pendant mille ans; qu'ils commanderoient à toutes les nations; que dans le cours de ce regne, ils jouiroient de tous les plaisirs; & que le Sauveur leur rendroit au centuple tout ce quils auroient quitté pour lui. Cette erreur, plus ancienne qu'eux, étoit commune à plusieurs hérétiques, à plusieurs écrivains de l'église, & même à plusieurs martyrs; tous ceux qui l'ont embrassée, ne l'expliquent pas de la même maniere. On les nomme *millénaires*.

Cette erreur venoit d'un passage de l'apocalypse mal entendu, ou de quelque tradition sans fondement. St. Papias contribua, sur-tout, à la répandre; comme il étoit disciple de St. Jean, son suffrage ne pouvoit manquer d'avoir un grand poids. Cependant, si nous en croyons Eusebe, c'étoit une esprit borné, qui ramassoit sans choix tout ce qu'il croyoit venir des Apôtres, & qui debitoit bien des fables.

Hérésie des Eucratites ou Continents.
Sous Marc-Aurele, il se forma encore une autre hérésie, dont Tatien fut l'Auteur. Né payen, c'est en étudiant les livres des idolâtres, qu'il avoit appris à mépriser l'idolatrie.

Il cherchoit quelque chose de mieux, lorsqu'il trouva, ce sont ses termes, quelques livres des barbares dont la lecture le persuada. Antérieurs, dit-il, à tout ce qui a été écrit, ils sont de la plus haute antiquité.

Le stile en est simple; les auteurs en paroissent sinceres on les comprend facilement : plusieurs de leurs prédictions sont accomplies : & leurs préceptes sont admirables; c'est ainsi qu'il rapporte lui-même sa conversion.

Il eut pour maître St. Justin; & tant que ce martyr l'éclaira, il fut ferme dans la foi : il acquit même de la considération. Mais trop fier de ses succès, il se livra, après la mort de ce saint, aux imaginations les plus extravagantes, & se crut fait pour enseigner une nouvelle doctrine. Il ne fit cependant que remanier les erreurs des Marcionites. Il supposa des Eons, il admit deux principes, & condamna le mariage; il défendit l'usage du vin & il ne permit pas de se nourrir de la chair des animaux. Cette continence outrée fit donner à ses sectateurs le nom d'Eucratites ou de continents. Cette hérésie poussa plusieurs branches.

Pendant le regne de Commode qui fut de douze à treize ans, c'est-à-dire, depuis 180 jusqu'à la fin de 192, l'église jouit d'une paix profonde. Il paroît d'abord étonnant que la persécution ait, sur-tout, éclaté sous les

Pourquoi les persécutions cessent sous Commode.

meilleurs princes : mais quand on y regarde de plus près, on cesse d'être surpris. En effet, Marc-Aurele, tout entier au gouvernement, devoit punir les Chrétiens, puis qu'il les regardoit comme perturbateurs du repos public; & Commode, au contraire, devoit les laisser tranquilles, parce qu'il négligeoit tout soin, & qu'il trouvoit ailleurs de quoi assouvir sa cruauté.

Ouvrages de St. Irénée contre les hérétiques. Sous son regne, parut l'ouvrage que St. Irénée, évêque de Lyon, fit contre les hérétiques. Il y expose leurs erreurs : il les détruit pas les fondements : il leur oppose la foi & la tradition de toutes les églises : il les combat par les miracles que les catholiques faisoient encore.

Question sur le jour que la pâque doit être célébrée. Après la mort de Commode, l'église jouit encore de la paix; parce que les guerres civiles qui durerent cinq à six ans, firent en quelque sorte oublier les Chrétiens; & que d'ailleurs Sévére commença par leur être favorable. On voit aussi qu'en 195 & 196 on tint plusieurs conciles en orient & en occident : ce qui n'auroit pu se faire, si l'église eût été persécutée. Mais pendant cette paix, il s'en fallut peu qu'il ne se formât un schisme. Il s'agissoit de la célébration de la pâque; les églises d'Asie, conformément à leur tradition, la fixoient au jour qu'il avoit été commandé aux Juifs d'immoler l'agneau, c'eſt-à-dire, le 14 de la lune de mars, en quelque jour de la ſemaine qu'il arrivât. Les autres, ayant reçu de St. Pierre & de St. Paul une tradition différente, vouloient qu'on la renvoyât au Dimanche, jour où le Sauveur eſt reſſuſcité.

Cette queſtion avoit déja été agitée. Polycarpe, évêque de Smyrne, étant à Rome en 160, l'avoit même traitée avec le pape Anicet; n'ayant pu renoncer à leur coutume, ni l'un ni l'autre, ils ſe ſéparerent, & convinrent cependant qu'on ne devoit pas rompre la paix pour un ſujet ſi léger.

Le pape Victor en jugea toutautrement, car en 196 il excommunia les évêques d'Aſie, parce quils ne voulurent pas ſe conformer à l'uſage de l'égliſe romaine, cette conduite fut généralement déſapprouvée : les evêques mêmes de ſon parti lui écrivirent pour le faire entrer dans des ſentiments plus conformes à la paix, ils y réuſſirent.

Sous le pontificat de Victor, il parut de nouveaux hérétiques. Les uns nioient la divinité de Jeſus-Chriſt; les autres ſoutenoient qu'il n'eſt pas différent du pere, & qu'il ny a qu'une perſonne en Dieu; quelques uns enfin enſeignoient que la matiere eſt éternelle, & que Dieu n'a fait que l'arranger.

Les hérésies & les perſécutions dans le 2 ſiecle n'ont pas empeché les progrès de l'égliſe.

Malgré les persécutions & les hérésies, l'église a fait dans ce siecle des progrès surprenants. Les fideles étoient répandus par tout, dans les villes, dans les campagnes, dans le sénat, dans les armées; en un mot, ils étoient en si grand nombre, que s'ils se fussent retirés, l'empire, dit Tertullien, n'eût plus été qu'une vaste solitude.

CHAPITRE VII.

Considérations sur le second siecle.

Les Apôtres se formerent sur le modele du maître divin qui les avoit instruits. Cherchant à se rapprocher des plus ignorants, ils exposerent l'évangile avec simplicité, ils l'annoncerent avec courage, ils le scellerent de leur sang. Ils n'avoient besoin ni des artifices de l'éloquence, ni des raisonnements subtils de la philosophie. Ces arts, plus nécessaires au mensonge qu'à la vérité, leur étoient tout à fait étrangers. En un mot, ils n'étoient ni rhéteurs, ni philosophes: ils étoient pieux, simples, courageux. Leurs disciples prirent leur exemple pour regle, s'attachant à la même simplicité, & ne cherchant pas dans les sciences humaines de quoi orner les vérités de l'évangile.

Dans le premier siecle, l'évangile étoit prêché avec la plus grande simplicité.

Telle fut la religion pendant le premier siecle. Simple, pure, sans art, sans aucune couleur étrangere. Elle se conservoit dans cet état, parce que le plus grand nombre des fideles étoit des hommes du peuple, qui ne pouvoient altérer cette simplicité apostolique; & que les autres, quoique plus versés dans les lettres, trouvoient que les vérités chrétiennes, exposées sans ornements, étoient bien supérieures à toutes les sciences, qu'ils avoient étudiées.

Dans le deuxieme, il attire l'attention des savants & des philosophes.

Mais dès le commencement du second siecle, l'évangile répandant sa lumiere sur tout l'empire, les yeux des savants & des philosophes commencerent à se dessiller. Ils virent quelque choses de divin dans une doctrine, dont le caractère étoit tout-à-la fois la sublimité des dogmes, la simplicité du langage, & la pureté de la morale. S'ils y trouvoient des mystères, qu'il ne pouvoient comprendre, ils étoient au moins forcés d'avouer, qu'ils ne pouvoient, ni les combattre, ni substituer quelque chose de mieux. Ils découvroient enfin le moyen d'arriver à cette tranquillité, à ce bonheur, qu'on cherchoit depuis tant de siecles, & qui avoit fait naître tant de systêmes.

Alors les sectes de philosophie tomboient dans le mépris.

Dans le même temps que l'évangile attiroit l'attention des hommes éclairés, c'est alors que la philosophie commençoit à perdre beaucoup, dans l'esprit même des payens. On reconnoissoit la futilité de toutes ces disputes, qui divisoient les sectes, & les détruisoient les unes par les autres. On les méprisoit même si fort, qu'on se faisoit un jeu de les tourner en ridicule, & qu'on ne daignoit presque plus les examiner férieufement.

L'hypocrifie, la magie, l'impofture furent les moyens, que les philofophes employerent pour fe relever ; & ils devinrent auffi méprifables par leur conduite que par leurs opinions. Il arriva donc que ceux qui cherchoient fincérement la vérité, fe dégoûterent enfin de toutes les fectes ; & que portant la vue fur le nouveau culte, qu'on leur annonçoit, ils le comparerent avec ce quils avoient connu jufqu'à lors. Quand ils n'auroient regardé la religion chrétienne que comme l'ouvrage d'un homme, cette comparaifon eût encore été à fon avantage. Ils l'étudierent, & ils fe convainquirent de fa divinité, parce qu'ils furent convaincus de la vérité des miracles & de l'accompliffement des prophéties. Voilà quels font en général les motifs, qui firent embraffer le Chriftianifme à plufieurs philofophes. St. Juftin en eft un exemple fenfible.

Ce n'étoit donc plus le peuple feul qui fe convertiffoit : les efprits les plus éclairés commençoient à croire ; & c'eft ce qui foulevoit les philofophes, qui perfiftoient dans leurs erreurs. Ils ne pouvoient fouffrir de fe voir vaincus par une fecte, à laquelle ils reprochoient de n'avoir pour auteurs que des hommes groffiers & ignorants. Ils l'attaquerent & parce que leurs raifons s'émouffoient contre

Les hommes les plus éclairés fe convertiffoient.

les armes de l'église, ils forgerent des calomnies, & ils fouleverent les puiffances contre les Chrétiens.

Ils combattoient toutes les fectes de philofophie.
Ce fut alors que les philofophes convertis écrivirent pour la défenfe de l'église; ils oppoferent aux abfurdités des philofophes Grecs, à leurs queftions vaines, à leurs inconféquences, à leur fauffe fageffe, la fimplicité de la foi chrétienne, la fublimité des dogmes, la fainteté de la morale, la fageffe de l'évangile. Ils ne faifoient grace à aucunes fectes parce qu'elles étoient toutes favorables à l'idolatrie, & qu'elles pouvoient fervir à l'étayer; en effet, elles ne négligeoient rien pour s'accommoder aux fuperftitions vulgaires, puifque les Epicuriens mêmes admettoient plufieurs dieux.

Quelque fois ils en corrigeoient le langage.
Cependant les philofophes avoient enfeigné des vérités, fur-tout, en morale: on croyoit même entrevoir dans le platonifme des chofes, qui pouvoient fe rapprocher de nos dogmes. Il fembloit qu'il n'y eût qu'à corriger le langage des philofophes, & qu'à interpréter leurs affertions, pour trouver dans leurs écrits des traces du Chriftianifme même.

Et revendiquoient les vérités qu'elles enfeignoient.
Quelques écrivains écclefiaftiques revendiquerent donc ces vérités, difant, que les philofophes les avoient tirées de l'écriture fainte, ou qu'elles leur avoient été révélées. Ils penfoient que, comme le Verbe, depuis l'incarnation, s'étoit manifefté à tous les hommes

il s'étoit auparavant manifesté aux plus sages des payens : c'est-à dire, qu'ils croyoient que quelques philosophes, tels que Socrate & Platon, avoient connu Jesus-Christ, & que, par conséquent, ils pouvoient être sauvés. St. Justin, entre autres, pensoit ainsi : les peres, qui étoient dans cette opinion, jugeoient seulement que les philosophes n'avoient pas exposé ces vérités avec assez d'exactitude ; & qu'ils les avoient confondues parmi bien des erreurs.

Lors donc qu'ils condamnent ouvertement toutes les sectes, ils ne rejettent pas absolument tout ce qu'elles enseignent, ils veulent seulement combattre les absurdités, qu'ils y découvrent en grand nombre. Dans d'autres occasions, ils parlent de quelques unes avec les plus grands éloges, parce qu'ils les considérent alors par les vérités communes à la philosophie & à la religion chrétienne. C'est ce qu'il faut remarquer, si l'on ne veut pas se méprendre à leur langage, & y trouver des contradictions, qui n'y sont pas.

C'est sous différents points de vue que les peres du 2. siecle louent & blâment les mêmes sectes.

Ils rejetoient, sur-tout, Aristote, & parce que ce philosophie ne reconnoît pas la providence, & parce qu'ils regardoient sa dialectique comme le bouclier des hérétiques; ils croyoient que la manie de raisonner d'après la méthode des Péripateticiens étoit la vraie cause des hérésies. Ce jugement fut

Ils rejetoient Aristote.

Aristote l'a rendu odieux pendant plusieurs siecles.

Ils faisoient cas de Platon. Au contraire, on faisoit cas du platonisme à certains égards : mais c'étoit le platonisme d'Alexandrie, on ne connoissoit même guere l'académie ; & Alexandrie étoit alors la premiere école de philosophie. Or, ce platonisme pouvoit quelquefois se rapprocher en apparence de nos dogmes, puisque le Sincrétisme avoit déja tenté de concilier Platon avec Moyse. D'ailleurs, Platon lui-même parle si magnifiquement de Dieu, qu'on croit souvent entendre un Chrétien ; quoique ses expressions soient bien éloignées de porter des idées saines, lorsqu'on les interprète d'après le système entier, & qu'il faille les en séparer, pour leur trouver un sens orthodoxe.

Ils ne croyoient penser comme lui, que parce, que, selon eux, Platon avoit pensé en Chrétien. On a beaucoup agité si les premiers peres de l'église on été platoniciens. Cette question est cependant facile à résoudre. Ils ne l'ont point été, puisqu'ils n'ont admis ni tous les principes du platonisme, ni toutes ses conséquences ; puisqu'ils n'ont pas embrassé le système entier, &, qu'au contraire, ils l'ont combattu, & même souvent avec mépris. S'ils en ont tiré des choses, qu'ils ont approuvées avec éloge, ils les revendiquoient, parce qu'ils les regardoient comme des plagiats faits aux Juifs, ou comme des vérités, qui avoient été révélées à Platon. En un mot, en pensant quelquefois comme ce philosophe, ils ne se faisoient pas platoniciens : ils le considéroient en quelque sorte comme Chrétien lui-même.

Il est vrai, que ces plagiats & cette révélation étoient deux suppositions bien fausses ; & si on les adoptoit, c'étoit sans trop les examiner, & parce qu'elles paroissoient favorables à la propagation du Christianisme ; après avoir réfuté les erreurs des philosophes, il étoit juste de reconnoître qu'ils avoient enseigné des vérités. Par là, on se rapprochoit d'eux, on se les concilioit. Lors qu'ensuite on faisoit voir que toutes ces vérités appartenoient au Christianisme, on diminuoit leur prévention contre l'église, & on les disposoit à se convertir. *Par là ils se rapprochoient des philosophes.*

Ces motifs étoient pieux : mais cette conduite commençoit à s'éloigner de la simplicité apostolique ; & il étoit à craindre, qu'en voulant se concilier les philosophes, on ne prît chez eux des erreurs, lorsqu'on y cherchoit des vérités. Ce danger devint d'autant plus grand, que les philosophes, ayant remarqué les avantages que la religion avoit, sur tous les systèmes, s'approprièrent insensiblement les principales vérités qu'elle enseigne ; comme ils voyoient que les Chrétiens se prévaloient de ces vérités, il leur importoit de faire croire que la philosophie, dans les points essentiels, ne cédoit point au Christianisme. Ce rappro- *Qui quelquefois se rapprochoient aussi des Chrétiens.*

chement réciproque de la philosophie & du Christianisme ne pouvoit que répandre beaucoup de confusion.

<small>Et on entreprend de faire voir que ce que la religion enseigne s'accorde avec ce que les philosophes ont dit de mieux.</small>

Il seroit à souhaiter qu'on se fût moins mis en peine de démêler ce qu'il y a de bon dans les philosophes ; & qu'on se fût fait un devoir de ne chercher la vérité, que dans les écrits que les Apôtres & leurs disciples avoient laissés. Mais lorsque les philosophes eux-mêmes se convertissoient, il n'étoit pas naturel qu'ils renonçassent à toutes les études qu'ils avoient faites jusqu'alors ; & il y auroit de quoi s'étonner, s'ils n'avoient pas conservé les opinions, qu'ils croyoient pouvoir s'accorder avec la foi ; ils formerent donc le projet de recueillir les vérités éparses parmi toutes les sectes, & d'en faire un corps de doctrine chrétienne. Ils virent même de l'utilité dans l'exécution de ce projet, parce qu'ils y trouverent des armes contre les ennemis du Christianisme. En effet, pour quoi se soulever contre cette religion sainte, si ce qu'elle enseigne, s'accorde avec ce que les philosophes ont dit de mieux, & si elle ne les combat que lorsqu'ils tombent dans l'erreur ?

N'étoit-ce pas la confirmer, que de faire voir, que les meilleurs esprits en avoient connu les principales vérités, & qu'elle seule étoit exempte des erreurs, dont-ils n'avoient pu se garantir ? N'étoit-ce pas démontrer, que pour éclaieclairer les hommes, il falloit une autre sagesse qu'une sagesse humaine? & l'événement ne venoit-il pas à l'appui, quand on remarquoit que douze pêcheurs ignorants avoient fait ce que les plus habiles législateurs & les plus grands philosophes n'avoient osé tenter?

Ainsi, bien loin d'abandonner tout-à-fait les philosophes, les peres en conseillerent l'étude, & en donnerent eux-mêmes l'exemple. Il est vrai, qu'ils avertissent des précautions qu'il faut prendre; qu'ils recommandent d'avoir toujours la foi pour guide; & qu'ils exhortent, sur-tout, à l'étude de l'écriture. Ils se servent même à ce sujet d'une comparaison, représentant la philosophie, comme une esclave, qui doit obéir, & la foi, comme une maitresse, qui doit commander.

Cependant ils se rapprochoient des philosophes, & se confondoient même avec eux, autant qu'il étoit possible: car ceux qui l'avoient été, en conservoient d'ordinaire l'habit & la profession, & ne parloient quelquefois de la religion chrétienne que comme d'une philosophie plus saine. Par là, ils paroissoient moins étrangers, & ils pouvoient se flatter, qu'en s'accoutumant à vivre avec eux, comme avec des philosophes, on s'accoutumeroit encore insensiblement à vivre avec eux comme avec des Chrétiens. Mais ils ne prenoient plus le mot de philosophie dans toute son étendue:

On parloit quelquefois de la religion comme si elle n'eût été qu'une philosophie plus saine.

Tom. X.   G

puis qu'eux mêmes ils ne s'occupoient que du culte dû à la divinité, & qu'ils négligeoient d'ailleurs toute autre recherche. En un mot, ce qu'ils entendoient par philosophie, n'en étoit que la partie que nous nommons théologie.

Il y avoit du danger à vouloir la concilier trop avec la philosophie.

Malgré les précautions qu'ils conseilloient de prendre, il y avoit des inconvénients à se confondre avec les philosophes, & à chercher dans leurs systêmes les vérités de la religion chrétienne. Etoit-il possible que ceux, qui dès leur jeunesse avoient été prévenus pour quelque secte, fussent toujours en état de bien discerner le vrai du faux ? pouvoit-on s'en flatter, sur-tout, dans un siecle, où le Sincrétisme avoit appris à concilier toutes les opinions, & où l'abus des allégories étoit plus répandu que jamais. Il est vrai que les allégories, si l'on en faisoit un usage sobre, seroient propres à rendre la vérité sensible, & à la mettre à la portée des esprits les plus grossiers. C'est ainsi qu'elles sont employées dans l'écriture sainte. Il n'en est pas de même des allégories des orientaux, &, sur-tout, de celles des Egyptiens ; pendant long-temps leurs prêtres ne les ont prodiguées, que parce qu'ils vouloient faire un mystère de leur façon de penser, & pouvoir toujours s'accommoder à l'esprit du gouvernement ; & dans la suite, leurs philosophes les trouverent commodes pour allier toutes les opinions. De cet abus, cependant, il ne pouvoit naître que de l'ignorance & des erreurs.

De pareils philosophes ne pouvoient donc se convertir, que la doctrine chrétienne ne fût en danger d'être corrompue. Aussi le second siecle de l'eglise est-il l'époque, où les héréfies ont commencé à se multiplier davantage. C'est alors que les Gnostiques, qui auparavant avoient eu à peine quelques partifans, produifirent un grand nombre de sectes; les philosophes se convertissoient: mais ils ne renonçoient pas à leurs anciennes opinions. Ils entreprenoient de les concilier avec les dogmes de l'église; ils vouloient même qu'elles servissent à les expliquer; & ils rejetoient quelquefois ceux qui ne pouvoient pas quadrer avec leurs systèmes.

Il en nâquit des héréfies.

Les héréfies n'ont pas peu contribué à rendre odieuse toute la philofophie, & les peres, qui les ont réfutées, se sont plus d'une fois élevés contre les philofophes, & leur ont reproché d'être les patriarches de tous les hérétiques. En effet, la philofophie devoit produire bien des erreurs, ou mettre au moins beaucoup de confufion dans les idées. Un philofophe, pour être converti, ne cessoit pas toujours d'être philofophe. Il conservoit souvent & ses principes & son langage, & il ne cherchoit qu'à pouvoir concilier son ancienne façon de penser avec la nouvelle doctrine qu'il embraſſoit. Il ne faut donc pas s'étonner, ſi quelques peres de l'égliſe ſe ſont fait des idées peu ſaines de la ſpiritualité ; s'ils ſe ſont repréſentés les ames & les anges, comme formés d'une matiere plus ſubtile, & ſi Tertullien paroît même donner un corps à Dieu ; il ne faut pas non plus s'étonner, ſi ceux qui ſont ſortis de l'école d'Alexandrie, ont quelquefois adopté le langage des platoniciens ; ſoit qu'ils aient voulu allier les dogmes de l'égliſe avec une philoſophie pour laquelle ils étoient trop prévenus ; ſoit que plutôt ils aient jugé pouvoir ſe ſervir d'un langage qui leur étoit familier, & qui n'étant pas étranger aux Gentils, les diſpoſoient en faveur de la religion chrétienne. Mais il n'eſt pas néceſſaire que j'expoſe toutes leurs erreurs ; parce qu'il vous eſt très permis de les ignorer ; & que vous les trouverez, ſi jamais vous en avez la curioſité, dans Fleury, Tillemont, du Pin, Brucker, &c. il ſuffit de vous faire remarquer que les peres ne ſe ſont point égarés ſur les principaux articles de notre foi ; & que le platoniſme, qu'on découvre quelquefois dans leur langage, prouve ſeulement qu'on ne s'exprimoit pas encore avec aſſez de précaution. La doctrine a toujours été la même. Elle a été tranſmiſe de Jeſus-Chriſt aux Apôtres, des Apôtres à leurs diſciples, & elle s'eſt conſervée, par tradition, jusqu'à nous. Seulement il a fallu du temps pour déterminer avec précision la manière, dont chacun devoit parler des mystères; les disputes, auxquelles les hérétiques ont donné lieu, ne pouvoient manquer de répandre d'abord beaucoup de confusion dans le langage; ils étoient trop intéressés à brouiller toutes les idées. Cependant de ces disputes mêmes devoit naître un choix d'expressions mieux déterminées. L'église, qui en étoit le juge infaillible, ôtoit les équivoques; & en montrant ce qui avoit toujours été cru, elle apprenoit comment il falloit parler. C'est ainsi qu'elle profitoit des hérésies mêmes, pour ôter tout prétexte à l'erreur. Elle ne faisoit pas des dogmes : elle proposoit ceux qu'elle conservoit par tradition; elle empêchoit qu'on ne s'égarât par l'abus du langage.

CHAPITRE VIII.

Depuis le commencement du troisieme siecle jusqu'en 325, que Constantin donna la paix à l'église.

L'Eclectisme étoit la philosophie du 3. siecle.

C'EST, sur-tout, dans le troisieme siecle, que la philosophie devint l'étude des écrivains, qui prirent la défense de la religion chrétienne; l'usage de recueillir les vérités éparses par tout, fut même si général, qu'il prit alors le nom de d'Eclectisme. Les ennemis de l'église s'attacherent plus particulierement à cette méthode: ils s'approprierent souvent nos dogmes, afin que le Christianisme n'eût point d'avantages sur eux; & ils ne conserverent de la philosophie, que ce qui leur paroissoit propre à le combattre.

Dangers de cette philosophie ténébreuse.

Les Eclectiques aimoient à se dire platoniciens, par ce-qu'en effet, le platonisme dominoit dans leurs systêmes; cependant, ils s'accordoient peu les uns avec les autres, parce que chacun prenoit par tout à son choix, & que la premiere regle de ces philosophes étoit de ne s'assujettir aux opinions de personne. Au reste, ce platonisme s'écartoit en bien des choses des sentiments de Platon : car il s'allioit, comme je l'ai déja remarqué, avec les opinions des orientaux & des Égyptiens, ensorte que les émanations de Zoroastre en étoient comme la baze. Cette philosophie ténébreuse n'étoit certainement pas capable de conduire dans le choix des vérités. Aussi verrez vous naître de nouvelles erreurs, dont les Chrétiens eux-mêmes auront souvent bien de la peine à se garantir. La tradition conservera les dogmes: mais les mauvais raisonnements, & le desir de se concilier les philosophes répandront une obscurité, que les meilleurs esprits auront bien de la peine à dissiper. Il faudra que l'église s'assemble; & jusqu'à ce qu'elle ait donné son jugement, chacun croira pouvoir adopter les opinions, qu'il ne jugera pas contraires à l'évangile. De là, plusieurs hérésies. Je remarquerai que dans les trois premiers siecles, elles sont presque toutes venues des lieux, où les platoniciens étoient le plus répandus; c'est-à-dire, de l'Asie & de l'Afrique.

Les Eclectiques ne se bornoient pas à la philosophie; ils s'appliquoient encore à tous les genres de littérature, & sur tout, à l'éloquence; plus jaloux de persuader que de convaincre, il dissertoient en orateurs, plutôt qu'en philosophes; & souvent ils accumuloient

Les Eclectiques se piquoient d'être gens de lettres & , sur tout, orateurs.

les preuves, au lieu de les choisir ; c'étoient des sophistes, qui, sans critique & sans logique, abusoient étrangement des allégories.

Les peres de l'église qui se prêtent au goût du siecle, s'appliquent à toutes les études des Grecs & s'éloignent de plus en plus de la simplicité des Apôtres.

Ce fut une occasion de s'éloigner encore de la simplicité, avec laquelle les Apôtres avoient exposé la doctrine. Comme les peres du second siecle avoient voulu être philosophes, ceux du troisieme voulurent être philosophes, & orateurs. On crut que les ornements du discours étoient nécessaires pour se rendre favorables jusqu'aux esprits les plus délicats ; & qu'il importoit de vaincre, autant par l'éloquence que par la force de la vérité ; cette façon de penser devoit naturellement prévaloir, quoiqu'il fût à craindre qu'en cherchant les images qui séduisent l'imagination, on ne s'écartât de l'exactitude qui fait la solidité des raisonnements. Mais si les ennemis de la religion avoient eu seuls les avantages du style, ils n'en auroient que plus facilement répandu leurs erreurs. Les peres s'appliquerent donc à toutes les études des Grecs, & l'église eut des orateurs du premier ordre. Tel est l'esprit qui distingue ce siecle des deux précédents. Il nous reste à le parcourir.

Sous Sévere, une persécution excite le

Vers le commencement du troisieme siecle, il s'éleva une persécution plus cruelle que les précédentes, & à laquelle Sévère donna lieu, en défendant de prêcher l'évangile. Elle excita le zele de Tertullien, qui s'étant déja distingué dans le siecle précédent, prit alors la défense de l'église. Sa premiere profession avoit été le barreau : il avoit fait une grande étude des différentes sectes de la Grece ; & il joignoit l'éloquence à la philosophie ; comme son apologie est la plus célebre & aussi la plus complete, je vous ferai connoître une partie des raisonnements qu'elle contient.

Zele de Tertullien.

Il montre d'abord combien il est injuste de punir les Chrétiens, uniquement par ce qu'ils s'avouent Chrétiens, & sans examiner les crimes dont on les accuse : il montre combien il est absurde de les mettre à la question, pour les forcer à désavouer ce nom seul ; & de les absoudre, lorsque les tourments leur ont arraché un mensonge. Il insiste sur ce renversement des loix : il fait voir que celles qu'on a portées contre les Chrétiens, doivent être abrogées, comme tant d'autres l'ont été ; puisqu'elles sont injustes : & il releve, sur-tout, la contradiction où tomboit Trajan, lorsqu'il défendoit de rechercher les Chrétiens, & qu'il ordonnoit de les punir, si on les trouvoit ; comme si le crime ne consistoit qu'a ne pas savoir cacher son crime.

Objet de Tertullien dans son apologie.

Il vient ensuite aux calomnies : car on reprochoit des horreurs aux Chrétiens, entre-autres, d'égorger des enfants, & de se nourrir de leur chair. Après avoir montré que ces abominations, sans preuves, sont contraires à l'esprit de la religion & aux mœurs des fideles ; il fait voir qu'elles n'appartiennent qu'au paganisme, & que les Romains avoient eux-mêmes immolé des hommes à leurs dieux.

Il fait des recherches sur ces dieux ; & il trouve des hommes, qui sont morts après avoir vécu dans le crime, qui protégent le vice, qui en donnent l'exemple, & qu'on tourne en ridicule sur les théâtres, tant ils sont méprisables aux yeux même de payens.

A ce culte absurde, il oppose celui des Chrétiens, dont on se faisoit des idées fausses : car quelques uns leur attribuoient d'adorer le soleil, parce qu'ils prioient tournés vers l'Orient ; d'autres, des croix ; d'autres, une tête d'âne. Il montre donc que le Dieu des Chrétiens est unique, qu'il a créé le ciel & la terre ; qu'il punira les méchants, qu'il récompensera les bons ; que ses ouvrages prouvent son existence ; que nous ne pouvons l'ignorer ; que la nature nous le révéle. C'est lui, dit-il, que nous invoquons, lorsque nous nous écrions, *mon Dieu*, *plût à Dieu*, &c. expressions, qui sont le témoignage d'une ame naturellement Chrétienne.

Dès le commencement, ajoute Tertullien, ce Dieu a envoyé des hommes dignes de le connoître. Il les a remplis de son esprit, il leur a manifesté l'avenir, & leurs prophéties se sont accomplies. Il démontre toutes ces choses par les faits & par l'autorité des livres de Moyse, & il vient ensuite au culte dû à Jésus-Christ.

Il remarque l'état déplorable où étoient alors les Juifs, auparavant le seul peuple agréable à Dieu: mais c'est un malheur, dont ils avoient été menacés. Il avoit été prédit que Dieu se choisiroit enfin des adorateurs parmi toutes les nations; qu'il enverroit son fils pour les éclairer, & qu'il leur accorderoit une grace abondante.

Ce fils, c'est la parole, la raison, la puissance. Vos sages, dit Tertullien, conviennent que *Logos*, c'est-à-dire, le Verbe, la parole semble être l'ouvrier de l'univers. Or, nous croyons encore que la propre substance de ce Verbe, de cette raison, par laquelle Dieu a tout fait, est l'esprit; que Dieu a proféré cet esprit; qu'en le proférant, il l'a engendré; & c'est pourquoi il est nommé fils de Dieu. Quand le soleil pousse un rayon, la substance n'est pas séparée, mais étendue. Ainsi le Verbe est esprit d'un esprit, Dieu de Dieu, comme une lumiere allumée d'une autre lumiere. Ainsi ce qui procéde de Dieu est Dieu, fils de Dieu, & les deux ne sont qu'un. Ce Verbe, comme il avoit été prédit, est descendu dans le sein d'une Vierge; il s'est fait chair, & il est né Homme-Dieu. Voilà Jésus-Christ.

Il démontre que le Sauveur est ce Verbe Dieu, & par l'autorité des prophêtes, & par les miracles qu'il a faits, & par les ténébres qui se répandirent au moment de sa mort. A ces preuves, il ajoute l'établissement miraculeux de l'église, & le pouvoir que les Chrétiens avoient sur les mauvais anges. Faites venir, dit-il, aux payens, devant vos tribunaux un possédé : si un Chrétien, pris au hazard, l'interroge ; l'esprit, qui se dit ailleurs un Dieu, avouera qu'il n'est qu'un démon. Il en est de même de ces dieux, que vous croyez inspirer vos prêtres & vos prêtresses. Si en présence d'un Chrétien, il ne s'avouent pas pour ce qu'ils sont, repandez le sang de ce Chrétien téméraire. Voilà cependant l'objet de votre culte. Chaque peuple, chaque province, chaque ville a de pareilles divinités. On peut tout adorer chez vous, hors le vrai Dieu; & il n'y a que les Chrétiens auxquels vous ne permettez point de culte particulier. A cette occasion, Tertullien réfute l'erreur des payens, qui attribuoient à leurs dieux la grandeur de l'empire ; il fait voir encore avec combien peu de fondement on accufoit les Chrétiens de facrilege & de lefe Majefté, parce qu'ils n'adoroient pas de pareils dieux, & qu'ils ne leur offroient pas des facrifices pour l'empereur. Il tourne en ridicule la piété des payens, qui croyoient honorer le prince & les divinités, lorfqu'ils fe livroient à des défordres de toute efpéce ; dreffant des tables dans les rues, faifant de la ville un cabaret, & courant par troupes pour commettre des infolences. A cette conduite, il oppofe la modeftie des Chrétiens, qui invoquent le feul vrai Dieu ; & qui demandent pour l'empereur une longue vie, un regne tranquille, un fénat fidele, de braves foldats, un peuple foumis, & tout ce qu'un prince peut defirer. Nous prions, dit-il, & parce que l'écriture fainte nous le commande, & parce qu'étant perfuadés que le monde finira avec l'empire Romain, nous voudrions retarder les maux dont nous fommes menacés ; nous le détruirions cet empire, fi nous voulions armer : car nous rempliffons vos villes, vos îles, vos châteaux, vos bourgades, vos champs, vos tributs, vos palais, le fénat, les troupes, tout, en un mot, excepté vos temples. Et combien ne ferions nous pas redoutables, nous, qui affrontons la mort avec tant de fermeté ? mais notre loi nous ordonne de fouffrir.

On n'a donc rien à craindre des motifs qui nous uniffent. Nous faifons un corps, parce que nous avons la même religion, la même morale, la même efpérance. Nous nous affemblons pour prier, & pour lire l'écriture ; nous nous exhortons, nous nous corrigeons, nous nous jugeons avec équité, comme Dieu nous jugera : & tout eft à craindre pour celui qui a mérité d'être privé de la participation aux chofes facrées. Ceux qui préfident à nos affemblées, font des viellards éprouvés. La vertu feule les éleve à cet honneur. Les chofes faintes ne fe vendent pas ; & fi nous avons une efpece de trefor, c'eft le fruit d'une contribution volontaire. Chacun apporte ce qu'il veut, quand il veut ; les biens font communs entre-nous, & nous les employons à entretenir les pauvres, les orphelins, les vieillards, les infirmes ; à fecourir les fideles rélégués dans les îles, condamnés à travailler aux mines, ou enfermés dans les prifons pour avoir confeffé Jefus-Chrift. Nous nous regardons comme freres ; nous faifons en commun des repas de charité : nous prions avant de nous mettre à table, nous prions après ; & nous nous féparons fans defordre & avec modeftie. Telles font nos affemblées. Cependant fi le Tibre inonde & fi le Nil n'inonde pas, on crie, *les Chretiens au lion*. On veut que nous foyons la caufe de tous les milheurs, comme si avant la venue de Jesus-Christ, il n'étoit pas arrivé de semblables calamités.

Que trouve-t-on en nous, si non des vertus supérieures à celles des plus sages philosophes? j'ajoute même, & plus de science à certains égards: car si Platon disoit, qu'il est difficile de trouver l'auteur de l'univers, & encore plus difficile d'en parler devant le peuple: parmi nous, le moindre artisan connoît Dieu, & le fait connoître. Mais quand nos opinions seroient fausses, au moins sont-elles utiles, puisqu'elles nous rendent meilleurs; certainement elles ne nuisent à personne; & s'il les falloit punir, ce seroit par le ridicule, & non par le fer, le feu, les croix, les bêtes. Ces persécutions produisent un effet contraire à celui qu'on attendoit. Le mépris de la mort se montre bien mieux dans notre conduite, que dans les discours des philosophes; on est étonné de notre courage: on en veut pénétrer la cause, & bientôt on désire de souffrir comme nous. Ainsi le sang des Chrétiens devient une sémence féconde.

On ne voit pas que cette apologie ait produit aucun effet. La persécution continua, & fut grande à Carthage même, où il paroît que Tertullien avoit écrit & publié son ouvrage. Ce qui est plus étonnant, c'est que quel-

Erreurs où tombe Tertullien.

ques années, après, cet écrivain embrassa l'hérésie des Montanistes : croyant reconnoître le Paraclet dans un visionnaire, & trouvant les nouvelles prophéties de Montan bien supérieures à celles de Jesus-Christ. Tant qu'il defendit la vérité, il montra du génie : dès qu'il écrivit pour l'erreur, on ne vit plus en lui qu'un esprit foible, faux & crédule. Son imagination bouillante ne lui permit jamais de revenir sur ses pas. Il tomba de précipice en précipice ; & finissant par se séparer des Montanistes, il devint le chef d'une secte nouvelle.

Dans les temps de paix les Chrétiens étoient persécutés par les jurisconsultes.

Caracalla, Macrin & Héliogabale ne persécuterent pas les Chrétiens : Alexandre Sévere leur fut même favorable, & mit Jesus-Christ parmi les Dieux, auquel il rendoit un culte en particulier. Les fideles commencerent donc à respirer. Cependant la paix ne fut pas entiere, & il y eut encore quelques martyrs. C'est que l'église avoit des ennemis déclarés dans les jurisconsultes, auxquels Alexandre avoit donné une grande part dans le gouvernement. Ces hommes, attachés aux anciennes loix, regardoient la religion chrétienne comme une nouveauté qui ne pouvoit causer que des troubles.

Zéle des Chrétiens & leurs écoles.

Le zele des prêtres & des évêques ne se ralentissoit point : soit dans la persécution, soit dans la paix, ils travailloient avec la même ardeur à la conversion des payens ; il y avoit des écoles

écoles pour instruire ceux qui se préparoient au baptême; & c'est par ce moyen que la doctrine se conservoit dans la plupart des églises. On écrivoit peu encore : l'instruction se faisoit par la parole & par l'exemple, & l'usage d'écrire ne s'introduisoit que dans les provinces, où les lettres étoient cultivées; l'école chrétienne d'Egypte dut donc produire, & produisit en effet, les plus grands écrivains.

Un des plus illustres est St. Clément d'Alexandrie, qui appartient à la fin du second siécle, & qui avoit vécu jusqu'au regne d'Alexandre. Ecrivain élégant & d'une érudition immense, il combattit l'idolatrie, & montra l'excellence de la religion chrétienne. Il s'attachoit, sur-tout, à la morale; & lorsqu'il parloit des mystères, il affectoit quelque confusion, afin de ne pas les découvrir à ceux qui n'étoient pas encore initiés. Cette conduite pouvoit avoir des inconvénients.

St. Clément d'Alexandrie prend la défense de la religion.

St. Clément étoit né payen, & il avoit eu plusieurs maîtres; un de Cele-syrie, un autre d'Egypte, un troisieme d'Assyrie & un quatrieme de Palestine, Hebreu d'origine. Ce dernier étoit Pantenus, Stoïcien converti, qui enseignoit dans l'école chrétienne d'Alexandrie. St. Clément se fixa en Egypte pour l'entendre, le préférant à tous les au-

Source des erreurs où il est tombé.

Tom. X.   H

tres ; & mérita dans la suite de lui succéder.

Quand on considere tous ces différents maîtres, & les pays d'où ils étoient, on a lieu de craindre qu'il ne se soit pas assez tenu en garde contre les opinions, alors répandues en orient & en Egypte. En effet, on peut lui reprocher de s'abandonner trop aux allégories, & d'avoir, pour un Chrétien, fait trop de cas des sectes de la Grece, bien loin de trouver du danger dans la philosophie de son temps, il en recommande l'étude : aussi le Sincrétisme a-t-il été son écueil. Voulant, par exemple, concilier Moyse & Platon, il fait dire à tous deux que le monde a été engendré de Dieu, comme le fils du pere; quoique Moyse enseigne que la matiere a été créée, & que Platon prétende qu'elle est éternelle, & que Dieu n'a fait que l'arranger. Il avoit, sans doute, pris cette génération du monde dans les émanations, qui faisoient alors partie du platonisme. Il peignoit encore quelquefois le vrai Chrétien avec les mêmes couleurs que les Stoïciens peignoient leur sage, voulant qu'il fût impassible, disant que Jesus-Christ avoit été insensible à la douleur & au plaisir, & qu'il en avoit été de même des Apôtres, après la résurrection du Sauveur. Je ne parle pas de son livre des institutions, où le Platonisme se montre sensiblement avec plusieurs erreurs des Gnostiques. Il faut qu'il ait fait cet ouvrage dans un temps, où il étoit encore mal instruit ; car, dans tous les autres, il enseigne une doctrine toute différente.

Lors de la persécution de Sévére, plusieurs s'enfuyoient d'Alexandrie, & St. Clément, qui fut de ce nombre, abandonna son école ; pensant avec raison que, si un Chrétien ne doit pas craindre la mort, il ne peut pas non plus s'y exposer témérairement, sans se rendre coupable. Origenes, l'un des ses disciples, lui succéda, & commença d'enseigner en 203, quoiqu'il n'eût encore que dix-huit ans. Il tint cette école plusieurs années, avec une grande réputation, non-seulement, dans l'église, mais encore chez les payens. En 216, étant venu en Palestine, les évêques de cette province le chargerent d'expliquer publiquement l'écriture, & d'instruire le peuple en leur presence; & en 228, dans un second voyage, ils l'ordonnerent prêtre. Démétrius, evêque d'Alexandrie, jaloux, peut-être, de l'honneur fait à Origenes, & sur-tout, irrité d'une ordination faite sans sa participation, assembla un concile, dans lequel il lui fit défendre d'enseigner à Alexandrie & même d'y demeurer. Origenes, s'étant retiré en Palestine, établit son école à Césarée, où Démétrius le poursuivit encore ; l'ayant fait excommunier dans un nouveau concile, &

Origenes, célèbre de bonne heure & persécuté par Démétrius Evêque d'Alexandrie.

ayant écrit à tous les évêques pour le faire rejeter de la communion de toutes les églises. Or, en pareil cas, une condamnation étoit reçue partout: car ceux qui ne connoiſſoient pas celui qu'on avoit condamné, le devoient ſuppoſer coupable; & ceux qui le connoiſſoient, trouvoient moins d'inconvéniens à conſentir à une excommunication même injuſte, qu'à violer l'ordre de la diſcipline. Origenes, excommunié, n'eut pour lui que les évêques de Paleſtine, & quelques autres qui conſervoient une eſtime ſinguliere pour ſa perſonne. Il continua d'enſeigner à Céſarée, fit quelques voyages, fut pris & perſécuté pour la foi; & ayant recouvré ſa liberté, il mourut à Tyr, vers l'an 251. Il avoit fait un grand nombre de diſciples, dont le plus illuſtre a été Gregoire Thaumaturge, évêque de Néoceſarée, également célèbre par ſa piété & par ſes miracles. Il ſortit d'ailleurs de ſon école quantité de docteurs, d'évêques, de confeſſeurs & de martyrs. Elle fut toujours floriſſante. La perſécution même qu'il eſſuya, ne diminua pas le concours: non-ſeulement, les catholiques s'empreſſoient pour l'entendre; mais encore les hérétiques & les payens mêmes. On le jugeoit capable d'enſeigner toutes les ſciences; & il les avoit en effet toutes étudiées. Il vouloit les rapporter à la religion, attirer à l'égliſe les ſavants du ſiecle, & faire une moiſſon abondante des vérités répandues par-tout.

Il a formé un grand nombre de diſciples.

Cet Eclectifme, qu'il profeffoit & qu'il avoit appris d'Ammonius l'un de fes maîtres, fut un écueil, contre lequel il échoua.

Les anciens ne parlent qu'avec étonnement du nombre de fes ouvrages, & de la facilité avec laquelle il travailloit. Il a, fur tout, écrit fur l'écriture fainte, & il a combattu, avec fuccès, toutes les héréfies, qui avoient paru jufqu'à lui; un de fes derniers livres & le plus utile de ceux qui nous reftent, eft contre Celfe, philofophe épicurien, qui avoit écrit contre la religion chrétienne. Origenes détruit parfaitement toutes les objections, & préfente avec une nouvelle force les preuves, que les autres apologiftes avoient déja apportées. Je dois vous faire remarquer que Celfe reconnoiffoit les miracles de Jefus-Chrift; & que, ne pouvant les nier, il n'avoit d'autre reffource que de les attribuer à la magie.

Il a fait quantité d'ouvrages.

Les anciens peres font fort partagés fur Origenes; les uns lui ayant reproché des erreurs dont les autres le difculpent. Il eft au moins certain qu'il paroît peu d'accord avec lui-même, & qu'il feroit bien difficile de déterminer ce qu'il penfoit. Si d'un côté il fait profeffion de croire la doctrine de l'églife, de l'autre, il établit des principes philofophiques, avec lefquels elle ne peut fe concilier. Cette contradiction a pu avoir pour caufes la promptitude avec laquel-

Il eft tombé dans des erreurs.

le il composoit ses ouvrages, le plan qu'il s'étoit fait de trouver toujours dans l'écriture, des sens cachés, son goût pour les allégories qu'il préféroit à la lettre, & le dessein de puiser dans les différentes sectes tout ce qu'il croyoit pouvoir s'accorder avec les dogmes de la religion chrétienne. Étoit-il possible que toutes ces allégories, & tous ces principes philosophiques, saisis à la hâte, lui permissent de combiner toujours ce qu'il pensoit avec ce qu'il avoit pensé, & de former un système bien suivi ? Il devoit flotter entre les opinions les plus contraires, les adopter & les rejeter tour-à-tour, parce que dans des circonstances différentes son imagination étoit frappée différemment.

Il reconnoît, par exemple, avec l'église l'éternité des peines & des récompenses dans une autre vie ; & cependant il dit, avec les platoniciens, qu'elles auront une fin. Cette erreur est une conséquence du système des émanations, suivant lequel tout étant sorti de Dieu, tout y doit retourner, pour en ressortir, & cela par une suite éternelle de révolutions. Aussi croit-il qu'il y a eu plusieurs mondes ; qu'il y en aura plusieurs encore ; que les ames ont été envoyées dans les corps, comme dans une prison ; qu'elles passeront de corps en corps, qu'elles se purifieront ; qu'elles deviendront anges ; & que les diables mêmes seront un jour délivrés de leurs tourments. Il donne des ames aux astres : il conse le soin des choses inanimées aux anges, qu'il multiplie & qu'il répand au gré de son imagination. En un mot, il semble vouloir confondre le Platonisme, & le Christianisme. Sa conduite est un exemple sensible de l'abus de l'Eclectisme, elle fait voir combien il étoit dangereux de s'écarter de la simplicité des Apôtres, & de vouloir se concilier les philosophes, en cherchant à parler & à penser comme eux. Vous en seriez encore plus convaincu, si j'exposois toutes les erreurs d'Origenes.

En 235 Maximin, ayant fait assassiner Alexandre, fut reconnu empereur par l'armée; & bientôt, sous prétexte d'une conspiration, il fit mourir plus de quatre mille personnes, parmi lesquelles il se trouva plusieurs Chrétiens; ce fut le commencement d'une persécution. Cet empereur néanmoins n'ordonna de sévir que contre les Chrétiens qui enseignoient: mais c'étoit assez qu'il se déclarât ennemi de la religion, pour rallumer la haine des payens contre tous les fideles.

Persécution sous Maximin, assassin d'Alexandre Sévere.

Il y eut alors des tremblements de terre, sur-tout, dans la Cappadoce & dans le Pont où des villes entieres furent abymées. Le peuple ne manqua pas, suivant sa coutume, d'en rejeter la cause sur les Chrétiens. La persécution fut donc grande dans ces provinces, & plusieurs églises furent brûlées. C'est la premiere fois qu'il est fait mention des églises des Chrétiens:

Les chrétiens avoient alors des églises publiques.

non qu'ils n'eussent auparavant des lieux consacrés à leurs assemblées, mais ils avoient été obligés de les tenir cachés. La paix dont ils avoient joui pendant vingt-quatre ans, c'est-à-dire, depuis la mort de Sévére, & la protection, sur-tout, d'Alexandre les avoient sans doute enhardis à élever de pareils édifices sous les yeux des infideles.

Leurs mœurs se corrompent, par ce qu'ils sont long-temps sans être persécutés.

La persécution finit avec Maximin. Elle n'avoit été qu'une interruption d'environ deux ans à la paix, qui dura ensuite jusqu'à la mort de Philippe, c'est-à-dire, jusqu'en 249 : & comme elle n'a pas été générale, il se trouve que le calme a regné dans la plupart des églises pendant 38 ans. Une si grande tranquillité amena le relâchement dans les mœurs & dans la discipline. Il y avoit, à la vérité, plusieurs grands hommes, respectables & par leur science & par leur sainteté : mais la corruption gagnoit le cœur des fideles. Les calomnies, les haines, les divisions avoient pris la place de la charité chrétienne : la simplicité & l'humilité avoient disparu : on cherchoit la pompe, le luxe, les plaisirs : on amassoit des richesses par toutes sortes de moyens : ce n'étoit qu'artifices, infidélités & parjures. L'intégrité ne se trouvoit pas même dans les ministres de la religion. Les plus saints étoient méprisés ; & les autres, dédaignant les choses de leur ministère, se mêloient dans les affaires du siecle, abandonnoient leurs diocèses, alloient de provinces, en provinces s'enrichissoient par toutes sortes de trafics, & souvent par des fraudes. Au lieu d'assister les pauvres, ils abusoient de la simplicité des riches: ils les dépouilloient de leurs biens, & ils en frustroient les héritiers légitimes. De pareilles ames n'étoient pas faites pour résister à la persécution, & le moment approchoit où elles devoient succomber.

Décius, maître de l'empire, voulant défendre les anciennes superstitions, entreprit d'arrêter les progrès de la religion chrétienne, & publia un édit sanglant, qu'il envoya à tous les gouverneurs. On s'arma de toutes parts, comme pour exterminer jusqu'au nom des Chrétiens. La prison, le fer, le feu, les bêtes, les supplices de toute espece étoient employés. On essayoit, sur-tout, de lasser la patience des confesseurs par la longueur des tourments; & on offroit des récompenses à ceux qui renieroient Jesus-Christ, pour sacrifier aux idoles.

Cruelle persécution.

Le désordre fut grand dans l'église; souvent les Chrétiens, épouvantés à la vue des supplices, n'attendoient pas d'être interrogés: ils couroient d'eux mêmes à la place publique, se présentoient aux magistrats, & demandoient avec empressement de pouvoir prouver qu'ils renonçoient à Jesus-Christ. Ceux qui étoient tombés, invitoient les autres à se précipiter avec eux, ou dénoncoient leurs parents & leurs amis;

Grand nombre de chrétiens succombent.

les peres & les meres entraînoient leurs enfants aux pieds des idoles : & la lâcheté, autorisée par l'exemple, augmentoit tous les jours le nombre des apostats.

Il semble que la fuite étoit l'unique ressource pour conserver sa foi. La plupart des fideles n'étant pas assez forts pour une persécution si violente, les plus saints évêques leur conseilloient la retraite, & leur en donnoient l'exemple. Ainsi les Chrétiens, fuyant de toutes parts, abandonnoient leurs biens, leur patrie, & cherchoient un asyle au fond des deserts, chez les barbares, ou dans les pays où chacun croyoit n'être pas connu. Au reste, il y eut différents degrès de chûte. Les uns sacrifierent aux idoles: d'autres leur offrirent de l'encens: d'autres donnerent de l'argent aux magistrats, pour n'être pas inquiétés ; & ils obtinrent des billets, par lesquels ils paroissoient avoir renoncé au Christianisme, quoi qu'ils n'en eussent rien fait. On nommoit ceux-cy *libellatiques*.

Beaucoup aussi souffrent le martyre. Quelque grande que fût la multitude des apostats dans toute l'église, cette lâcheté cependant ne fut pas universelle. Il y eut par-tout beaucoup de fideles, qui confesserent Jesus-Christ avec courage, & qui subirent le Martyre. Enfin cette persécution cessa. Elle n'a duré que deux ans dans toute sa force, Décius n'ayant regné que trente mois.

La tranquillité ayant été rétablie, les apostats

demandoient à rentrer dans le sein de l'église, & cependant plusieurs ne vouloient pas se soumettre à la rigueur de la pénitence. C'est ce qui occasionna des troubles & des schismes.

La persécution ayant cessé, on demande si l'église pouvoit absoudre les apostats.

L'église étoit alors dans l'usage d'accorder le pardon à la priere des confesseurs, lorsque celui qui étoit tombé, se présentoit avec un billet d'indulgence, écrit de leur main. Or, cet usage dégénéra en abus par la facilité de quelques confesseurs, & la discipline étoit en danger. Cependant cet abus même eut en Afrique des partisans qui furent excommuniés par St. Cyprien évêque de Carthage.

Erreur de Novatien à ce sujet.

Il semble que dans les disputes on passe presque toujours d'une extrémité à l'autre. Ainsi Novatien, à Rome, soutint que l'église ne devoit jamais accorder de pardon à ceux qui étoient tombés dans l'apostasie ; que même elle ne le pouvoit pas ; qu'ils n'avoient point de salut à espérer ; & que la pénitence, le martyre même leur seroit inutile. Il en disoit autant de tous les péchés mortels, & il refusoit à l'église tout pouvoir de lier & de délier.

Novatien est le premier antipape.

Tout à la fois schismatique & hérétique, il eut l'ambition d'occuper le premier siege. Il accusa le pape St. Corneille d'avoir acheté un billet du magistrat pour se soustraire à la persécution, & d'avoir communiqué avec des évêques qui avoient sacrifié aux idoles. Sur ce fondement, il sépara plusieurs confesseurs & quantité de fideles de la communion de Corneille, & il se fit ordonner évêque de Rome. C'est le premier anti-pape.

Dans toutes les provinces on fut d'abord partagé entre ces deux papes ; plus la discipline étoit alors sévére, plus Novatien en imposoit par son faux zele ; & comme il trouva des esprits disposés en sa faveur, son hérésie se répandit beaucoup. Elle dura jusques dans le cinquieme siecle.

Il est condamné. Cependant sa doctrine étoit évidemment contraire à la tradition. Il fut condamné dans deux conciles, l'un tenu à Rome, l'autre à Antioche. Bientôt ceux qu'il avoit séduits, ouvrirent les yeux. Il ne lui resta des sectateurs que dans quelques provinces.

Après quelques persécutions la paix est rétablie dans l'église. L'église fut encore persécutée sous Gallus, & sous Valérien, quoique celui-ci eût été favorable aux Chrétiens les premieres années de son regne. Lorsqu'il fut pris par les Perses en 259, Gallien son fils, rétablit la paix ; & l'église en jouit jusqu'en 302, la dix-huitieme année de Dioclétien. Il est vrai que vers 274 Aurelien publia des édits contre les Chrétiens : mais ils produisirent peu d'effets, parce que ce prince fut assassiné l'année suivante. La persécution ne se fit presque sentir que dans les Gaules.

Dispute sur la validité du Au commencement du regne de Valérien, il s'éleva une grande dispute, qui partagea toute

l'église. Il s'agissoit du baptême des hérétiques. *baptême des*
St. Cyprien soutenoit qu'il étoit nul, sur ce *hérétiques.*
principe que la grace ne se donne point & ne
se reçoit point hors de l'église catholique ; & il
en concluoit que les hérétiques, qui rentroient
dans l'église, devoient être baptisés, comme
s'ils ne l'avoient pas été. Il entraîna dans son
sentiment beaucoup d'évêques, & il fut appuyé
des décisions de plusieurs conciles.

La pape St. Etienne, au contraire, étoit pour
la validité du baptême des hérétiques. Il jugeoit que la grace dépendoit uniquement du
sacrement, quelle que fût d'ailleurs la façon
de penser du ministre : & comme il se fondoit
sur la tradition, il accusoit St. Cyprien de vouloir innover.

On ne sait pas quelle fut alors la fin de cette
contestation. Mais quelque temps après l'église
a déclaré, qu'on ne devoit point renouveller le
baptême, donné en invoquant les trois personnes divines, quoi qu'il eût été administré par
des hérétiques : cet usage étoit en effet le plus
universel.

On reproche à St. Etienne d'avoir mis de la
passion dans cette dispute, jusqu'à traiter durement ceux qui ne pensoient pas comme lui.
St. Cyprien se conduisit avec beaucoup de modération & de sagesse. Il avoit trop de vertu &
trop de zele, pour songer à faire un schisme ;
& s'il se trompa sur une question, qui paroîs-

soit alors problématique, on ne peut lui reprocher d'ailleurs aucune des erreurs du second & du troisieme siecle. Il est le premier des auteurs ecclesiastiques, qui ait été véritablement éloquent. Le caractère de son esprit est la facilité, la fertilité, & la netteté ; & il a été une des plus grandes lumieres de l'église. Il souffrit le martyre à Carthage, lors de la persécution de Valérien.

Manès.

C'est vers ce temps, ou peu après, que parut en Perse l'hérésiarque Manès, dont la secte fit des progrès rapides : elle étoit déja fort répandue sur la fin du troisieme siecle. Ce Manès étoit un esclave qu'une femme avoit fait instruire dans les sciences des Perses, & auquel elle avoit laissé les écrits de Buddas, où il puisa sa doctrine ; & c'est d'un nommé Seithien, Sarrazin, établi à Alexandrie, & fort instruit dans la philosophie égyptienne, que Buddas avoit lui-même emprunté ses principes. Vous voyez que si le Manichéisme nâquit en Perse, il tiroit cependant son origine d'Alexandrie.

Il établissoit deux principes.

Cette hérésie étoit un ramas de ce que les Gnostiques & d'autres on dit de plus absurde ; & elle admettoit une multitude d'esprits de toute espèce. Ce qui lui appartient plus particuliérement, c'est de reconnoître, pour principes de tout, deux dieux éternels, indépendants, l'un bon, l'autre mauvais, & essentiellement ennemis. De leur concours, ou plutôt de leurs combats, est sorti le monde. Par-tout leurs substances se répandent & se mêlent, ensorte que chaque homme a deux ames, dont l'une est une parcelle du bon principe, & l'autre une parcelle du mauvais. C'est d'après ces absurdités, que les Manichéens prétendoient rendre raison du bien & du mal. On s'est long-temps occupé de ce système extravagant : il ne mérite cependant pas de nous arrêter. Vers l'an 290 Dioclétien ordonna que les chefs des Manichéens seroient brûlés avec leurs écrits ; & que les autres, suivant leur condition, auroient la tête tranchée, ou seroient dépouillés de leurs biens & condamnés aux mines. Il paroît que les empereurs suivants, lors même qu'ils toléroient les hérétiques, ont tous traité les Manichéens avec la même rigueur.

La persécution à laquelle Dioclétien fut porté par Galére, dura depuis 302, jusqu'en 310 que Galere lui-même rendit la paix à l'église, dans une maladie, dont il mourut. Elle produisit une quantité étonnante de martyrs, dans tout l'empire, excepté dans les Gaules qui en furent exemptes. Constance n'y fit mourir aucun Chrétien, & permit seulement d'abattre les églises.

Persécution sous Dioclétien.

La persécution ne fut nulle part plus violente qu'en Afrique. Dioclétien avoit ordonné de faire mourir, sans distinction, tous les Chré-

Lâcheté de ceux qu'on nomma traditeurs.

tiens qui persisteroient, & de brûler publiquement les livres de l'écriture. Il vouloit qu'on fit une recherche exacte de ces livres, & il y alloit de la vie des magistrats, s'ils étoient convaincus de négligence ou d'indulgence à cet égard. Cette recherche troubla, sur-tout l'Afrique, où beaucoup de fideles aimerent mieux périr dans les tourments que de livrer les saintes écritures. Mais après une longue paix, dont le relâchement est une suite ordinaire, on ne pouvoit pas se flatter que tous les Chrétiens auroient le même zele. Il y eut donc des ames assez lâches pour livrer les livres saints; & ce crime ne fut pas seulement celui de quelques laïques, ce fut encore celui de plusieurs prêtres & de plusieurs évêques. Les coupables furent nommés *Traditeurs*.

La paix donnée par Galere, ne dura que six mois ; & dans cet intervalle, il se forma un schisme.

Schisme des donatistes. Mensurius, évêque de Carthage, étant mort pendant la persécution, Cécilien, élu par le suffrage du peuple & ordonné par un évêque voisin, redemanda aux anciens des vases d'or & d'argent que son prédécesseur leur avoit confiés. Ceux-ci, ne voulant pas les rendre, formerent un parti auquel se joignirent Botrus & Celeusius, irrités qu'un autre leur eût été préféré, & Lucilla femme riche & puissante.

Aleur

A leur follicitation des évêques de Numidie vinrent à Carthage, au nombre environ de 70; & fous prétexte que ç'eût été à eux d'ordonner l'évêque de cette ville, ils fe déclarerent contre Cécilien. On ne fait pas fi cette raifon avoit quelque fondement, parce que nous ignorons les ufages, qu'on fuivoit en Afrique. Il eft certain qu'ailleurs un métropolitain étoit ordonné par un évêque de fa province: celui d'Ortie, par exemple, ordonnoit celui de Rome. Quoiqu'il en foit, ils condamnerent Cécilien, parce qu'il ne s'étoit pas préfenté à leur concile, parce qu'il avoit été ordonné par des traditeurs, & parce qu'étant diacre, il avoit empêché de porter de la nourriture aux martyrs qui étoient en prifon. Aucune de ces allégations n'étoit prouvée; & ce qu'il y a de plus fingulier, c'eft que la plupart de ces évêques étoient traditeurs eux-mêmes. Ils ordonnerent cependant un nommé Majorin, domeftique de Lucilla, qui dans cette occafion leur ouvrit fa bourfe. Cécilien fut reconnu dans toutes les autres églifes: mais fes ennemis aimerent mieux fe féparer de communion que de fe défifter, & toute l'Afrique fut divifée en deux partis. Telle fut l'origine de ces fchifmatiques, qui prirent le nom de Donatiftes, de Donat un de leurs chefs.

Depuis Galere jufqu'en 325, que Conftantin, feul maître de l'empire, fit triompher l'églife, il y eut encore trois perfécutions, dont

Commencement de l'Arianifme.

la premiere fut ordonnée par Maximin, les deux autres par Licinius; & il nâquit une héréfie, qui devoit troubler la paix. C'eſt l'Arianiſme, ainſi nommé de l'héréſiarque Arius, qui ayant été condamné dans deux conciles, tenus à Alexandrie, ſe retira en Paleſtine, où il entraîna pluſieurs évêques dans ſon parti. Il nioit la divinité de Jeſus-Chriſt. Nous en parlerons.

CHAPITRE IX.

De la discipline dans les trois premiers siecles.

La doctrine de l'église a été la même dans tous les temps & dans tous les lieux. La discipline au contraire, dans les trois premiers siecles, sans plan général & uniforme, a varié suivant les lieux, & quelquefois dans le même lieu d'un temps à un autre.

<small>Pourquoi la discipline a varié dans les trois premiers siecles.</small>

Le premier soin des Apôtres fut d'établir la doctrine. Il n'est pas à présumer qu'ils ayent négligé les cérémonies; mais ils s'y appliquerent moins, parce qu'elles sont en effet moins nécessaires. C'est sous leurs successeurs qu'on régla peu à peu celles qu'il falloit observer dans l'administration des sacrements, dans les assemblées, dans le gouvernement des églises, dans la forme des jugements ecclésiastiques, en un mot, dans tout ce qui concerne la discipline. Ces choses devoient souffrir quelques variétés, soit parce qu'elles ne sont pas toutes de nature à être les mêmes en tout temps & en tout lieu;

soit parce que les évêques, toujours traversés, ne pouvoient pas agir avec assez de concert, pour adopter les mêmes usages. Chacun faisoit ce qu'il croyoit convenir aux circonstances, ou ce qu'elles lui permettroient. Mais quand sous la protection de Constantin, l'exercice de la religion fut libre dans tout l'empire; alors les évêques, assemblés sans obstacles, firent des réglements généraux, & la discipline fut bientôt la même dans toute l'église : voici quelle étoit à peu près celle des trois premiers siècles.

Usages généraux.

Les Chrétiens s'appelloient freres, dans les assemblées. Ils se donnoient le baiser de paix; & ils faisoient souvent le signe de la croix. Ils s'assembloient particulierement le dimanche: ils faisoient leurs prieres, étant tournés vers l'orient; ils les prononçoient d'une voix modérée, sans chanter : ils ne prioient point à genoux, le dimanche, ni depuis pâque jusqu'à la pentecôte. Ils faisoient des oblations pour les morts & célébroient le sacrifice de la messe en leur mémoire. Ils prioient les saints & les martyrs, persuadés qu'ils intercédoient auprès de Dieu pour les vivants.

Lieux où l'on s'assembloit.

Les lieux où l'on s'assembloit, étoient simples & sans ornements, plus ou moins secrets, suivant les conjonctures. On ne leur donnoit point le nom de temple. C'étoient des maisons, où l'on conservoit des reliques, ou des cimetieres dans lesquels reposoient les corps des martyrs.

La table, sur laquelle on célébroit l'Eucharistie, étoit appellée quelquefois autel & quelquefois table. Il ne paroît pas que l'usage des croix & de l'encens fût fort commun : les lumieres n'étoient employées que pour éclairer les fideles, & elles ne faisoient pas encore partie des cérémonies. *Peu de cérémonies.*

On célébroit avec solemnité les fêtes de noël, de pâque & de la pentecôte. L'évêque, ou en son absence, le prêtre présidoit à l'assemblée. On y lisoit l'écriture, & souvent l'évêque prêchoit la parole de Dieu. *Jours solemnels.*

Les Gentils, qui vouloient se convertir, n'étoient pas aussitôt admis parmi les Chrétiens; ils étoient d'abord faits cathécumenes, par l'imposition des mains de l'êveque ou du prêtre, qui les marquoit au front du signe de la croix. Un catéchiste les instruisoit d'ordinaire pendant deux ans; temps qui se prolongeoit ou s'abrégeoit, suivant les progrès qu'on faisoit dans la doctrine, &, sur-tout, dans les mœurs. *Comment les Gentils étoient reçus dans l'église.*

On baptisoit, en plongeant trois fois dans l'eau, au nom de la trinité; & ce sacrement ne s'administroit solemnellement qu'aux fêtes, de pâque, & de la pentecote. On faisoit aux baptisés une onction d'huile, qu'on croyoit leur servir intérieurement : en quelques églises, on leur donnoit du lait & du miel à goûter. Enfin on leur imposoit les mains, pour faire descendre sur eux la plénitude du St. Esprit; & on considéroit cette imposition, réservée ordinairement à l'évêque, comme un sacrement différent du baptême.

Pénitence publique.

On ne réitéroit jamais le baptême, si ce n'est dans les églises, où l'on croyoit que celui des hérétiques étoit nul. Il falloit subir une pénitence publique, pour obtenir la rémission des crimes commis après avoir été baptisé. Le pénitent, privé de la communion, chassé des assemblées, étoit obligé de jeûner, de s'humilier, de se mortifier à la porte de l'église. Cette pénitence ne s'accordoit qu'une fois; & ceux qui retomboient, n'étoient jamais réconciliés à l'église & n'attendoient le pardon que de Dieu seul.

Elle étoit communément de plusieurs années: suivant que les églises étoient plus indulgentes ou plus sévères, elles en abrégeoient la durée ou l'étendoient. Il y en avoit, où ceux qui étoient tombés dans l'idolatrie, ou qui avoient commis un homicide, ne pouvoient jamais obtenir le pardon de ces crimes: mais elles se relâcherent dans la suite; & elles l'accorderent à la mort, ou après une longue pénitence. Cependant on étoit en général dans l'usage d'abréger les pénitences en faveur de ceux qui étoient recommandés par des confesseurs ou par des martyrs.

Ceux qui avoient subi une pénitence publique, n'étoient jamais admis dans le clergé. On ne soumetoit pas les clercs à cette pénitence, si ce n'est dans quelques églises; & ceux qui tomboient dans des crimes, étoient seulement privés pour toujours de leur ministère. Mais on avoit grand soin de ne choisir pour ministres que des hommes, dont les mœurs fussent irréprochables; habillés, comme le reste des fideles, ils ne devoient se distinguer que par la sainteté de leur vie. On ne vouloit pas qu'ils se mêlassent des affaires temporelles : on leur défendoit tout gain sordide : ils administroient les sacrements, sans rien exiger; le peuple les nourrissoit volontairement. Si les prêtres étoient mariés avant leur ordination, il leur étoit permis de garder leur femmes: mais dès qu'une fois ils avoient été ordonnés, il ne leur étoit plus permis de se marier. On permettoit cependant le mariage aux diacres.

Ce que l'église exigeoit dans ses ministres.

L'évêque étoit ordinairement élû par les suffrages du peuple, & ordonné par plusieurs évêques, qui lui imposoient les mains. C'étoit le chef de son clergé : rien ne se faisoit sans lui, ou du moins sans les pouvoirs qu'il accordoit. Le baptême même lui étoit réservé. Les diacres étoient les trésoriers: ils distribuoient les oblations aux pauvres, &, en cas de nécessité, ils pouvoient, dans quelques églises, imposer les mains aux pénitents.

Subordination qui s'établit parmi eux.

On croyoit qu'il n'y avoit proprement qu'un épiscopat, dont chaque évêque gouvernoit une partie. C'étoit une conséquence que toutes les églises fussent dans l'obligation de se secourir mutuellement. Aussi tous les évêques vivoient-ils dans une grande union. Il s'établit cependant une subordination entre eux: car ceux des grandes villes eurent des prérogatives dans les ordinations & dans les conciles, & celui de Rome fut considéré comme le premier de tous. On ne le jugeoit pourtant pas infaillible: la dispute sur le baptême des hérétiques en est la preuve. Le sentiment de l'église universelle étoit l'unique regle de la foi; & on croyoit qu'il n'y avoit point de salut pour ceux qui ne s'y soumettoient pas.

Usage des excommunications.

On veilloit sur les mœurs, & on excommunioit, non-seulement, les hérétiques, mais encore ceux qui troubloient la discipline, ou qui menoient une vie déréglée. Dès qu'un homme avoit été excommunié par son évêque, il étoit rare qu'il trouvât une église qui le reçût à sa communion.

La célébration de l'Eucharistie.

Le sacrifice des Chrétiens étoit la célébration de l'Eucharistie. Il se faisoit d'une maniere simple, & avec peu de cérémonies. La matiere en étoit un pain ordinaire & du vin mêlé d'eau. Les fideles l'apportoient: le prêtre ou l'évêque, qui présidoit à l'assemblée, la consacroit: les diacres la distribuoient: & on communioit sous les deux especes. Il semble qu'il y ait eu des églises, où chacun s'approchoit de la table, & prenoit sa portion de l'Eucharistie. On la donnoit aux enfants sous l'espece du vin. On la recevoit souvent, & ordinairement toutes les fois qu'on se trouvoit aux assemblées, quelquefois le matin, & quelque fois au milieu du repas. Mais parce qu'en approchant de ce sacrement, on protestoit recevoir le corps & le sang de Jesus-Christ, on croyoit n'y pouvoir participer, qu'autant qu'on vivoit saintement, & on le recevoit avec le plus grand respect. Afin même de ne pas l'exposer à être profané, on prenoit la précaution de se cacher des cathécumenes & des infideles. C'étoit assez l'usage de ne pas s'ouvrir à eux sur les mystères.

Le Chrétiens jeûnoient ordinairement les mercredi & vendredi, jusqu'à la neuvieme heure seulement : plusieurs passoient même ces jours en prieres, ce qu'ils appelloient station. Ils jeûnoient encore & se mortifioient, sur tout, dans les temps de calamités, & quand ils étoient en pénitence. Le jeûne le plus solemnel étoit avant pâque, plus ou moins long, suivant les différentes coutumes des églises. D'ailleurs les Chrétiens pensoient qu'il étoit défendu de jeûner le dimanche, & depuis pâque jusqu'à la pentecôte, ils ne mangeoient ni viandes étouffées, ni sang, ni aucune des choses qui avoient été offertes aux idoles. Ils condamnoient la cou-

Les jeûnes des Chrétiens.

tume où l'on étoit de brûler les morts, & ils les enseveliſſoient.

Les opinions qu'on avoit sur le mariage, portoient au célibat.

Le mariage ſe célébroit en préſence des prêtres. On jugeoit le célibat plus ſaint. C'eſt pourquoi quelques uns ont condamné les ſecondes noces. Il y a même eu des hérétiques, qui regardoient le mariage comme un état criminel. Quelques égliſes permettoient de repudier ſa femme, & d'en épouſer une autre, pour cauſe d'adultere ſeulement.

Il y avoit quantité d'hommes & de femmes, qui vivoient dans le célibat & dans l'auſtérité. Les opinions qu'on avoit ſur le mariage invitoient à ce genre de vie. Souvent les perſécutions mettoient dans la néceſſité de l'embraſſer; parce que les Chrétiens, forcés de fuir, n'avoient pas de retraite plus ſûre que les déſerts. L'Egypte offroit, ſur-tout, cette reſſource. Les eſprits n'étoient nulle part plus portés à une ſolitude auſtère : nous en avons déja vu des exemples. C'eſt auſſi là qu'on trouve les premiers hermites, & les commencements de l'ordre monaſtique.

Commencement de l'ordre monaſtique.

Sous la perſécution de Décius, une des plus cruelles, les Chrétiens d'Egypte s'enfuirent dans les déſerts. La faim, la ſoif, les maladies, les bêtes, les voleurs en firent périr un grand nombre ; & pluſieurs, pris par les Sarrazins, tomberent en eſclavage. Un jeune homme de vingt trois ans, nommé Paul, échapa, entre autres, à tous ces dangers, & se retira dans une caverne où il vécut quatre-vingt dix ans. C'est le premier hermite dont l'histoire fasse mention. Cependant il y en avoit déja dès le temps de St. Marc, soit que des Therapeutes se fussent convertis, soit que les Chrétiens eussent cherché la solitude, pour vivre plus saintement.

Si quelques uns, comme Paul, prirent d'abord ce genre de vie par nécessité, d'autres l'embrasserent par choix; & dans les temps de paix, ils s'établissoient volontiers aux environs des bourgs. Le plus célebre de ces solitaires Egyptiens, est St. Antoine, qui, à l'âge de vingt ans, se retira en 270 auprès de Coma, village où il étoit né. Il demeura quinze ans dans cette retraite, visitant tous les hermites dont il entendoit parler; & s'éxerçant à toutes les vertus. Enfin son zele ardent lui fit chercher une plus grande solitude; il se retira dans un desert; & la réputation de sa sainteté lui ayant attiré des disciples, il fut le fondateur de plusieurs monasteres Chrétiens. Je dis *Chrétiens*; parce qu'il y avoit long-temps que les Thérapeutes avoient les leurs: ils donnoient même ce nom à leurs cellules. Quoiqu'il en soit, S. Antoine est regardé comme l'instituteur de la vie monastique. Les monasteres se multiplierent beaucoup en Egypte, sur-tout, depuis la persécution de Dioclétien. C'est de ces moines, d'abord épars & solitaires, que se formeront dans la suite des communauautés, qui fuivront une même regle, fous la conduite d'un fupérieur, nommé abbé ou archimandrite.

Les moines gardoient le célibat, vivoient dans l'obéiffance & dans la pauvreté, faifoient des jeûnes exceffifs, pratiquoient les plus grandes auftérités: en un mot, ils renonçoient entierement au monde, pour être uniquement à Jefus-Chrift. Tels font à peu près les ufages, qui fe font établis dans les trois premiers fiecles de l'églife.

CHAPITRE X.

Conclusion de ce livre.

QUAND la religion chrétienne n'auroit point trouvé d'obstacles, ce seroit encore une chose merveilleuse, que la rapidité avec laquelle elle s'est répandue. Cette révolution seroit unique dans son espece. Que penserons-nous donc, si tout se trouvant contraire à sa propagation, elle a eu à combattre les mœurs, les préjugés les superstitions des peuples? quel projet que celui des Apôtres! annoncer une religion, qui se déclare l'ennemie de tous les cultes: l'annoncer, non-seulement, dans l'empire, la porter encore au de-là, & chez des nations dont ils ne savoient pas les langues. Ce projet pouvoit-il s'executer sans des secours extraordinaires? pouvoit-il seulement se former? considérons, sur-tout, qu'ils sortoient d'un peuple généralement méprisé, qu'ils étoient méprisés eux-mêmes: or, ce mépris n'étoit certainement pas le moindre obstacle. Comment donc ces ignorants réussissent-ils, tandis que tant d'imposteurs, qui paroissent

Les Apôtres étoient convaincus de la vérité de l'évangile qu'ils prêchoient.

Or, comment ces hommes si lâches sont-ils devenus si courageux ? c'est qu'ils ont été convaincus ; & ils l'ont été, parce qu'ils ont vu. Toutes les circonstances des apparitions de notre Seigneur prouvent qu'ils n'ont pas cru légérement.

Si je ne parlois que des motifs que nous avons de croire, l'incrédule pourroit dire que les évangelistes ont inventé ces faits. Mais les Apôtres n'auroient pas pu croire sur des faits, que les évangélistes auroient inventés depuis. S'ils ont cru, ils ont donc vu, & les faits n'ont pas été inventés. Or, il n'est pas douteux qu'ils n'ayent cru.

Jesus-Christ fit des prédictions qui s'accomplirent après sa mort. Il a prédit que ses disciples seroient conduits en présence des gouverneurs & des rois, à cause de lui, pour lui servir de témoignage devant eux & devant les nations. Il est vrai qu'il n'étoit pas impossible de prévoir qu'il s'éleveroit des ennemis contre une religion, qui vouloit s'établir sur les ruines de tous les cultes. Cependant avant qu'elle attirât l'attention des gouverneurs & des rois, il falloit qu'elle fît des progrès considérables : car les souverains ne s'en seroient pas occupés, si elle fût restée dans l'obscurité où elle étoit encore, lorsque Jesus-Christ faisoit cette prédiction. Or, il n'étoit pas facile de prévoir ces progrès : quiconque ne fera attention qu'aux obstacles, conviendra

viendra qu'il eût été bien plus naturel de juger que la religion chrétienne seroit étouffée dès sa naissance. Cependant Jesus Christ ne craint point d'en prédire la propagation ; assurant que son évangile seroit prêché par toute la terre, & que ses disciples instruiroient toutes les nations. Il montre bien quelle est sa confiance, lorsqu'il dit: *quiconque me confessera devant les hommes, je le confesserai devant mon pere qui est dans les cieux ; & quiconque me reniera devant les hommes, je le renierai aussi devant mon pere qui est dans les cieux.*

C'est, sur-tout, par les Apôtres que cette prédiction devoit s'accomplir ; plus ils étoient ignorants, plus ils avoient de peine à le comprendre ; & si elle s'accomplissoit, c'étoit pour eux un nouveau motif de conviction.

Mais la prophétie sur la ruine de la ville & du temple de Jérusalem, & sur la dispersion des Juifs, est bien plus étonnante encore. Dans le temps où Jesus-Christ disoit qu'il ne resteroit pas pierre sur pierre, cet événement ne paroissoit pas vraisemblable. Il ne le paroissoit pas même, lorsque Titus formoit le siege de Jérusalem : car rien n'étoit moins dans le caractère de ce prince. En effet, il prit des mesures pour sauver au moins le temple : ses efforts furent inutiles. Quel motif de conviction pour les Apôtres & pour les disciples qui vivoient encore ! pour St. Jean, par exemple, & pour St. Sidans le même siecle échouent, & des imposteurs parmi lesquels on trouve des philosophes instruits & considérés, tels qu'Apollonius de Tyanes ? ont ils voulu eux-mêmes en imposer ? pourquoi donc combattent-ils tous les vices ? pourquoi enseignent-ils une morale si pure & si sainte ? le caractère de l'imposture est il de sacrifier tout intérêt humain, & de souffrir les tourments & la mort pour le mensonge ? reconnoissons donc que les Apôtres étoient convaincus, & voyons sur quel fondement.

L'acomplissement des anciennes prophéties, premier motif de leur conviction.

Il n'est pas douteux que les Juifs n'attendissent le Messie, dans le temps même de l'avénement de Jesus-Christ. Quantité de prophéties l'avoient annoncé ; & ce n'est point après coup qu'on les interpréta. L'espérance des Juifs, à cet égard, étoit si connue, que le bruit s'en étoit répandu jusques chez les payens *pluribus persuasio inerat*, dit Tacite, *antiquis sacerdotum litteris contineri, eo ipso tempore fore ut valesceret oriens, præfectique Judæa rerum potirentur.* Et Suetone : *percrebuerat oriente toto vetus & constans opinio esse in fatis, ut eo tempore Judæa profecti rerum potirentur.* Voilà le Messie, d'après l'idée que la plupart des Juifs s'en formoient.

Or, les Apôtres avoient les prophéties, sous les yeux ; ils étoient témoins des actions de Jesus-Christ; & ils l'ont reconnu pour le Messie prédit. L'accomplissement des prophéties a donc été le premier fondement de leur foi.

Lorsque deux disciples de St Jean-Baptiste vinrent demander à Jesus-Christ, s'il étoit le Messie, il répondit par des miracles. *Les aveugles voyent*, dit-il, *les boiteux marchent, les lépreux sont guéris, les sourds entendent, les morts ressuscitent*. Les miracles que les Apôtres voyoient, & dont les plus simples & les plus ignorants étoient à portée de se convaincre, ont été le second fondement de leur foi.

Les miracles de Jesus-Christ, second motif.

Jesus-Christ fit plusieurs prédictions, dont les unes s'accomplirent pendant sa vie, & d'autres après sa mort. Il prédit la trahison de Judas, le reniement de St. Pierre, & le lâche abandon de tous ses disciples. Ce sont les évangelistes mêmes qui ont publié ces circonstances, aveu humiliant, que l'amour de la vérité pouvoit seul arracher.

L'accomplissement des prophéties de Jesus-Christ, 3. motif.

Il falloit de nouveaux prodiges pour rallumer la foi des Apôtres & des disciples. Le voile du temple se déchira: la terre trembla: elle se couvrit de ténébres: Jesus-Christ ressuscita le troisieme jour: il apparut plusieurs fois pendant quarante jours: il monta au ciel à la vue des Apôtres: & il leur envoya le St. Esprit. Convaincus une seconde fois, ils se reprocherent leur lâcheté; ils se rappellerent qu'elle avoit été prédite; ils devinrent inébranlables.

méo.1, qui vécurent jusqu'au second siecle. Celui-ci qui gouvernoit alors l'église de Jérusalem, se retira, lorsqu'il vit les aigles romaines; & il suivit en cela le conseil que Jesus-Christ avoit donné.

Comment les Apôtres convaincus ont donné de nouveaux motifs de conviction.

J'ai prouvé d'un côté, que les Apôtres étoient convaincus, & de l'autre qu'ils l'étoient avec fondement. Il faut donc croire, sur leur autorité, que la religion qu'ils ont prêchée, est toute divine; & quand il n'y auroit pas d'autres preuves pour nous, il ne resteroit pas de doute. Voyons cependant quels ont été les motifs de ceux qui ont cru, sans avoir été témoins des miracles de Jesus-Christ.

Quand les Apôtres & les disciples n'auroient fait qu'attester ce qu'ils avoient vu, l'assurer au milieu des tourments, le confirmer en mourant, & se trouver heureux de mourir pour l'évangile, cette raison eût été suffisante pour déterminer tout esprit sage: car une pareille conduite ne pourroit pas s'allier avec le mensonge. Mais par ce moyen la foi se seroit répandue trop lentement. Les Apôtres prouverent donc les miracles de Jesus-christ, en faisant des miracles eux-mêmes; en rendant la vue à des aveugles, en guérissant des paralytiques, des boiteux, en chassant les démons, en ressuscitant des morts, en faisant des prédictions. Ils firent plus, ils communiquerent ce pouvoir à plusieurs de leurs disciples. De tous les miracles celui qui dut, sur-tout, accélérer la converſion des Gentils, c'eſt le don des langues : car, par ce moyen l'évangile ſe portoit facilement chez toutes les nations. Tel a donc été le premier ſiécle de l'égliſe ; des miracles par tout, &, par-tout auſſi, des témoins qui les atteſtoient.

Cependant le plus grand nombre de ceux qui ſe convertiſſoient, n'étoit encore, comme je l'ai dit, que des hommes du peuple ; & j'ai dit *le plus grand nombre*, parce que dès-lors, il y en eut pluſieurs, qui ne doivent pas être mis dans cette claſſe. Tels ſont Joſeph d'Arimathie, du grand ſanhédrin des Juifs ; Nicodéme, un des principaux parmi les Phariſiens ; Denis de l'Aréopage, & Flavius Clement, ſénateur, conſul & parent de l'empereur. Mais c'eſt, ſurtout, dans le ſecond ſiecle qu'il faut rechercher les motifs de converſion des ſavants & des gens du monde, parce que c'eſt alors qu'ils ſont venus en foule dans l'égliſe.

Ce ſiecle a été un des plus éclairés. On s'occupoit des arts & des ſciences, on cherchoit la vérité avec ardeur ; & on ne peut pas préſumer que les gens du monde & les ſavants, qui ſe convertirent, ayent embraſſé ſans examen une doctrine, qui les expoſoit à la haine, au mépris, aux tourments, à la mort. Si vous demandez pourquoi tous ne ſe convertirent pas, je vous répondrai qu'on étoit en général, ou trop prévenu, ou trop occupé d'autres ſoins, pour apporter à cet examen toute l'attention néceſſaire.

Motifs de conviction pour les hommes éclairés qui ſe ſont convertis dans le ſecond ſiecle.

Les plus sages furent d'abord frappés de la patience courageuse des martyrs. Ils en voyoient des exemples dans toutes les provinces: ces exemples se renouvelloient sans cesse; & ils n'imaginoient pas, comme Pline, que ce pût être l'effet d'une obstination aveugle. Ils jugeoient, aucontraire, qu'une conviction, éclairée pouvoit seule inspirer dans tout l'empire, le même courage aux Chrétiens qui s'y répandoient. Il semble même que ce n'eût pas été assez pour les martyrs d'être convaincus : car, si l'on considere la longueur & la cruauté des tortures employées pour les faire succomber, on conviendra que leur foi avoit besoin d'être soutenue par des secours extraordinaires, & que leur constance peut être mise au nombre des miracles.

Après avoir été frappé du courage des Chrétiens, il étoit naturel d'en considérer les mœurs. Or, on trouvoit un renoncement aux plaisirs, aux richesses, à la pompe, en un mot, à tout ce qui excite la cupidité. On trouvoit des ames pures, qui se défendoient jusqu'à la pensée d'un crime. On trouvoit une charité sans bornes; & on reconnoissoit qu'un payen baptisé devenoit un nouvel homme, qu'il étoit comme régénéré, comme né une seconde fois dans un état plus saint.

Quelle étoit donc la doctrine qui inspiroit tant de courage & tant de vertus ? Ici, l'examen devenoit un nouveau triomphe pour la religion chrétienne. Supérieure par sa théologie & sa morale à tout ce que les plus grands philosophes avoient enseigné, elle élevoit l'ignorant à la connoissance de son Créateur, & elle le remplissoit des maximes les plus pures.

Ces considérations suffisoient, sans doute, pour entraîner les Gentils, qui examinoient sans prévention. Cependant ils pouvoient encore demander aux Chrétiens : mais pourquoi courir à la mort ? pourquoi vous obstiner à combattre les cultes établis ? vous est-il donc nécessaire de les détruire, pour exercer toutes vos vertus ? A ces questions les Chrétiens répondoient par les miracles de Jesus-Christ, par ceux des Apôtres, par ceux des hommes apostoliques, & par les prophéties.

Ces réponses étoient les mêmes par tout où il y avoit des Chrétiens. Par-tout, on attestoit les mêmes miracles ou de semblables : par tout on professoit la même doctrine & avec le même courage. Ajoutons à cet accord, qui ne peut se trouver avec l'imposture, que les évangiles avoient été écrits avant la ruine de Jérusalem, & que les livres de l'ancien testament ne pouvoient être suspects, puisqu'ils étoient conservés par les Juifs, ennemis de la religion Chrétienne. Voilà par quels motifs des savants se convertirent en grand nombre dans le second siecle. En effet, c'étoit assez qu'il existât encore plusieurs témoins des miracles faits dans le premier, & que d'ailleurs les prophéties fussent absolument accomplies.

Les œuvres de Jesus-Christ, disoit Quadrat, dans l'apologie qu'il osa présenter à l'empereur Adrien, ont toujours été vues & connues, parce qu'elles étoient réelles. Elles n'ont certainement point été douteuses aux malades guéris & aux morts ressuscités. Or, ceux-ci ont été vus, non-seulement, dans le temps de leur résurrection & de leur guérison, mais long-temps après: non-seulement, dans le temps que notre Seigneur demeuroit sur la terre; ils ont encore survécu de beaucoup à son ascension, & quelques uns vivoient même de nos jours.

Si Quadrat parloit ainsi dans ce morceau, le seul qui nous reste de son apologie, vous pouvez juger combien il trouvoit de témoins éxistants des miracles des Apôtres, & de ceux des hommes apostoliques. Il est un des premiers exemples des savants convertis. La religion, répandue par-tout, étoit déja suffisamment prouvée, & les miracles devenoient tous les jours moins nécessaires. Aussi paroissent-ils avoir été plus rares dans le second siecle que dans le premier, & plus rares encore dans le troisieme. Cependant ils ne cesserent pas entierement. Après avoir donc été converti sur le témoignage des autres, on se confirmoit dans la foi par les miracles, dont on étoit témoin soi-même : car ils, ont été encore fréquents, tant qu'il y a eu des hommes apostoliques, c'est-à-dire, pendant le cours du second siecle.

Si nous passons au troisieme, les preuves de la religion acquerront une nouvelle force par les nouveaux miracles, quelques rares qu'on les suppose. D'ailleurs, nous verrons la tradition, conserver dans toutes les églises ceux qui se sont faits auparavant: nous verrons la cendre des martyrs les attester par-tout ; & les ennemis mêmes du Christianisme en reconnoître la vérité. Ni Celse, ni Porphyre ne les ont révoqués en doute.

Motifs de conversion dans le troisieme siecle.

Je me suis borné à mettre sous vos yeux les motifs qui ont convaincu les payens dans les trois premiers siecles, parce que si la religion étoit démontrée alors, elle l'est encore aujourd'hui, & elle le sera dans tous les temps. Cette matiere mériteroit, sans doute, de plus grands éclaicissements, & j'y suppléerai dans nos conversations. Mais je ne devois pas transcrire tout ce que d'autres ont dit avant moi ; & j'aurai assez fait pour le présent, si l'ordre que j'ai suivi, peut vous guider dans les lectures que vous devez faire.

LIVRE SEIZIEME.

CHAPITRE PREMIER.

La conduite de Constantin par rapport à l'église.

Il suffit de considérer Constantin sous deux points de vue.

Je ne suivrai point l'ordre des temps, parce que je veux abréger, & que d'ailleurs je crois plus instructif pour vous de considérer d'abord Constantin par rapport à l'église, & ensuite par rapport à l'état. Il faut pour cela reprendre les choses à l'année 312, époque de sa conversion.

Constantin fait triompher la religion.

Après la défaite, & la mort de Maxence, le premier soin de Constantin fut de faire triompher la croix, & de manifester par des monuments qu'il devoit la victoire à Jesus-Christ. Il fit bâtir des églises, accorda des privileges aux ecclesiastiques de Rome, montra beaucoup de respect pour les ministres, de la religion, & abolit le supplice de la croix.

Il reconnut la protection divine dans la défaite de Licinius; & voulant réparer les maux, que la persécution avoit faits en orient, il ordonna de restituer aux églises & aux catholiques les biens qu'on leur avoit enlevés, de rendre la liberté à ceux qui avoient été condamnés, pour la foi, à l'exil, aux mines, ou à la prison, & de rétablir dans les emplois ceux qui en avoient possédé.

Il répare les maux que la persécution avoit faits.

C'est la même conduite qu'il avoit déja tenue avec les églises, qui s'étoient trouvées dans le même cas que celles d'orient: telles étoient sur-tout, celles d'Afrique. Il voulut même que les ecclésiastiques fussent exempts de toute espece de charges, & que les terres de l'église ne fussent sujettes à aucune imposition. Son dessein étoit, sur-tout, que les ministres de la religion ne fussent pas détournés du service des autels, persuadé qu'ils contribueroient plus à la prospérité de l'état par des prieres, que par des fonctions civiles. C'est pourquoi il les exempta des offices municipaux, offices honorables, mais qui obligeoient à des soins & à des dépenses. Ceux qui les exerçoient, étoient entre autres choses, chargés de lever les impositions, dans le district de leur cité & d'en faire les deniers bons.

Il accorde des exemptions au clergé.

Inconvéniens de ces exemptions.

Il étoit sage de ne pas donner ces offices au clergé : mais les autres exemptions qu'on lui accordoit, devenoient préjudiciables au reste des citoyens, sur qui toutes les charges retomboient. Elles nuisoient encore au clergé même, parce que c'étoit lui faire oublier sa premiere destination, pour lui donner l'amour des richesses ; & on remarqua bientôt qu'il se remplissoit de quantité de gens riches, qui n'y entroient que pour être plus riches encore, en jouissant des exemptions.

En voulant remédier à ces inconvéniens Constantin en occasionne d'autres.

Quand on ne considére que le zele de Constantin, on peut l'excuser de n'avoir pas vu que ces exemptions étoient contraires au vrai bien du clergé : mais il auroit dû prévoir qu'elles le seroient au bien de l'état. Il s'en apperçut enfin ; cependant il ne les révoqua pas. En considérant que c'étoit aux riches à porter les charges, il ordonna qu'on ne recevroit dans le clergé que des personnes qui auroient peu de bien. Ainsi, d'un côté, il combloit l'église de faveurs, de l'autre, il en blessoit la liberté, & la privoit de tout bon sujet, qui seroit riche. En croyant donc remédier à un inconvénient, il en produisoit un autre : telles sont les suites d'une fausse démarche. Malheureusement les princes ont souvent tort, & ce qui est plus malheureux, c'est qu'ils sont rarement capables de s'en appercevoir ; ou que s'ils s'en apperçoivent, ils ne croyent pas de leur dignité de l'avouer. Ils tombent donc de fautes en fautes.

Constantin, voulant que le dimanche fût consacré à la priere, défendit toute occupation pour ce jour là; & il se conduisit d'autant plus sagement, qu'il fit une exception en faveur des travaux de l'agriculture. Les soldats chrétiens passoient le dimanche à l'église; les autres étoient conduits dans une plaine, où on leur faisoit réciter une priere au vrai Dieu.

Il consacre le dimanche à la priere.

Les empereurs avoient employé les peines & les récompenses, pour engager les citoyens à se marier, & à donner des enfants à l'état. Quelques uns croyent que Constantin laissa subsister les récompenses: il est au moins certain qu'il supprima les peines, & qu'il abrogea en partie la loi *papia*. Son motif étoit d'entrer dans l'esprit de l'église, & de faire respecter la virginité, que l'évangile honore comme une vertu. Cependant abroger la loi *papia*, c'étoit autoriser le célibat, & il y a une grande différence entre le célibat & la virginité. D'ailleurs, Constantin auroit dû craindre d'entretenir dans l'erreur les hérétiques, qui jugeoient le mariage criminel. Enfin les payens, qui étoient encore en grand nombre, pouvoient se prévaloir de la loi de cet empereur: ce qui étoit nuisible à l'état, sans être utile à la religion. Il est vrai, que, suivant la remarque de St. Ambroise, les pays où il y avoit le plus de vierges, étoient aussi les plus peuplés: mais si cela est, cer-

Il autorise le célibat en croyant faire respecter la virginité.

tainement ce n'étoit pas, parce qu'il y avoit plus de vierges.

Il permet de faire les affranchissements dans les églises.

Les affranchissements se faisoient devant les premiers magistrats ; & il y falloit tant de formalités, qu'il étoit quelquefois bien difficile à un maître de donner la liberté à son esclave. Constantin leva toutes ces difficultés, en permettant d'affranchir dans l'église ; & en déclarant que l'attestation des évêques ou des prêtres suffisoit pour faire un citoyen Romain.

Il permet de laisser aux églises telle part de son bien qu'on jugera à propos.

Il convenoit d'assurer à chaque église de quoi entretenir son clergé. Mais il faut qu'un prince sache toujours ce qu'il donne ; car il ne devroit jamais donner ni trop ni trop peu : si cette reflexion est juste, vous ne trouverez pas assez de sagesse dans la loi par laquelle Constantin permit à chacun, de laisser par testament à l'église, telle part de son bien qu'il jugeroit à propos; vous aurez de la peine à concilier cette loi avec celle qui ne permettoit l'état ecclesiastique qu'à ceux qui avoient peu de bien ; & vous voyez qu'ouvrant la porte à l'avidité & à la séduction, elle ruinera bien des familles.

Il confie l'administration de la justice aux évêques.

Il permit par une loi à tous ceux qui auroient des procès, de recuser les juges civils, pour appeller au jugement des évêques : ordonnant que les sentences rendues dans un tribunal ecclésiastique, seroient considérées, comme s'il les avoit rendues lui-même ; & enjoignant aux gouverneurs de les faire executer. (*)

Jufqu'alors les évêques avoient été en poffeſſion d'être les arbitres des procès qui s'elevoient parmi les Chrétiens. Cet uſage auroit pu s'abolir peu à peu, parce que les raiſons, qui l'avoient introduit, ne ſubſiſtoient plus. Il n'y avoit pas même d'inconvénient à le conſerver; & il étoit juſte de permettre aux parties de préférer des arbitres à des juges. C'eſt à quoi Conſtantin, ce me ſemble, auroit dû ſe borner.

En effet, étoit-il raiſonnable de confier l'adminiſtration de la juſtice au clergé? il y avoit, à la vérité, dans ce corps quantité d'évêques remplis de ſainteté & de lumieres. Cependant on peut préſumer qu'en général leurs connoiſſances ſe bornoient aux choſes de la religion; & que la juriſprudence, qui étoit un chaos pour les meilleurs juriſconſultes, étoit un plus grand chaos pour eux. On ne peut donc pas ſuppoſer, qu'ils ſoient devenus des juges éclairés par la ſeule force d'une loi, qui les déclaroit juges. On dira, ſans doute, que Conſtantin a voulu montrer ſon reſpect pour l'égliſe : je réponds qu'il en pouvoit donner toute autre preuve. Il

---

(*) Il y a des critiques qui penſent que cette loi eſt ſuppoſée : mais elle ſera bientôt portée par un des ſucceſſeurs de Conſtantin, Honorius.

n'étoit pas sage d'anéantir les tribunaux civils, dont les magistrats sont au moins censés avoir appris leur métier, pour confier l'administration de la justice à des juges, qu'on doit présumer n'avoir pas étudié les loix. Ajoutons que cette prérogative pouvoit rendre le clergé trop puissant.

La suite de l'histoire vous fera connoître les abus de ces exemptions & de ces privileges accordés inconsidérément. Je vous prie seulement, de remarquer que le clergé n'en jouissoit pas avant Constantin : c'est une chose que la plupart des princes ignorent, & que le clergé oublie volontiers.

Moyens de Constantin pour abolir le culte des Idoles.

Constantin ne cessoit de s'élever contre l'aveuglement des payens, & d'exhorter tout les peuples à se convertir. Cependant sa conduite à cet égard a été différente suivant les temps; lorsqu'il n'étoit pas encore seul maître de l'empire, il a permis de sacrifier aux idoles, dans les temples & en public. Il étoit alors si éloigné de persécuter les idolâtres, qu'il invitoit les Chrétiens à n'employer que la douceur, la persuasion & l'exemple. Dans la suite, il usa de violence. Il y eut des temples qu'on ferma; d'autres qu'on découvrit, afin qu'ils tombassent en ruine, d'autres qu'on abattit. On les dépouilloit de toutes leurs richesses : on enlevoit les statues auxquelles l'art donnoit du prix ; on brisoit toutes les autres.

Cette conduite étoit tout-à-fait contraire à l'esprit de la religion: car la violence ne fait que des hypocrites & des sacrileges, & cependant la persuasion fait seule les Chrétiens. Il ne falloit donc rien négliger pour éclairer les peuples; il ne falloit pas se lasser de les exhorter. Comment des Chrétiens pouvoient-ils eux-mêmes employer des persécutions, dont ils avoient éprouvé & démontré tant de fois l'injustice?

Constantin voyant avec douleur les divisions, qui troubloient l'église, entreprit de concilier les esprits & de rapprocher les partis contraires; mais il eût été à souhaiter qu'il se fût conduit avec autant de prudence que de zele.

Sa conduite avec les Donatistes.

Comme il avoit ordonné aux proconsuls d'Afrique, de rechercher ceux qui troubloient dans cette province, la paix de l'église catholique, les Donatistes, qui craignirent qu'on ne sévît contre eux, se hâterent de lui demander des juges, & lui adresserent un mémoire à cet effet; la chose n'étoit pas sans difficulté; car à quel titre l'empereur pouvoit-il nommer les juges dans une affaire ecclésiastique, lui, sur-tout, qui n'étoit encore ni baptisé ni même catéchumene? il est vrai, qu'il ne s'agissoit pas du dogme, mais seulement des accusations faites contre Cécilien; & que, par conséquent, cette affaire étoit de nature à pouvoir être jugée par des laïques. Cependant Constantin avoit un prétexte pour ne s'en point mêler, & il l'auroit dû saisir : car dans ces sortes de disputes, les princes ne font souvent qu'irriter les partis, & leurs fausses démarches sont toujours dangereuses. Les Donatistes étoient déja condamnés, puisque Cécilien avoit pour lui tous les évêques catholiques ; cependant l'empereur convoque lui-même à Rome un concile, & nomme pour juges le pape Miltiade, trois évêques des Gaules & quelques uns d'Italie.

Les Donatistes furent condamnés & ne se soumirent pas. C'étoit le cas de regarder cette affaire comme décidée ; puisqu'on pouvoit facilement prévoir que ceux qui avoient été rebelles à un premier concile, le seroient encore à un second. L'empereur néanmoins eut la foiblesse d'en accorder un nouveau aux plaintes importunes des Donatistes. Il le fit tenir à Arles ; & il reconnut bientôt ce qu'il n'avoit pas prévu, c'est-à-dire, l'obstination des schismatiques.

Ils appellerent du concile à lui-même ; il en fut irrité : il regarda cette démarche comme, une impiété de leur part. Quoi, disoit-il, *on est dans l'usage d'appeller d'une moindre autorité à une plus grande, & ces méchants appellent du ciel à la terre, de Jesus-Christ à un homme?* Il rejeta donc leur appel avec horreur, & voulant punir tous ces rebelles, il ordonna de les lui

lui amener. Ils vinrent, & contre l'attente de tout le monde, il reçut leur appel, & les jugea.

Sa décision fut conforme à celle des deux conciles, & les Donatistes, bien loin de se rendre, l'accuserent de s'être laissé prévenir. Alors il en condamna à mort & au bannissement : il leur ôta les basiliques, & les lieux où ils s'assembloient : il confisqua même les biens de plusieurs : & ils firent plus de progrès que jamais. Lorsqu'ils furent tombés dans de nouvelles erreurs, & que devenus plus audacieux, ils se croyoient tout permis, Constantin saisit ce moment pour prendre avec eux une conduite modérée ; rappellant les exilés, exhortant les catholiques, à les vaincre par la douceur, & disant qu'il falloit laisser à Dieu le soin de les punir. Telle fut la conduite de cet empereur, & quelques années après il y eut en Afrique une si grande quantité de Donatistes, qu'on y trouvoit à peine des catholiques.

En 324, Constantin, maître de tout l'empire par la défaite de Licinius, fit quelque séjour à Nicomédie, qui étoit en orient la résidence ordinaire des empereurs ; il y apprit la division que les Ariens causoient en Egypte ; & il écrivit à l'évêque Alexandre & au prêtre Arius pour les porter à la paix. Comme il n'étoit instruit de ces disputes, que par un partisan d'Arius, Eusebe, évêque de Nicomédie,

Faux jugement de Constantin sur la doctrine d'Arius.

Tom. X.   L.

il les traitoit de questions frivoles & de vaines subtilités, qui ne faisoient rien au fond de la religion. Il en jugeoit mal, puis qu'il s'agissoit de savoir si Jesus-Christ est Dieu ou créature. C'est ainsi qu'un prince est exposé à se tromper, quand il en croit le premier qui lui parle.

Concile de Nicée. Sa lettre n'ayant produit aucun effet, il résolut d'assembler un concile composé des évêques d'orient & d'occident. Il le convoqua lui-même, en 325 à Nicée ville de Bithynie. Ce concile est le premier qu'on a nommé œcuménique, pour marquer qu'il y avoit des évêques de toutes les parties de la terre, c'est-à-dire, dans le langage du temps, de toutes les parties de l'empire Romain. Arius fut condamné ; mais les peres s'étant servis du mot *consubstantiel*, pour exprimer avec précision que le fils est de même substance que le pere ; ce mot, par ce qu'il étoit nouveau, & qu'on ne le trouvoit point dans l'écriture, servit de prétexte aux Ariens pour ne pas se soumettre au dogme ; il fut d'ailleurs généralement adopté, & tous les évêques signerent la formule de foi, à l'exception de deux ; ce même concile ordonna qu'on célébreroit la pâque le dimanche, & fit encore plusieurs réglements sur la discipline.

Conduite de Constantin. Constantin bannit Arius, &, trois mois après, il relégua dans les Gaules, Eusebe de Nicomédie & Théognis de Nicée, par ce qu'ils favorisoient l'Arianisme. Il ordonna aux fideles de ces deux églises, de choisir d'autres évêques. Il écrivit à ce sujet une lettre, dans laquelle, après quelques discours obscurs sur la divinité du Verbe, il accusoit Eusebe de l'avoir surpris, d'avoir abusé de sa confiance, & même d'avoir été complice des cruautés de Licinius. Cependant il le rappella, ainsi que Théognis, au bout de trois ans; & il fut assez foible pour rendre sa confiance à l'un & à l'autre. Ces deux hommes ayant autant de crédit qu'ils en avoient eu auparavant, rentrerent dans leurs évêchés, & en chasserent ceux qui y avoient été mis en leur place.

avec les Ariens

Il ne manquoit plus que de rappeller Arius: Constantin le rappella. Il le fit venir à sa cour, l'interrogea, le trouva orthodoxe, & jugea qu'il pouvoit être admis à la communion de l'église.

Dès que les Ariens furent protégés, ils tinrent aussi des conciles; & ce fut le tour des évêques catholiques d'être déposés & bannis; c'est ce qui arriva à St. Eustache, évêque d'Antioche, à St. Athanase, évêque d'Alexandrie & à plusieurs autres.

Sa conduite avec les catholiques.

Le même sort attendoit St. Alexandre, évêque de Constantinople: Constantin le fit venir, lui ordonna de recevoir Arius à sa communion, rejeta avec colere les excuses que ce Saint voulut alléguer, & tout se disposoit

L 2

pour faire violence à cet évêque, lorsque Arius mourut subitement.

Cette conduite de l'empereur étoit d'autant plus extraordinaire, que quelque temps auparavant, il avoit entrepris de refuter lui-même l'héréfie d'Arius; nous avons encore la lettre qu'il écrivit à ce fujet. Elle eft longue; il y parle du ton d'un déclamateur emporté; il dit des injures, il raille, il tourne en ridicule l'extérieur d'Arius, & il tâche quelquefois de raifonner. Peut-être cependant doit-on feulement lui reprocher d'avoir adopté cette lettre: il y a tout lieu de préfumer qu'il ne l'a pas faite, quoiqu'il eût la vanité de fe croire théologien, & de prononcer publiquement de longs difcours fur la religion. Il eût mieux fait de la proteger avec plus de jugement. Je ne crains pas de dire, qu'il a fait plus de mal à l'églife, qu'aucun des empereurs, qui l'ont perfécutée.

CHAPITRE II.

La conduite de Constantin par rapport à l'empire.

APRÈS la défaite de Maxence, Constantin fut reçu à Rome, comme un libérateur; il se montra libéral & généreux. Entre plusieurs loix, qui en sont la preuve, il en fit une qui ordonnoit de prendre, sur le trésor public ou sur son domaine, de quoi nourrir les enfants, lorsque les peres seroient trop pauvres pour les entretenir. Il s'appliqua, sur-tout, pendant trois ans à rétablir l'ordre.

Rome croit trouver un libérateur dans Constantin.

Mais il ne savoit pas que la générosité doit s'étendre jusques sur ses ennemis : car il fit livrer aux bêtes un grand nombre de prisonniers qu'il avoit faits sur les Francs; il avoit déja donné un spectacle de cette espece avant sa conversion : si pour lors cette cruauté faisoit déja horreur, que dirons nous de la retrouver encore en lui, lorsqu'il est Chrétien ? La politique même ne sauroit excuser cette barbarie; elle la condamne, au contraire. Si les ennemis font foibles, ce moyen est inutile; & s'ils sont puissants, il ne les contient pas: il leur fait prendre, au contraire, des mesures pour user un jour de représailles; pendant ce regne, les Goths & les Sarmates furent défaits plusieurs fois; & on abolit les tributs, que les autres empereurs avoient payés à ces barbares.

Constantin veut tout changer.

Il n'appartient pas à tous les princes de faire de grands changements; tandis que les plus sages ne s'y hazardent qu'avec beaucoup de circonspection, d'autres osent exécuter tous les projets qu'ils imaginent; comme si changer, c'étoit toujours réformer. Considérons Constantin dans les changements quil a faits.

Il ôte le commandement aux préfets du prétoire.

Aussi tôt qu'il fut maître de Rome, il cassa les gardes prétoriennes. Au lieu de deux préfets, il en fit quatre, auxquels il ôta tout commandement sur les troupes: il ne leur laissa que les fonctions civiles.

Quelle avoit été la puissance des préfets du prétoire.

Vous avez vu quelle étoit la puissance des gardes prétoriennes, & vous jugez quelle étoit celle des chefs qui les commandoient; il est vrai que les préfets cédoient le pas aux consuls, parce que le gouvernement conservoit la forme, au moins extérieure, de la république: mais par l'autorité, qu'ils acquirent insensiblement, ils devinrent les seconds après les empereurs; aussi désignoit-on leur puissance par ces mots, *imperium secundum, imperium sine purpura*, & d'autres semblables; ils étoient auprès du prince, ce qu'étoit auprès du dictateur le général de la cavalerie.

Leur autorité s'étendoit dans tout l'empire: leurs édits avoient force de loix dans toutes les provinces: c'est par eux que les ordres du prince passoient aux magistrats: ils s'étoient arrogés de choisir, de rejeter les juges, de les punir: on appelloit à eux des jugements des autres: ils jugeoient en dernier ressort: ils pouvoient infliger toutes sortes de peines: ils avoient droit de vie & de mort: en un mot, ils présidoient à tout, & paroissoient les dépositaires de toute l'autorité; le symbole de leur puissance étoit un glaive, que l'empereur mettoit lui-même entre leurs mains; vous vous rappellez les paroles de Trajan: *recevez ce glaive: si je gouverne bien, servez vous-en pour ma défense; & si je gouverne mal, servez vous-en contre moi.*

Les empereurs n'ont élevé leurs préfets que pour abaisser les magistrats de la république; jugeant qu'ils seroient bien plus maîtres, lorsque l'autorité seroit dans des hommes à eux; mais telle est la nature des moyens, qui tendent au despotisme; c'est qu'ils tendent à renverser le despote même. La vie des empereurs fut entre les mains de leurs préfets: elle eût été mieux entre celles du peuple, s'ils eussent toujours été capables de bien gouverner. Il est beau de voir Trajan livrer le glaive à ses préfets, pour s'en servir contre lui: mais s'il

Pour assurer leur despotisme les empereurs s'étoient donnés des maîtres dans leurs préfets.

ne les eût pas trouvés en possession de cette puissance, il ne la leur eût pas donnée, il eût mieux aimé confier sa vie aux magistrats de la république.

Cependant il ne falloit pas casser les gardes prétoriennes.

La confiance de Trajan est celle d'un homme que la supériorité des talents met au dessus des dangers. Quel qu'ait été Constantin, il n'a pas eu la même confiance; & pour se défendre contre une autorité qu'il redoutoit, il n'a su que l'abolir: il eût été plus grand de savoir la régler.

C'est en vain que pour l'excuser, on exagéreroit les désordres causés par les gardes prétoriennes. Ces désordres ne sont point arrivés sous les princes faits pour être respectés; ou ils n'ont été qu'une suite du gouvernement des mauvais princes, qui avoient précédé. Pertinax n'auroit pas été égorgé, si Commode n'avoit pas regné avant lui. C'est toujours la faute du général, quand la discipline n'est pas dans les troupes; & certainement l'habileté n'est pas à les casser, mais à s'en faire obéir.

Conséquences qui en devoient résulter.

Cependant, comme le remarque Mr. de Montesquieu, la vie des empereurs fut plus assurée; ils purent mourir dans leur lit; mais cette sécurité enfantera la mollesse. Les princes se montreront moins aux gens de guerre: ils seront plus oisifs, plus ignorants, plus livrés à leur domestiques, plus attachés à leur palais, plus séparés de l'empire. Les valets, les femmes, les hypocrites les gouverneront. Ils flatteront leurs passions, ils les dégoûteront de leurs devoirs, ils ne les occuperont que d'amusements frivoles, ils épuiseront tout ce que l'art imagine pour chasser l'ennui, qu'ils ne chasseront pas, & ils leurs diront sans cesse : *commandez, vous êtes maîtres.*

Les plus honnêtes gens n'auront plus d'accès à la cour : les plus sages représentations paroîtront des crimes : les meilleurs ministres & les meilleurs capitaines seront à la discrétion des intrigants, qui ne peuvent ni servir l'état, ni souffrir qu'on le serve. Malheur aux ames honnêtes qui surprendront le prince, pour l'engager dans des entreprises utiles à l'empire ; si ces entreprises exigent des soins de sa part, ou des fonds qu'il destinoit à ses plaisirs. En effet, il ne manquera pas de s'en plaindre à ses favoris. Forcé de faire le bien, il en rejetera la faute sur ceux qui le lui auront conseillé, & il s'en repentira à temps. On verra des disgraces : toute la cour applaudira ; *il faut amuser le prince*, ce sera la maxime favorite, la maxime à laquelle on croira devoir sacrifier le salut des peuples ; & cependant on ne l'amusera pas.

Le ministère, les armées, les provinces offriront des changements continuels, par ce que l'intrigue disposera de tout. Ce sera le règne de la flatterie, de l'hypocrisie, de l'artifice en un mot. La tyrannie n'agira plus avec audace: elle se montrera avec les vices des ames foibles: elle sera sourde, elle minera l'empire insensiblement, elle le détruira.

Voilà, Monseigneur, ce qui doit arriver, parce que Constantin à cassé les gardes prétoriennes ; c'est en partie les observations de Mr. de Montesquieu ; je me serois borné à copier, si mon dessein n'étoit pas de vous faire lire son ouvrage.

Constantin partage l'empire en quatre gouvernements & croit assurer sa puissance. Avant Constantin, l'autorité des deux préfets du prétoire s'étendoit indistinctement sur toutes les provinces. Cet empereur, qui l'avoit affoiblie, en leur ôtant tout commandement sur les troupes, l'affoiblit encore, en faisant quatre préfets au lieu de deux, & en leur donnant des départements séparés. L'empire fut partagé en quatre grands gouvernements, celui, d'Orient, celui d'Illyrie, celui d'Italie, & celui des Gaules. Vous trouverez ailleurs les provinces que chaque gouvernement renfermoit.

Vous vous souvenez du partage fait par Auguste. Il a subsisté jusqu'à Dioclétien, époque où les deux Augustes & les deux Césars partagerent l'empire entre eux, sans avoir égard aux provinces qui appartenoient au sénat. Constantin ne les rendit pas, parce qu'il n'aimoit pas qu'il y eût une autre puissance que la sienne : d'ailleurs il étoit occupé du projet d'avilir le sénat. Trajan, Adrien, Antonin, Marc-Aurele n'auroient pas pensé comme lui.

Jusqu'a lors les dignités avoient toujours été des charges; & cela étoit raisonnable, parce que les honneurs devroient toujours être joints aux services. Lorsque les plus grands titres n'exigent rien, on les donne à ceux qui ne méritent rien. Dès-lors l'émulation s'éteint, & les dignités s'avilissent. Qu'est-ce en effet, qu'un grand, qui n'a que des titres, & qui d'ailleurs ne peut rien par lui-même ?

Il croit encore s'assurer, en créant des grands avec des titres sans autorité.

Il semble que Constantin n'eût voulu donner que des dignités sans pouvoirs, soit qu'il craignît de partager sa puissance, soit qu'il aimât à se voir entouré de grands inutiles. C'est dans cette vue qu'il créa des Patrices. Espece bien nouvelle dans l'empire; puis qu'ils étoient sans fonctions, & que cependant ils avoient le rang au dessus des préfets du prétoire.

On nommoit *comites*, d'où nous avons fait le mot *comte*, les sénateurs qui formoient le conseil des empereurs, & qui les accompagnoient, quelque part qu'ils allassent. Cet emploi étoit considéré avec fondement. Constantin imagina de donner la considération, en accordant le titre, sans accorder l'emploi; & on eut des comtes, comme nous en avons encore.

Il créa le titre de *de nobilissime* pour deux de ses freres; voulant vraisemblablement les consoler de les avoir tenus long-temps loin des affaires, loin même de la cour, & comme en exil. Les vains titres se sont multipliés, à mesure qu'on est devenu plus barbare.

C'est aussi par cette raison qu'il porte le siége de l'empire à Constantinople.

Depuis seize ans, Constantin étoit maître de Rome; il n'y avoit fait aucun séjour considérable. On peut conjecturer qu'il n'aimoit pas à se trouver dans une ville, qui avoit été le centre de la liberté, dans laquelle au moins on se souvenoit d'avoir été libre, & où l'empereur, si l'on en jugeoit par des restes des anciens usages, ne paroissoit que le dépositaire des pouvoirs que le sénat lui confioit.

Mais ce n'étoit pas assez pour lui de s'absenter souvent. Jaloux du pouvoir arbitraire, il désiroit de ruiner tout-à-fait une puissance, qui, quelque foible qu'elle fût déja, lui donnoit encore de l'ombrage. Le moyen le plus prompt étoit d'établir ailleurs le siege de l'empire; la paix, dont on jouissoit, étoit une circonstance favorable à l'exécution de ce projet, & il fonda Constantinople. Tel est vraisemblablement le motif de cette entreprise; à quoi on peut ajouter la petite vanité de donner son nom à une nouvelle ville.

Il est vrai, cependant, qu'il a publié dans une loi, qu'en cette occasion, Dieu l'avoit éclairé, & lui avoit ordonné de bâtir à Bysance.

Mais cette révélation est au moins l'ouvrage d'une imagination crédule : car la suite de l'histoire vous fera voir, que cette seconde capitale n'a pas été moins funeste à l'église qu'à l'empire.

L'empereur y fit bâtir des palais, des fontaines, des cirques, des places, des églises & des édifices de toute espece. Il dépouilla les autres villes & Rome même pour l'enrichir : il y transporta tout ce qui avoit orné les temples des idoles; ce qui étonna davantage, c'est la promptitude avec laquelle tant de bâtiments furent achevés. On revint cependant de cette surprise, lorsque leur peu de durée fit connoître qu'ils avoient été faits avec peu de solidité; & on blâme Constantin de les avoir trop précipités. Il étoit si impatient dans ces occasions, que, lorsqu'il avoit commandé un édifice, il vouloit presqu'aussitôt apprendre, qu'il étoit achevé. Cette impatience est l'effet d'une vanité peu raisonnable.

Il ne négligea rien pour peupler la nouvelle ville aux depens de toutes les autres. Les bléds d'Egypte y furent portés : Rome en fut privée, & ce fut une nécessité de l'abandonner. Les plus riches citoyens passerent à Constantinople avec leurs biens & leurs esclaves, c'est-à-dire, avec la plus grande partie du peuple; & l'Italie resta presque déserte.

Cette ville jouit de tous les privileges dont Rome jouissoit. Le peuple y fut divisé par tribus. Elle eut un sénat & deux proconsuls. En un mot, ces deux villes se gouvernerent sur le même plan: l'une fut la capitale de l'Orient ; & l'autre, de l'Occident.

Il semble que, pour les rendre égales, Constantin ait cru devoir transporter à Constantinople jusqu'aux abus de Rome. Il y établit sans nécessité des distributions de bleds, d'huile, &c. Il ne vit pas que cet usage étoit à Rome un inconvénient, que les circonstances avoient introduit, & qu'elles n'avoient pas permis de corriger.

Mort de Constantin.
337

Constantin mourut avec le surnom de grand, dans la soixante-quatrieme année de son âge & dans la trente unieme de son regne. Il avoit reçu le baptême quelque temps auparavant.

Si nous n'avions pas des faits, il ne nous seroit pas possible de nous faire une idée de cet empereur: car les écrivains en portent des jugements bien différents, suivant qu'ils le trouvent favorable ou contraire à la religion où à la secte qu'ils suivoient. Mais ses panegyristes mêmes l'accusent d'avoir donné sa confiance avec trop de facilité, & de n'avoir pas eu la force de punir ceux qui en abusoient, ce qui a produit bien des désordres. Cependant il lui arrivoit quelquefois de punir trop légérement. Je n'en donnerai qu'un exemple. Faufta, fa feconde femme, jaloufe de voir au-deffus de fes enfants Crifpus, né d'un premier lit, calomnia ce prince, & l'accufa de rebellion & d'autres crimes. Conftantin, fans examiner, condamna fon fils à mort; & ayant reconnu quelque temps après fon innocence, il fit mourir, avec la même précipitation, Faufta & avec elles un grand nombre de perfonnes, innocentes & coupables. Sa piété qui fe foutint toujours, occafionna même de grands maux; parce qu'il n'eut pas affez de difcernement pour fe garantir des hypocrites, qu'elle auroit auprès de lui.

CHAPITRE III.

De l'état de l'empire vers les temps de Constantin.

<small>Épuisement de l'empire lors de la fondation de Constantinople.</small> IL seroit difficicile de se faire une idée de l'épuisement de l'empire. Depuis long temps les provinces se ruinoient par les incursions des barbares, ou par des guerres civiles; les succès les plus brillants étoient des victoires funestes : les pertes se renouvelloient sans cesse, & ne se réparoient jamais.

La misere étoit générale; & cependant les impôts se multiplioient à mesure que les peuples s'appauvrissoient. L'empire ne pouvoit se soutenir, & les efforts qu'on faisoit pour l'étayer, l'affoiblissoient de plus en plus. C'est ce temps d'épuisement, que Constantin choisit pour bâtir Constantinople, c'est-à-dire, une ville qu'il voulut tout-à-coup égaler à Rome. Falloit-il donc, pour satisfaire son ambition ou sa vanité, se jeter dans des dépenses immenses, qui lui faisoient une nécessité de fouler encore les peuples? n'avoit-il pas assez

de charges, & lui reſtoit-il tant de reſſources?

Il fit plus: il porta le luxe dans ſa nou- *Accroiſſe-*
velle capitale. Il regarda la magnificence *ment du luxe.*
comme un attribut de ſa grandeur. Son front
étoit ceint d'un diadême: ſon habit étoit chargé de perles, ſa ſuite étoit nombreuſe: il n'eût
pas cru ſes fils dignes de lui, s'il ne leur eût
pas donné un attirail, qu'il jugeoit dû à leur
naiſſance, & qu'il diſoit propre à leur élever
l'ame. En un mot, il ſe fit grand par tout
ce qui l'entouroit; & il parut grand, par ce
que le vulgaire croit que les princes, ſont ce
qu'ils affectent de paroître. Il eſt vrai qu'on
pourroit faire en partie ces reproches à quel-
ques-uns de ſes prédéceſſeurs, mais Conſtantin devoit moins rechercher le luxe que l'abolir: il l'augmenta cependant.

Les vains titres, dont il introduiſit l'uſage,
ajouterent encore à ce déſordre: car les grands
auroient paru moins que rien, s'ils avoient été
ſans extérieur comme ſans emplois; & ils
n'étoient dans le vrai qu'une partie du luxe
de la cour de Conſtantin.

D'autres maux naiſſoient de la différence
des religions & de la multitude des ſectes. *Haine mu-*
Elles ſe perſécutoient mutuellement, & elles *tuelle des ſec-*
armoient les princes contre les ſujets: comme *tes, qui ar-*
ment tour-à-
ſi pour établir le culte, il falloit détruire les *tour le ſou-*
peuples. Les hypocrites remplirent la cour: *verain contre*
les ſujets.

Tom. X. M

de faux Chrétiens flatterent les vices du souverain : l'austerité des préceptes disparut : la morale de l'évangile fut prostituée : & l'empereur se persuada que l'unique chose necessaire à son salut étoit de protéger la secte qu'il avoit embrassée & de persécuter toutes les autres.

Quels étoient anciennement les droits du sénat.

Jusqu'à Constantin, l'Italie avoit été comme la maitresse de l'empire. Dans les guerres civiles mêmes, on paroissoit moins prendre les armes pour la dominer, que pour lui soumettre toutes les autres provinces. C'est pourquoi on la laissoit toujours au sénat, & c'étoit en apparence lui laisser tout. En effet, il sembloit que les empereurs ne commandoient dans les autres parties de l'empire, que comme ministres ou généraux de ce corps. Dans les partages que firent les triumvirs Antoine, Auguste & Lepidus, aucun d'eux ne s'attribua l'Italie. Cette politique, qui subsista jusqu'à Dioclétien, étoit un aveu, que la souveraineté résidoit de droit dans la nation seule ; & que les empereurs n'exerçoient la puissance qu'en vertu des titres qu'ils recevoient du sénat, comme aujourd'hui les ministres l'exercent sous les rois.

Il est vrai que le sénat, forcé de céder à la force, étoit rarement maître du choix : mais enfin les généraux n'ont jamais cru que les soldats eussent le droit de conférer l'empire ; & quoique à la tête des armées qui les avoient élus, ils demandoient encore au fénat les magistratures & les titres, qui donnoient l'exercice de la puissance. Une observation confirme encore les droits dont ce corps jouissoit, c'est qu'il ne communiquoit pas toujours les pouvoirs dans la même étendue. Il permettoit, par exemple, à chaque empereur de proposer des affaires dans chaque séance; mais il en fixoit le nombre à une, à deux, à trois, à quatre, & jusqu'à cinq, & les pouvoirs des empereurs, à cet égard, n'ont pas toujours été les mêmes.

L'empereur n'étoit proprement qu'un membre du fénat: il ne paroissoit dans les séances, que comme le premier entre ses égaux. Le droit d'y présider n'étoit pas attaché à sa personne: il ne présidoit que lorsqu'il étoit consul annuel. Alors il proposoit les affaires: il recueilloit les voix: & il exerçoit toutes les fonctions du consulat. Mais son collegue les exerçoit alternativement, & avec la même autorité.

Lorsqu'il étoit consul désigné, il n'avoit que le droit d'opiner, comme tout autre sénateur l'auroit eu; & le rang où il devoit opiner, lorsqu'il n'étoit pas en charge, ne paroît pas avoir été déterminé; on sait, seulement, que sa voix n'étoit comptée que pour une, & qu'elle n'a jamais été prépondérante. Il ne faut donc pas se représenter l'empereur, au

A quoi se bornoient ceux de l'empereur.

milieu du sénat, comme un souverain qui, dans son conseil, sans avoir égard au nombre des suffrages, prend de lui seul le parti qu'il juge à propos. C'est le sénat qui décidoit; & les décrets étoient en son nom, & jamais au nom du prince. Il est seulement vrai, que l'empereur, en vertu de sa puissance tribunicienne, pouvoit arrêter les délibérations.

Les bons empereurs ont reconnu des bornes à leur puissance.

Telle est l'idée que les bons princes se faisoient de leur autorité, & telle est celle que nous devons nous en faire nous mêmes: il seroit peu raisonnable de chercher les droits de la puissance impériale dans les abus que les tyrans en ont fait. Il ne faut donc pas regarder, comme des séditieux, les sénateurs qui s'élevent contre ces monstres. Puisque la souveraineté vient d'eux, ils ont droit de juger ceux à qui ils en ont confié l'exercice; & lorsque, tous en corps, ils condamnent Néron, ce ne sont pas des rebelles, ce sont des souverains qui jugent leur ministre.

La flatterie même, contenue par l'opinion publique, a été forcée à respecter ces bornes.

Aussi à quelque excès que la flatterie ait été portée sous les mauvais princes, on n'a jamais osé leur dire, qu'ils étoient la source de toute autorité, & que le sénat n'avoit que les pouvoirs qu'ils vouloient bien lui communiquer. Cette proposition, contraire aux opinions reçues, eût été trop contredite par la forme même de l'administration. Seulement il y a eu un temps où l'on a dit aux successeurs de Constantin, & peut être à Constantin lui-même, que toute la puissance du peuple avoit été transférée aux empereurs, & réunie en leur personne seule. Si cette proposition étoit alors vraie, elle confirmoit les droits du peuple, & montroit les usurpations faites sur lui.

J'ai cru, Monseigneur, devoir choisir le regne de Constantin, pour vous donner une idée plus précise des droits du sénat & de ceux de l'empereur. Ces réfléxions se seroient moins fixées dans votre esprit, si je vous les avois fait faire plutôt ; & j'ai jugé que le temps où l'ancien gouvernement finit & où le nouveau commence, est la circonstance la plus favorable pour vous faire comprendre l'un & l'autre. Voyons comment le sénat a peu-à-peu perdu, je ne dis pas ses droits, mais sa puissance.

Gallien lui porta le premier coup par la loi, qui défendoit aux sénateurs le service militaire, & qui les bornoit aux fonctions civiles. C'étoit les désarmer tout-à-fait, & achever de ruiner le peu de considération, qu'ils conservoient encore dans l'esprit des soldats.

Comment le sénat perd ses droits.

Le sénat étant avili, il ne fut pas difficile aux empereurs de se saisir de toutes les provinces, en y comprenant même l'Italie. Dioclétien, Maximien, Galere & Constance n'eurent donc aucun égard au partage qui avoit été fait, & qu'on avoit respecté jusqu'alors. Au paravant les tyrans avoient abusé de leur pouvoir en insensés; mais les abus pouvoient au moins être corrigés par leurs successeurs. Le plan réflechi de Dioclétien ne laissoit pas la même espérance, & c'étoit le commencement du despotisme. Sa conduite est donc une usurpation manifeste. Une chose seule pourroit l'excuser, c'est qu'il n'usurpa que pour défendre l'empire, & qu'il l'a gouverné avec gloire pendant vingt-ans.

Mais rien n'excuse Constantin, qui a mis le sceau à l'usurpation, en transportant le siege à Constantinople. L'Italie dépeuplée se ruina de plus en plus, parce que toutes les richesses passerent en Orient, & que cependant les empereurs continuerent d'exiger de cette province les mêmes impôts, ne comptant que ce qu'elle avoit toujours payé, & ne considérant pas la misere, où ils l'avoient réduite. C'est alors que Rome perdit tout son éclat; & les droits du sénat ne parurent plus que de vieilles prétentions, que les courtisans traitoient de chimeres. On cessa de le consulter, & s'il continua de conférer les magistratures aux empereurs, ceux-ci dédaignerent de prendre des titres, qui faisoient voir d'où leur puissance émanoit. Afin même d'effacer jusqu'aux plus légeres traces du gouvernement républicain, Constantin enleva du Labarum les quatre lettres initiales, qui désignoient le ténat & le peuple Romain. Il prit, à la vérité, pour prétexte d'y mettre le monogramme de Jesus-Christ: mais son respect pour la religion n'excluoit certainement pas celui qu'il devoit à un corps de qui il tenoit toute sa puissance. Au contraire, la religion étoit un motif de plus pour ne pas usurper, pour craindre même une autorité sans bornes, & pour reconnoître les droits du sénat.

Le siege de l'empereur pouvoit changer de lieu : le siege de l'empire ne le pouvoit pas. Celui-ci restoit de droit, là où étoit la souveraineté, c'est-à-dire, dans le sénat; & celui-là devoit être par tout où la présence de l'empereur, comme général, étoit nécessaire ; par conséquent, il y a toujours eu une différence essentielle entre les deux capitales & les deux sénats.

Combien les droits du sénat de Constantinople étoient différents.

Le sénat de Constantinople tenoit tous ses pouvoirs des empereurs, & les empereurs tenoient les leurs du sénat de Rome. Quand Constantin eût pu les rendre parfaitement égaux, en les faisant participer aux mêmes droits, il ne l'eût pas fait : car il se fût donné deux maîtres.

Le sénat de Constantinople n'avoit donc qu'un pouvoir emprunté. On n'y trouvoit point cette majesté, dont-il restoit au moins l'ombre dans le sénat de Rome, & qui auroit pu reprendre une partie de son éclat, si le prince n'eût pas préféré le despotisme au pouvoir légitime.

Cependant la présence de l'empereur & quantité de privileges donnoient au sénat de Constantinople une espece de grandeur qui l'égaloit en apparence au sénat de Rome ; la flatterie affecta de ne point voir de différence entre l'un & l'autre ; soit parce qu'elle vouloit élever l'ouvrage de Constantin, soit par ce qu'en supposant les deux sénats égaux, elle ôtoit les droits de souveraineté à celui de Rome, sans les donner à celui de Constantinople l'ignorance adopta le langage de la flatterie. Tout fut confondu, & cette confusion se voit encore dans les historiens. On oublia donc tout-à-fait les usurpations, qui avoient été faites. Le despotisme fit des progrès : il passa en habitude. Il se conserva sous les meilleurs princes. Ce gouvernement, mauvais par lui-même, l'étoit, sur-tout, pour un empire épuisé. Si Constantin a cru ne pas usurper, s'il n'a pas vu l'injustice de ce despotisme, s'il n'en a pas prévu les abus, il faut convenir qu'il a manqué de lumieres.

Cette confusion permit à Constantin de regarder l'empire comme son patrimoine.

Il y avoit déja eu plusieurs empereurs à la fois. Mais l'empire, qui n'avoit pas été divisé sous Marc-Aurele & sous Dioclétien, le fut réellement, lorsque Galere & Constance devinrent Augustes. Constantin auroit prévenu les maux, dont il avoit été témoin, s'il n'eût donné qu'un seul maître à l'empire. Il aima mieux le partager entre ses enfants, & il en disposa comme de son patrimoine. Vous verrez naître de-là des guerres civiles & la ruine entiere de sa famille. Voilà les fruits du despotisme.

CHAPITRE IV.

Digression sur les grands empires & sur les peuples qui environnoient l'empire Romain après la mort de Constantin.

J'AI remarqué, Monseigneur, qu'il faut souvent recommencer : je vais donc encore revenir sur mes pas.

Pourquoi il importe de considérer la chûte des empires, qui se sont précipités les uns sur les autres.

Il y a eu de grandes révolutions, dont j'ai à peine parlé, & qu'il ne faut cependant pas ignorer tout-à-fait. Vous demanderez, peut-être, pourquoi j'ai si peu suivi l'ordre des temps, & vous serez étonné que je me sois mis dans la nécessité de suspendre, en quelque sorte, le cours de l'empire Romain, pour vous ramener à des événements que j'aurois pu vous expliquer plutôt. Mais, Monseigneur, comme on ne s'instruit que par des comparaisons, je crois qu'il faut souvent rapprocher les choses les plus éloignées. Voilà pourquoi j'ai jugé que l'époque, où l'empire Romain menace ruine, est le moment favorable pour vous faire considérer les grands empires, qui ont été & qui ne sont plus. Lorsque vous les verrez passer rapidement, vos yeux s'accoutumeront à voir leur chûte ; votre imagination n'en sera plus étonnée ; vous concevrez qu'ils tombent plus facilement qu'ils ne s'élevent, vous apprécierez enfin la grandeur des souverains, & vous reconnoîtrez qu'elle ne se mesure pas par le nombre des provinces. Vous vous garantirez, en un mot, des fausses idées, qui éblouissent le vulgaire ; & qui, confondant la puissance avec l'étendue de la domination, ne permettent pas d'imaginer ce qu'on a vu si souvent, je veux dire, la chûte des grands empires. Alors, revenant sur vous-même, vous vous trouverez heureux de n'avoir que de petits états. Vous sentirez que, moins à craindre à vos voisins, vous serez moins exposé à leurs injustices, & que vous pourrez être tout entier au bonheur de vos sujets. La considération que vous acquerrez, sera votre puissance : ce sera une barriere, qu'aucun ennemi n'osera franchir. Car, quel souverain, pour une aussi petite & aussi facile conquête que celle de Parme, voudroit s'attirer le reproche odieux d'avoir enlevé le meilleur des princes au peuple dont il feroit le bonheur ? L'ambition n'est pas aveugle à ce point. Les monarques les plus puissants, retenus aujourd'hui par la considération de l'estime publique, n'osent pas toujours tout ce qu'ils peuvent. Mais, Monseigneur, si vous êtes sans vertus, on envahira vos états; & personne ne songera, qu'on vous a fait une injustice.

Fausses idées que les Romains se faisoient de leur empire.

Les Romains se croyoient les maîtres du monde : cependant leur empire, trop grand en lui-même pour se soutenir, étoit bien petit par rapport aux vastes régions qui l'environnoient. Condamnés à ne découvrir que les lieux, où ils portoient les armes, ils comptoient pour rien tout ce qui étoit au de-là. Ils ne connoissoient pas les peuples, qui les devoient conquérir; & ils s'imaginoient que leur empire ne finiroit qu'avec le monde, jugeant de sa durée aussi faussement que de son étendue. Vous n'êtes pas dans les mêmes préjugés : mais comme il importe de vous faire connoître les causes extérieures, qui vont achever la ruine des Romains; c'est le moment de vous donner quelque idée de ces nations, qu'ils appelloient barbares : je crois même que le tableau que j'en vais faire sera plus intéressant aujourd'hui pour vous, que si je m'étois hâté de le mettre plutôt sous vos yeux.

Les anciens empires ne sont connus que par des traditions vagues.

L'empire d'Assyrie, le plus ancien que nous connoissions, a été encore un des plus étendus. Il étoit borné à l'occident par la mer Méditerranée; à l'orient par l'Indus; au midi par l'Arabie, le golphe persique & la mer Erythréene;

au nord par le Pont-Euxin, la mer Caspienne & une chaîne de montagnes qui s'étend depuis la mer Caspienne jusqu'au nord du fleuve Hermandus. C'est ce qu'on voit par une inscription qui avoit été faite pour conserver le souvenir des conquêtes de Sémiramis.

Au de-là, entre l'Indus & le Gange, est l'Inde proprement dite ; & plus à l'orient, est la Chine. Il paroît que, plus de deux mille ans avant Jesus-Christ, des colonies avoient déja pénétré dans ces deux contrées de l'Asie. Si même nous en croyons Ctesias, Sémiramis échoua contre un roi de l'Inde, auquel il donne une armée plus grande que celle qu'il a donnée à cette reine. Mais nous ne connoissons les anciens peuples, que par des traditions vagues. Il en est de même des Egyptiens, dont on prétend que le royaume étoit déja florissant dans les temps les plus reculés. Il en est de même de l'empire des Titans, qui, si nous en croyons des traditions grecques, régnoient sur une grande partie de l'Europe. Si les anciens écrivains avoient moins ignoré les autres parties de la terre, ils y auroient trouvé des traditions, & ils y auroient, sans doute, créé des empires. Leur silence nous permet au moins de conjecturer qu'elles étoient ou désertes ou barbares.

Il faut cependant remarquer, que les anciennes traditions ne se trouvent que dans une région, qui s'étend de l'occident de l'Europe à l'orient de l'Afie, avec plus ou moins de largeur : car cette obfervation paroît prouver que ce climât eft le plus favorable à la population & aux progrès de l'efprit humain, dont les commencements ont été par-tout des fables. La vérité ne fe montra que chez un feul peuple, & il fallut que Dieu la confervât lui-même.

Quelle idée on peut fe faire de l'ancien empire d'Affyrie. L'empire d'Alexandre & celui des Romains s'étant formés de plufieurs royaumes, nous jugeons qu'il en a été de même de celui d'Affyrie ; & nous imaginons une multitude de royaumes qui exiftoient auparavant, ce qui fuppoferoit bien des révolutions & bien des fiecles. C'eft que nous employons toujours les mots de *royaume* & *d'empire*, quoique les chofes, que nous exprimons par ces mots, doivent avoir été bien différentes, fuivant les temps & les lieux. Il eft certain que, du temps d'Abraham, l'agriculture n'étoit pas fi généralement répandue en Afie, qu'il n'y eût encore des troupes de pafteurs, qui erroient de province en province. Or, fur de pareils peuples, il n'eft pas poffible d'avoir la même domination, que fur des hommes, qui labourent chacun leur champ ou qui cultivent les arts dans les villes. Toutes les fois au moins qu'ils pourront s'éloigner, ce qui doit arriver fouvent, il leur fera facile de conferver leur liberté. Ils fuiront jufqu'à ce qu'ils foyent arrêtés par des mers, des fleuves, des montagnes ; & forcés de fuir encore pour se conserver libres, ils franchiront même ces obstacles. En effet, telles ont été les bornes de l'empire d'Assyrie.

Les rois d'Assyrie avoient donc pour sujets des troupes fixées, qui cultivoient la terre, & des troupes errantes de pasteurs. Qu'on se représente à peu près la puissance qu'ils avoient sur les premieres par celle dont jouissent nos souverains, nous ne pouvons pas supposer qu'ils ayent eu la même puissance sur les autres. Pour assujettir également toutes ces troupes errantes, il faudroit qu'ils eussent été toujours par-tout avec des forces supérieures. Cela ne se pouvoit pas. Ils étoient donc exposés à perdre leur domination sur une province, tandis qu'ils l'étendoient sur une nouvelle. En conséquence, je me représente Ninus comme un chef, qui porte la terreur devant lui, & qui ne sauroit assurer toutes ses conquêtes. On subit le joug par-tout où il passe : desqu'il a passé, on le secoue ; ou, si on hésite encore, c'est qu'on appréhende qu'il ne revienne. Ainsi il est plutôt craint, qu'il n'est obéi. Une raison cependant pouvoit contribuer à sa puissance, c'est que sous sa protection les troupes foibles étoient à l'abri de toute insulte.

Je crois même que lorsque nous parlons des anciens peuples, nous attachons des idées fausses

aux mots *guerres* & *conquêtes*, comme aux mots *empire* & *royaume*. Car il me semble qu'il a fallu bien des siecles, avant qu'on imaginât de subjuguer de grandes provinces & de lever de grandes armées. En effet, les anciennes traditions ne font pas de Bacchus un conquérant semblable à ceux qui ont paru depuis, lorsqu'elles le font marcher à la conquête des Indes, ayant pour soldats des femmes pêle-mêle, avec des hommes, & pour armes des thyrses & des tambours. Voilà, je pense, les premiers conquérants. C'étoient des chefs, qui marchant à la tête d'une peuplade, avec plus de bruit & avec plus de spectacle, étonnoient plus qu'ils n'éffrayoient. S'ils ont paru acquérir quelqu'autorité sur d'autres peuplades, c'est qu'au lieu de les fuir, on venoit à eux par curiosité, & qu'on les suivoit ensuite pour apprendre d'eux les commodités de la vie. Je ne vois pas que dans ces temps, où une partie des peuples erroient encore, les hommes ayent eu besoin de s'exterminer. Alors on devoit penser que les troupes sont naturellement indépendantes; & ce préjugé les invitoit plutôt à se donner mutuellement des secours, qu'à imaginer ce que nous appellons *empire* & *domination*. Je crois donc que la bienfaisance a été la premiere arme de ces hommes que l'on dit avoir été conquérants. Quoiqu'il en soit, un empire tel que celui de Ninus se détruit par lui-même, & s'il
survient

survient un prince pacifique, il se resserrera dans des bornes bien étroites: c'est ce qui dut arriver sous Ninias, quoique les historiens ne le remarquent pas.

Environ seize siecles avant Jesus-Christ, Sésostris, après s'être fait craindre dans la Libye, dans l'Ethiopie, dans l'Arabie, se fit craindre encore jusqu'au Gange, jusqu'au Tanaïs, jusqu'au Danube; & les historiens ont l'exactitude de remarquer que le défaut de vivres l'arrêta dans la Thrace. Je suis étonné, qu'ayant su s'en pourvoir dans tant de pays, il n'ait pas su s'en pourvoir dans celui-là; ou qu'en ayant manqué en Thrace, il n'en ait pas manqué ailleurs. On donna le nom de conquête à cette course rapide; & l'empire égyptien qui finissoit d'un côté, lorsqu'il commençoit d'un autre, passa, comme une ombre, sur la surface que Sésostris avoit parcourue. Vous voyez que ce conquérant confirme l'idée que je me suis faite des empires de ces siecles reculés. Il paroît que le seul fruit qu'il retira de son expédition, fut de transporter en Egypte beaucoup de richesses & beaucoup de prisonniers. Voilà donc ce qu'on appelloit alors conquérir: il s'agissoit moins d'acquérir de nouvelles provinces que d'augmenter les richesses & la population des anciennes; & les malheurs de la guerre ne tomboient que sur les nations étrangeres. Aujourd'hui, nous nous faisons des idées bien diffé-

De celui de Sésostris.

rentes, & bien moins raisonnables. Car vous verrez qu'on appellera conquérants des princes qui ruineront leurs états pour acquérir quelques places, qu'ils rendront même à la paix; en sorte qu'ils paroîtront avoir pris les armes, pour dévaster leurs provinces.

La course conquérante de Séfostris affoiblit, sans doute, la monarchie des Assyriens, & fut favorable aux peuples, qui voulurent secouer le joug. C'est alors que se formerent plusieurs royaumes, tels que ceux de Phrygie, de Lydie & de Troye. Il faut même que la Palestine se soit soustraite alors ou quelque temps après, à la domination des Assyriens, puisqu'ils ne s'opposerent point aux Hébreux qui s'y établirent, vers 1440 avant Jesus-Christ.

Comencement des Parthes. La domination des rois d'Assyrie a dû faire souvent échapper les troupes errantes par les passages, que les gorges des montagnes du nord offroient à la liberté. Elles refluerent donc de ce côté, mais avec le regret de quitter des campagnes plus fertiles, & n'attendant que le moment où elles pourroient y revenir. Elles communiquerent vraisemblablement à d'autres le desir de les suivre: elles reparurent, lorsque Séfostris eut passé; & c'est alors qu'elles s'établirent, sous le nom de Parthes, aux environs de la mer Caspienne.

Cette irruption des peuples du nord étant la plus ancienne, dont l'histoire ait conservé le souvenir, il est à propos de faire, à cette occasion, quelques observations sur ces peuples, afin de n'être plus obligé d'y revenir.

Les anciens confondoient, sous le nom de Scythes, toutes les nations du nord de l'Asie, peut-être parce que c'étoit là le nom de quelqu'une des plus voisines & des plus connues.

Le Nord & le midi occupés par des nations bien différentes.

Il est certain que les peuples d'Asie, qui se sont policés les premiers, habitoient au midi du Pont-Euxin, de la mer Caspienne, & des montagnes, qui partagent ce continent d'occident en orient. Au nord de cette barriere, tous les peuples étoient chasseurs, pêcheurs, &, sur-tout, pasteurs. C'étoient des hordes qui, errant de contrée en contrée, se poussoient les unes les autres, se divisoient, se mêloient, & se confondoient continuellement. Attirés vers les campagnes les plus fertiles, ces barbares ont souvent fait des irruptions dans le midi de l'Asie. Ils ont soumis plusieurs fois la Chine, subjugué les Indes, la Perse, la Syrie, parcouru l'Europe & achevé la ruine de l'empire Romain.

Mais ces grandes révolutions ont été précédées de beaucoup d'autres. Tantôt les nations policées ont été forcées d'abandonner des terres aux barbares, & d'autres fois elles les ont repoussées, & elles ont établi des colonies dans les pays qu'elles leur avoient enlevés. Vous con-

Flux & reflux de ces nations.

cevez que par les établissements que ces peuples faisoient tour-à-tour les uns chez les autres, la barbarie, qui se répandoit au midi, arrêtoit souvent le progrès des arts; & que les loix, qui se portoient au nord, policoient insensiblement de nouvelles nations.

Combien toutes ces nations se confondoient.

Il y a eu bien des migrations, &, par conséquent bien des mêlanges, avant que les hommes ayent su se fixer. On voit encore des traces de ces migrations dans le midi de l'Asie au temps d'Abraham, puisqu'il y avoit alors des troupes errantes de pasteurs: quant aux peuples du nord, ils ne connoissoient que la vie errante ; & les troupes y étoient plus barbares, parce qu'elles n'erroient pas parmi des nations policées.

De cette maniere de vivre, il résulte une confusion, qui ne permet pas de remonter à l'origine des anciens peuples: il seroit, surtout, impossible de déterminer quelles sont les familles, qui se sont établies les premieres au nord de l'Asie. Tous ces barbares ont été ignorés, tant qu'ils ne sont pas sortis des lieux où ils se sont multipliés; & lorsqu'ils se sont fait connoître par des irruptions, leurs différentes troupes s'étoient, sans doute, déja mêlées de bien des manieres, & avoient changé de nom bien des fois. Tantôt on aura désigné les troupes qu'on ne connoissoit pas, par le nom de celle qu'on aura connue la premiere ; tel est celui de

Scythes. D'autres fois par un nom plus relatif à leur origine; tel est celui de Nomades. Car ce dernier signifie des peuples, qui changent continuellement de lieux, pour chercher de nouveaux pâturages.

Il paroît que les Chinois ont été plus à portée de connoître quelques unes de ces nations barbares. Mr. de Guignes, qui en a cherché l'origine dans leurs écrivains, croit que les Huns qui étoient au nord de la Chine, sont une des plus anciennes, & que c'est d'eux que sont sortis les Turcs, les Tartares, les Mogols & d'autres peuples, dont nous aurons occasion de parler. On voit dans l'histoire qu'il en donne, des guerres, des conquêtes, des royaumes, des empires & des révolutions fréquentes, qui n'ont pas permis aux Chinois de démêler tous ces peuples barbares, quelque critique qu'on leur suppose : encore cette histoire ne remonte-t-elle pas bien haut. Ces recherches d'ailleurs seroient peu instructives pour nous, & demanderoient plus d'érudition que nous n'en avons l'un & l'autre. Bornons nous à ce qu'on sait de la maniere de vivre de ces peuples.

Des peuples du Nord de l'Asie & de leur genre de vie.

Le nord du Pont-Euxin, de la mer Caspienne, de l'Oxus, de l'Inde & de la Chine, est aujourd'hui habité par des nations, que nous confondons sous le nom de Tartares. On nomme Khans les chefs qui les conduisent, & dont l'autorité dépend, sans doute, beaucoup plus de leur habileté que d'aucune regle fixe. Il n'est donc pas possible de rien déterminer à cet égard.

Ce vaste pays est coupé par des déserts, des fleuves, des montagnes ; & les peuples, toujours divisés, y sont continuellement en guerre les uns avec les autres. Ce sont là des obstacles, qui ne permettent pas au commerce de s'introduire parmi eux & d'adoucir leurs mœurs. Ceux qui habitent sur les frontieres des nations policées, sont un peu moins barbares. Tantôt ils se font craindre, tantot ils dépendent : mais l'autorité, qu'on a sur eux, est fort bornée, & on est forcé de les ménager.

Le genre de vie, qu'ils ont embrassé, est conforme à la nature des lieux : ils errent, avec leurs troupeaux, dans les campagnes, qui, étant arrosées par de grands fleuves & par quantité de rivieres, leur offrent des pâturages abondants : toujours en guerre, ils sont soldats autant que pasteurs, parce qu'ils ne sont maîtres nulle part, qu'autant qu'ils sont les plus forts. C'est ainsi qu'une troupe, venant à se faire craindre dans une certaine étendue de pays, en force plusieurs autres à reconnoître sa supériorité; & qu'un Khan se fait un empire, qui peut être puissant pour un temps, mais qui ne peut pas être durable.

Ils sont tous cavaliers, soit parce que le pays abonde en chevaux, soit parce qu'ils sont dans la nécessité de faire souvent de grandes courses. Ils ont des chars, qui sont comme des maisons ambulantes, avec lesquelles ils transportent leurs femmes, leurs enfants, leurs bagages, & dans lesquelles ils se retirent. Il y en a qui ensemencent des terres, & cependant ils ne se fixent pas; parce que les bestiaux faisant encore la principale partie de leur subsistance, ils sont forcés de quitter une contrée, aussitôt qu'ils en ont consommé les pâturages. D'autres se sont établis à demeure : mais ils n'en sont guere moins barbares. Leurs cabanes ressemblent plus à des tentes qu'à des maisons; & préférant le butin à l'agriculture, ils font continuellement des incursions chez leurs voisins, & ne sont contenus que par la crainte.

Tels sont encore aujourd'hui les Tartares; & vous pouvez juger quelle a été la barbarie des Huns & des Scythes. En effet, on retrouve à peu près les mêmes usages & les mêmes mœurs chez les uns & chez les autres; soit parce qu'ils ont tous une origine commune; soit plutôt parce qu'ils ont habité successivement les mêmes pays, ou des pays semblables. Car les hommes se font des besoins suivant les lieux, & ils choisissent un genre de vie d'après leurs besoins. Ils pourront donc avoir des mœurs différentes, quoique l'origine soit la même ; & avoir les mêmes mœurs, quoique l'origine soit différente.

Pourquoi ils ont fait & pourront faire encore, de grandes révolutions dans les pays policés.

Or, si nous considérons que cette partie de l'Asie, coupée par des pays stériles & par des montagnes, est séparée des nations policées par des barrieres que les arts peuvent difficilement franchir, nous jugerons que les hommes y doivent contracter naturellement un caractère féroce. Si d'ailleurs nous y trouvons des pâturages abondants, nous ne serons pas étonnés, que les habitants y cherchent leur subsistance dans des troupeaux, auxquels ils donnent tous leurs soins. Ils seront tous soldats, parce que la vie errante est un état de guerre; & ils mettront toute leur force dans la cavalerie, parce que les vastes déserts qu'ils ont à traverser, leur font une nécessité d'être presque toujours à cheval. La guerre deviendra donc leur principale occupation; ce sera l'étude favorite de la jeunesse, le seul moyen d'acquérir de l'estime, & souvent l'unique moyen de subsister. Il n'est pas étonnant que de pareils peuples ayent fait de grandes révolutions, lorsqu'ils ont reflué sur l'Asie & sur l'Europe; c'est-à-dire, sur des nations pour qui la guerre est toujours un fléau, & qui se ruinent, même avec des succès soutenus. Pourquoi n'en feroient-ils pas encore?

Il est vrai que s'ils faisoient des irruptions pour s'établir dans les provinces qu'occupent aujourd'hui les nations policées, ils échoueroient d'abord contre deux écueils: l'art de la guerre & les places fortes. Mais des barbares, accoutumés à une vie errante, ne pensent pas à se fixer. Ils sont incapables des soins que demande un établissement; ils craindroient de les prendre; ils n'ont besoin que de butin. Ils se borneroient donc à faire des courses dans les pays fertiles dont ils seroient voisins : ils en feroient jusqu'aux portes mêmes des places fortifiées. Il est vrai qu'ils seroient souvent exterminés : mais les victoires seroient ruineuses pour des nations chez qui l'argent est le seul nerf de la guerre; pour des nations que le luxe amollit, où le gouvernement, toujours plus vicieux, offre toujours moins de ressources; qui ne connoissant ni leurs intérêts ni leur foiblesse, se détruisent mutuellement par des entreprises sans objet & sans succès, & qui, après bien des revers, doivent enfin se trouver sans fortifications & sans soldats.

Cependant les hordes continuent leurs irruptions, soit parce qu'elles sont attirées par le butin, soit parce que la trop grande population des pays qu'elles habitent, les met dans la nécessité de refluer. Alors les peuples policés commencent à leur céder des terres : ils s'allient de quelques uns pour se défendre contre d'autres. Bientôt c'est leur unique ressource dans les guerres qu'ils se font: ils n'ont plus d'autres forces; & il vient un temps où les barbares remplissant les armées, les campagnes, les villes, s'apperçoivent qu'ils font les maîtres. Voilà à peu près comment ils envahiront les provinces de l'empire Romain.

Invasions des Scythes, lorsque les Médes se coûoient le joug des Assyriens.

Six cents trente & quelques années avant J. C., les Scythes se répandirent dans l'Asie, la ravagèrent pendant 28 ans, pénétrerent dans la Judée, s'avancerent jusques sur les frontieres d'Egypte, & forcerent Psamméticus à se racheter du pillage: les circonstances étoient favorables à leur invasion: car les Assyriens, fort affoiblis, étoient en guerre avec les Médes qui s'étoient révoltés. Cependant, par les soins que ces deux peuples donnerent à la défense de leurs provinces, une partie des barbares fut repoussée dans la Scythie occidentale sur les bords du Tanaïs.

L'empire des Assyriens détruit par les Médes & les Babyloniens.

Bientôt après Cyaxare, roi des Médes & petit fils de Déjocès, fit alliance avec Nabopolassar roi de Babylone & pere de Nabuchodonosor. Ils assiegerent Ninive, la prirent, la raserent & partagerent entre eux l'empire d'Assyrie.

Qui succombent sous les Perses.

Le royaume des Médes & celui des Babyloniens furent détruits par Cyrus, qui fonda la monarchie des Perses, 560 avant Jesus-Christ, & qui subjugua les Lydiens, les Hyrcaniens, les Syriens, les Assyriens, les Saques, (*) les

---

(*) Les Perses donnoient le nom de *Saques* aux peuples que les Grecs nommoient *Scythes*, & que nous nommons

Arabes, les Bactriens, les Indiens, les Cappadociens, les Phrygiens, les Cariens, les Ciliciens & beaucoup d'autres nations.

Vous savez avec quelle facilité cette vaste monarchie fut renversée par Alexandre, & ce que devint l'empire de Macédoine après la mort de ce conquérant. Vous avez vu Séleucus regner avec gloire dans la Syrie. Mais ce royaume s'affoiblit bientôt. Vers la 60 année de l'ere des Séléucides, sous Antiochus II, surnommé Dieu, Arsace souleva les Parthes, & jeta les fondements d'une nouvelle monarchie. Théodote, à son exemple, prit le titre de roi de la Bactriane, dont il étoit gouverneur ; & les principaux peuples de l'orient s'étant soulevés les uns après les autres, Antiochus perdit toutes les provinces situées au de-là de l'Euphrate.

Empire d'Alexandre, auquel plusieurs monarchies succedent.

Comme il y avoit toujours eu de grands empires en Asie, il étoit difficile que tous ces nouveaux souverains fussent capables de se renfermer chacun dans les bornes de leurs états. L'ambition fut donc une source de guerres. Mais

Empire des Parthes, qui se rendent redoutables aux Romains.

Tartares. Mais les Saques, proprement dits, habitoient sur les bords du Jaxartes, au pié du mont Imaüs. Il paroît qu'avant Cyrus, une de leurs colonies s'étoit établie au midi de la Babylonie ; & que depuis ils envahirent la Bactriane, une partie de l'Arménie, & qu'ils se répandirent jusques dans la Cappadoce. Mais nous sommes bien loin de connoître toutes les invasions des peuples du nord.

les Arsacides furent les plus habiles ou les plus heureux ; de sorte que Mithridate, cinquieme roi des Parthes, étendit sa domination sur tous les pays qui sont entre le mont Caucase, l'Euphrate & le Gange. Ayant borné ses conquêtes à ces barrieres que la nature sembloit lui prescrire, il fit regner la paix & l'abondance, & il montra des vertus qui le firent regretter de ses sujets.

Phraate I, son fils, vainqueur du roi de Syrie, eut la guerre avec les Scythes qu'il avoit appellés à son secours, & perdit la bataille & la vie. Les Scythes ravagerent ses états, & Artabane, son oncle & son successeur, qui marcha contre eux, reçut une blessure dont il mourut.

Enfin sous Pacore II, fils d'Artabane, les Parthes & les Romains commencerent à s'observer. Ce roi envoya même des ambassadeurs à Sylla pour s'allier de la république, & depuis il renouvella cette alliance avec Lucullus. Deux peuples aussi belliqueux ne pouvoient être long-temps alliés, puis qu'ils étoient voisins. La guerre s'éleva souvent entre eux; les bornes des deux empires varierent, & ils s'affoiblirent mutuellement, sans pouvoir se détruire. Cependant les Parthes furent toujours redoutables aux Romains.

Les vastes monarchies sont foibles en elles-mêmes, lors même qu'elles paroissent plus puissantes au déhors; & cette foiblesse est l'effet des vices du gouvernement, & quelquefois des guerres dont les souverains s'applaudissent. Elles s'épuisent par leurs succès.

Artabane avoit vaincu les Romains, & l'empereur Macrin avoit été forcé d'acheter la paix. Il sembloit donc que les Parthes & leur roi n'avoient rien à craindre. Cependant Artabane, contraint de marcher bientôt contre les Perses qui s'étoient révoltés, tombe entre les mains des rebelles, est mis à mort, & son armée est entièrement défaite. Les Parthes restent assujettis; un nouvel empire des Perses recommence, & cette révolution est l'ouvrage d'un soldat de fortune. L'épuisement, où les guerres précédentes avoient mis la monarchie des Parthes, fut pour lui une circonstance favorable. Il prit le nom d'Artaxerce.

217 Nouvel empire des Perses sur les ruines de celui des Parthes.

216

Il étoit à peine sur le trône, qu'entreprenant d'étendre sa domination sur toutes les provinces, qui avoient appartenu aux Perses, il ordonna aux gouverneurs Romains d'évacuer la Syrie & l'Asie mineure; ce qui fut le sujet de la guerre, qu'il eut avec Alexandre Sévere. Plusieurs de ses successeurs eurent les mêmes prétentions, & Sapor II. se disposoit à les faire valoir, lorsque Constantin mourut.

Vous avez vu en Europe des peuples jaloux de leur liberté, & toujours difficiles à vaincre:

Combien les peuples de

L'Europe sont différents des peuples de l'Asie.

tels ont été les Grecs, les Italiens, les Espagnols, les Germains, les Gaulois & les Bretons. Vous remarquerez encore que vous n'y avez vu pendant long-temps que de petits états, & que vous n'y comptez que deux vastes monarchies : l'une formée lentement par un peuple libre, & l'autre dont les conquêtes n'ont été rapides, que lorsqu'elles se sont faites hors de l'Europe. En Asie, au contraire, le despotisme regne : les peuples y sont dans une espece d'esclavage : les révolutions fréquentes s'y font presque sans obstacles, & il s'y forme toujours de vastes monarchies. Si vous êtes curieux de connoître la raison de cette différence, elle vous sera facile à trouver : il suffira presque de jeter les yeux sur la carte.

Nations Barbares ou peu policées de l'Asie.

En considérant le nord de l'Asie, vous avez compris pourquoi les peuples y ont toujours été barbares, & le sont encore. Vous comprendrez qu'il en doit être de même de l'Arabie, presqu'île formée par le golphe Persique & par la mer rouge. Comme on y trouve de grands déserts, des montagnes & des pâturages, les peuples, qui l'habitent, au lieu de se fixer, erreront par troupes, & seront pasteurs & brigands. C'est ce qu'ont été les Arabes & ce qu'ils sont aujourd'hui. Je remarquerai seulement qu'ils sont moins à craindre que les Tartares, parce que le climat n'est pas propre à produire d'aussi bons soldats.

Il y a encore de grands déserts dans la Syrie, dans le cœur & au midi de la Perse. Or, ce sont là autant de retraites pour les brigands, qui veulent se soustraire à toute domination. Il ne faudroit pas s'étonner, si un de leurs chefs faisoit quelque révolution en Perse ou en Turquie.

Des Tartares, qui se sont établis depuis six à sept siecles au midi de la mer Caspienne & dans les montagnes d'Arménie, prouvent combien les peuples du nord de l'Asie sont difficiles à policer. Ils vivent à peu près, comme ils vivoient sur les bords de l'Oxus & du Jaxartes, d'où ils sont venus. Il est vrai que ceux qui sont au midi de la mer Caspienne, cultivent la terre; mais comme leur principale richesse est dans leurs troupeaux, ils passent l'été sous des tentes, changent continuellement de lieu, & ne se retirent dans leurs villages, que lorsque l'hiver les y contraint. Les autres, plus barbares, ne connoissant pas l'agriculture, subsistent uniquement de leurs troupeaux. Ils campent toujours, se répandant l'hiver, dans les campagnes arrosées pas l'Euphrate, & se retirant l'été dans les vallons que forment les montagnes d'Arménie. Ces peuples se nomment Turcomans.

Comme il y a des parties de l'Asie, où les hommes ont toujours été barbares; il y en a d'autres, où ils paroissent déja policés dans les

Nations policées, dès les siecles les plus reculés.

siecles les plus voisins du déluge; & ce sont l'Asie mineure, la Syrie, la Perse, les Indes & la Chine. On y trouve des pays riches, où l'agriculture a du être connue de bonneheure; parce que les productions naturelles, qui ne pouvoient manquer de s'observer, indiquoient les moyens de rendre les terres encore plus fertiles. Or, de l'agriculture naissent successivement la police, l'abondance, la douceur des mœurs, les arts, le luxe & la mollesse. L'histoire des Assyriens prouve combien ce progrès est rapide.

Cette différence entre les nations de l'Asie est la cause de révolutions fréquentes.

De pareilles nations sont aisées à conquérir. Par conséquent, s'il s'en trouve une moins amollie que les autres, elle en subjuguera facilement plusieurs. Il ne faut que lui supposer un chef ambitieux, qui, pour son siecle, ne soit pas sans talents. Mais le vainqueur, s'amollissant à son tour, offrira bientôt une conquête facile. Ainsi les Assyriens ont été subjugués par les Médes, les Médes par les Perses, les Perses par les Macédoniens, les Macédoniens par les Parthes, les Parthes par les Perses; & de pareilles révolutions ne pouvoient manquer d'être fréquentes, puisqu'il y avoit toujours en Asie des nations nées pour la servitude, & des peuples nés pour l'indépendance.

De l'étendue des monarchies de l'Asie.

Ces monarchies ont été nécessairement vastes, parce que les nations étant peu capables de résister, les mers, les déserts & les montagnes sont

sont les seules barrieres qui pouvoient arrêter le vainqueur.

Le gouvernement en a été despotique tout aussi nécessairement; car d'un côté, les peuples vaincus étoient trop foibles pour ne se donner qu'à certaines conditions; de l'autre, le peuple conquérant, aimant à se croire seul libre, croyoit ajouter à sa gloire, en les assujettissant davantage; & le monarque, profitant de cette disposition des esprits, étendoit insensiblement sur les vainqueurs le pouvoir absolu qu'ils lui avoient laissé prendre sur les vaincus.

Du despotisme de ces monarchies.

Vous concevez donc pourquoi les monarchies dans l'Asie doivent être vastes, despotiques & sujettes à de grandes révolutions. Aucune de celles que vous connoissez, n'eût été capable de résister à des voisins tels que les Gaulois & les Germains. Que deviendra donc l'empire, dont Artaxerce a été le fondateur, si les barbares, qui sont aux frontieres, font jamais une irruption dans la Perse? mais passons en Europe, & suivons les peuplades, qui s'y sont transportées de proche en proche.

Elles ont eu deux chemins, l'un par l'Hellespont, l'autre par les pays qui sont au nord de la mer Caspienne & du Pont-Euxin. Peu auront pris le premier, parce que la partie la plus étroite de l'Hellespont aura été long-temps un obstacle insurmontable, & parce qu'il n'est pas

Par où les peuplades ont passé d'Asie en Europe.

Tom. X.   O

naturel que les peuples de l'Asie mineure ayent quitté des établissements assurés, pour se hazarder dans des pays qu'ils ne connoissoient pas. Quelques avanturiers auront les premiers tenté ce passage, & se seront répandus le long des côtes de la Thrace & de la Grece.

Genre de vie des premiers habitants de l'Europe.
Ils ont trouvé dans ces contrées des montagnes, & des bois ; des plaines plus petites que celles de l'Asie, & quelques unes sujettes à des inondations qui ne permettoient pas de s'y fixer. Enfin les pâturages étoient rares. Les habitants n'ont donc pas eu la ressource d'y nourrir des troupeaux. Réduits à n'être que chasseurs & pêcheurs, ils auront vécu en petites troupes, & auront été plus barbares encore que les Scythes.

Les plus grandes migrations se seront faites par le nord, où les peuples, chassés par d'autres, trouvoient toujours des terres devant eux. Ils se seront répandus entre le Tanaïs & le Boristhene, de-là jusqu'au Danube, & ainsi de suite, avançant toujours au midi tant qu'ils ne trouvoient pas d'obstacles, & ne se rejetant au nord que lorsqu'ils y étoient forcés.

Comme ces peuples étoient pasteurs en Scythie, ils l'auront été dans les nouvelles contrées, par-tout où ils auront trouvé des pâturages abondants. Ils y auront encore apporté l'amour de l'indépendance ; & ils auront eu pour préjugé, qu'il est moins glorieux de labourer la terre, que d'être libre & de vivre de butin.

L'Europe, beaucoup moins grande que l'Asie, en différe encore par la forme & par le sol. Les parties occidentales paroissent comme resserrées par les mers. Plusieurs sont même des presqu'-îles. On n'y trouve pas des plaines immenses, dont la stérilité fait des déserts. Elles sont toutes propres à la culture. Enfin, elles sont séparées par des barrieres difficiles à franchir.

Pourquoi les parties occidentales de l'Europe se civilisent les premieres.

Par conséquent, à mesure qu'elles se peupleront davantage, il sera moins facile d'y mener une vie errante. Il arrivera enfin qu'il n'y aura plus de terres, qui puissent être au premier occupant. Chaque peuple sera entouré d'autres peuples. Aucun n'aura la liberté de changer de lieu pour subsister. Ce sera donc une nécessité de s'appliquer à l'agriculture.

Ces nations se fixent donc peu à peu. Les guerres étendent ou resserrent leurs frontieres : les rivieres & les montagnes en marquent les limites, & l'Europe se divise en plusieurs cités. Vous savez que le mot cité comprend tous les citoyens qui vivent sous les mêmes loix & sous les mêmes magistrats.

Il s'y forme des cités.

Ces cités étant voisines, elles apprennent à s'observer. Elles s'occupent des moyens de se défendre : elles cherchent l'occasion d'empiéter les unes sur les autres : elles contractent des al-

Esprit de ces cités.

liances : elles s'appliquent à chercher le gouvernement, qui leur convient davantage : & elles se policent mutuellement. C'est ainsi que les mêmes hordes, qui erroient en Scythie dans des pâturages, séparées par de vastes déserts, deviennent des corps de citoyens, lorsqu'en Europe elles sont resserrées dans des pays fertiles.

Cependant elles conserveront toujours des restes de leur premier caractère. Si elles s'adonnent à l'agriculture, ce ne sera qu'autant qu'elles y seront forcées par le besoin. Elles ne cultiveront qu'une partie de leurs terres, si elles ne sentent pas la nécessité de les cultiver toutes. Il n'y aura pour elles de gloire que dans les armes. Elles aimeront à vivre de butin : elles seront toujours portées à faire de nouveaux établissements : & elles feront des irruptions fréquentes.

Tous ces peuples auront donc en Europe le même amour pour la liberté, qu'ils avoient dans le nord de l'Asie ; & comme ils auront de plus une patrie à défendre, ils y seront encore meilleurs soldats.

Usages des Germains pour maintenir l'égalité. Tous les législateurs ont senti que l'égalité seule peut conserver la liberté, & prévenir le luxe & les abus qui en naissent. Cependant dès que les citoyens ont des champs en propre, l'inégalité ne peut manquer de s'introduire. Les riches seront jaloux de jouir des avantages qu'ils ont sur les pauvres : l'interêt particulier sera préféré au bien public : bientôt le luxe & la misere rendront les citoyens peu propres ou peu intéressés à défendre l'état.

Pour prévenir ces inconvénients, les Germains imaginerent d'exercer l'agriculture, sans donner des champs en propriété. Dans cette vue, les magistrats faisoient tous les ans une nouvelle distribution des terres. Par là, celui qui une année, avoit cultivé un champ, en cultivoit un autre l'année suivante. Il ne s'attachoit donc à aucun ; & cependant tous les citoyens ensemble s'intéressoient également aux terres, qui appartenoient à la cité. Ce moyen, qui n'est praticable que dans de petits états, fait voir combien les Germains s'étudioient à maintenir l'égalité & la liberté.

Pendant que la Germanie, les Gaules, l'Espagne & l'Italie se peuploient, & qu'il s'y formoit un grand nombre de petites cités; les Grecs commençoient à cultiver les arts, qui leur avoient été apportés par des colonies étrangeres. Dès qu'ils les connurent, ils en sentirent d'autant plus l'utilité, qu'ils habitoient des contrées peu fertiles. Mais, nés libres, ils continuerent d'être jaloux de leur liberté; & en prenant des mœurs plus douces, ils ne prirent pas des chaînes, comme les peuples du midi de

Les Grecs cultivent les arts, & n'en sont pas moins jaloux de leur liberté.

l'Afie. C'eſt cet amour de la liberté, concilié avec les arts, qui les rendit ſi long-temps invincibles. Ils l'avoient puiſé dans le premier état où ils avoient vécu, & ils le conſervoient, parce que les barrieres, que la nature & les circonſtances avoient miſes entre eux, ne laiſſoient à aucun peuple le pouvoir de ſubjuguer les autres, & donnoient à tous les mêmes droits à l'indépendance.

Chez quelles nations ſe trouve davantage l'amour de la liberté.

A peine remarquons nous des traces de l'amour de la liberté dans les monarchies de l'Aſie, parce qu'elles ſont déja policées, lorſque l'hiſtoire nous les fait connoître. C'eſt parmi les hordes errantes que cet amour ſe trouve dans toute ſa force : il s'affoiblit, auſſitôt qu'elles ſe fixent; & il eſt éteint, lorſque les arts de luxe ont amolli les mœurs. Vous avez déja vu, qu'à meſure que nous nous ſommes policés au midi, nous avons été moins libres; & vous verrez dans la ſuite que la liberté nous ſera apportée par les nations du nord, parce qu'elles ſeront moins policées que nous. Il eſt impoſſible de concilier, ſur tout, dans de grands états, le progrès des arts & l'amour de la liberté.

Effet de cet amour.

Mais cet amour de la liberté ne produit chez des barbares qu'un courage aveugle & téméraire; au lieu que chez des peuples, qui cultivent les arts ſans en connoître encore les abus, il ajoute continuellement des reſſources au coutage. Les Scythes ne se defendent que par les montagnes & les déserts, qui permettent rarement de pénétrer jusqu'à eux ; & ils ne peuvent vaincre que des nations amollies. Les Européens au contraire, se défendent moins par la nature des lieux, que par la forme du gouvernement, & par une valeur plus éclairée. Voilà pourquoi ils ont été si difficiles à subjuguer.

Pendant long-temps, les Romains ont été aussi barbares que les autres peuples d'Italie ; & d'abord ils l'ont même été plus que les Toscans. Dans la suite, leur empire a frayé le chemin aux arts : les nations vaincues se sont éclairées : la lumiere a pénétré plus ou moins au de-là même des provinces romaines.

Les arts, passant d'une nation à l'autre les amollissent successivement.

Telle devoit être la route des arts: d'Asie en Grece, de Grece en Italie, d'Italie dans les Gaules, en Espagne, &c. Ils ne pouvoient se répandre de proche en proche, qu'en s'établissant chez des peuples fixés & policés jusqu'à un certain point. Il n'étoit pas possible que des hordes errantes les apportassent en Europe à travers les déserts de la Scythie.

Mais les arts arrivoient avec les abus qu'ils entraînent. Les peuples s'accoutumoient tout à la fois au joug & à la mollesse ; leur courage s'énervoit ; ils connoissoient moins la liberté & l'usage des armes. Les Gaulois, par exemple, n'étoient plus, au temps de Constantin, ces mêmes Gaulois qui avoient fait trembler Rome.

Les Germains ne s'amollissent pas.

Comme les arts suivoient la route des armes des Romains, ils n'avoient pas pu s'établir, où les Romains ne s'étoient pas établis eux-mêmes. C'est pourquoi les Germains conservoient leurs anciennes mœurs: ils n'avoient pas dégénéré comme les Gaulois, parce qu'ils n'avoient pas été conquis. Car la Germanie supérieure & la Germanie inférieure, où les Romains ont été maîtres, n'étoient qu'un démembrement de la Belgique, auquel Auguste avoit donné lui-même le nom de Germanie, parce que les habitants en étoient Germains d'origine. La Germanie, proprement dite, étoit au de-là du Rhin, bornée au midi par le Danube, à l'orient par la Vistule, & au nord par la mer. C'est un pays que les Romains ont ravagé; mais ils n'y ont jamais fait d'établissement considérable & solide.

Je ne m'arrêterai pas sur les Germains, quoiqu'il soit important de les étudier, pour vous préparer aux révolutions, que l'histoire va mettre sous vos yeux. Je compte que vous serez en état de lire Tacite; & vous jugerez que je fais bien de ne pas écrire, quand je puis vous donner un pareil maître. Pour le présent, un seul passage de cet historien vous fera connoître combien ces peuples étoient redoutables.

ANCIENNE. 217

L'an de Rome, dit-il, 640, sous le consulat de Cécilius Métellus & de Papirius Carbo, le bruit de l'armement des Cimbres se fit entendre pour la premiere fois. Deux cents dix années se sont écoulées depuis jusqu'au deuxieme consulat de l'empereur Trajan; & les Germains sont si difficiles à dompter, que ce long intervalle n'a été pour eux & pour nous qu'une alternative de revers. Les Samnites, les Carthaginois, les Espagnols, les Gaulois, les Parthes mêmes, ne nous ont pas donné de si fréquentes alarmes. Car les Germains défendent tout autrement leur liberté, que les Arsacides leur empire. ... Par la défaite de Carbo, de Cassius, d'Aurelius Scaurus, de Servilius Cepio, de C. Manlius, ils ont enlevé cinq armées consulaires à la république; & depuis, à l'empereur Auguste, Varus avec trois légions. Ce ne fut pas sans de grandes pertes que Marius les vainquit en Italie, Jules-César dans les Gaules, Drusus, Tibere & Germanicus dans leur pays... Pendant nos guerres civiles, ils ont chassé nos légions des quartiers d'hiver, & ont osé entreprendre la conquête des Gaules. Nous les avons repoussés: mais dans les derniers temps, nous avons plutôt triomphé d'eux que nous ne les avons vaincus.

Les Germains au temps de Tacite.

Depuis Tacite, la Germanie a montré aux Romains de nouveaux peuples, & de nouveaux ennemis, ou plutôt des nations germa-

Depuis Tacite les nations germaniques

se font connoître sous de nouveaux noms.

niques avec des noms auparavant inconnus : car les Allemands, les Goths, les Francs, &c. étoient Germains; des savants ont tenté de découvrir la premiere origine de ces peuples: quelques uns même sont remontés de génération en génération jusqu'à Noé. Pour nous, nous remarquerons seulement, que les Allemands, les Goths, les Francs & d'autres sont sortis de la Germanie. Je joins en note une réflexion de Mr. Freret. (a)

(*) Les plus grandes difficultés, qui arrêtent les critiques, lorsqu'ils traitent des migrations des anciens peuples, viennent de ce qu'ils n'ont pas fait assez de réflexion aux ligues dans lesquelles plusieurs peuples différents prenoient un nom commun, qui faisoit disparoître les noms particuliers. Lorsque la ligue venoit à se détruire, le nom général cessoit d'être employé ; & les différents peuples paroissoient sous des noms particuliers, ou prenoient celui de la nouvelle ligue, lorsqu'il s'en formoit une. C'étoit cependant toujours la même nation, qui occupoit le même pays. C'est ainsi que les noms des Marcomans & des Quades s'éteignirent, lorsqu'ils entrerent dans la ligue des Gorhs ; & que ceux des Gépides, des Vandales & des Lombards commencerent à devenir célèbres, lorsque la ligue des Goths, ayant été détruite par l'invasion des Huns, les peuples qui en avoient fait partie formerent des cités particulieres, & se firent connoître sous leurs propres noms. Ces Gépides resterent dans la Hongrie au nord du Danube, & aux environs du Sirmium & de Belgrade ; au temps de l'invasion des Avares, ou de la seconde colonie des Huns, ils se retirerent dans la Transylvanie où ils sont encore aujourd'hui. L'extinction d'un ancien nom n'est point une marque de la destruction du peuple qui le portoit ; elle montre seulement, qu'il a été forcé de se joindre avec un autre peuple plus puissant, & de faire partie d'une nouvelle cité. Par une raison semblable, de ce qu'on trouve un nouveau nom de peuple dans l'histoire d'un pays, il ne faut pas conclure qu'une nouvelle nation est venue l'habiter, à

Le résultat de ce que j'ai dit dans ce chapitre, c'est que pendant que l'empire Romain & celui des Perses se craignent réciproquement, & qu'ils ont l'ambition de se détruire, sans en avoir la force ; les peuples barbares, qui les environnent, se préparent à les envahir, & les envahiront. Ces révolutions font un tableau, dont je dois vous montrer les principales parties : car mon dessein n'est pas d'entrer dans les détails dont les histoires particulieres vous instruiront.

Au temps de Constantin, deux vastes empires, qui se craignoient & qui devoient être envahis par des nations barbares qu'ils ne craignoient pas.

Vous prévoyez que la barbarie va peu-à-peu couvrir la surface de la terre : mais les lettres renaîtront en Europe, & se répandront chez les principales Nations, où elles feront des progrès surprenants. Quant à l'Asie, elle restera dans l'ignorance, ou ne fera que de vains efforts pour en sortir. Vous en sentirez la raison, lorsque vous connoîtrez les peuples qui l'auront subjuguée.

---

moins qu'on n'en ait des preuves ; car il a pu se faire que ce soit seulement le nom d'une nouvelle ligue qui s'étoit formée dans le pays.

CHAPITRE V.

Depuis la mort de Constantin jusqu'à celle de Jovien.

<small>Les dispositions de Constantin occasionnent le massacre d'une partie de sa famille.</small>

La prospérité & les revers d'un état durent encore après le souverain qui le gouverne. Aurelien n'étoit plus, & l'empire, sans troubles quoique sans chef, se soutint par l'ordre qu'il avoit établi. Probus le défendit avec gloire, tant qu'il vécut; & continua de le défendre en quelque sorte après sa mort, parce qu'il laissa pour généraux des hommes de mérite, qu'il sut discerner, & qu'il ne craignit pas d'employer. Constantin hâta la décadence de l'empire.

Il laissoit dans l'église des divisions, qu'il avoit fomentées: & il en sema encore dans l'empire par la maniere dont il en disposa.

A Constantin, l'aîné de ses fils, il donna les Gaules, l'Espagne & la grande Bretagne; à Constance, le second, l'Asie, la Syrie & l'Egypte; & à Constant, le dernier, l'Illyrie, l'Italie & l'Afrique. Il fit encore un partage à deux de ses neveux : Delmace eut la Thrace, la Macédoine & l'Achaïe, & Annibalien eut l'Arménie mineure, le Pont & la Cappadoce.

Si Constantin se flatta que sa volonté seroit respectée après sa mort, il se trompa; & c'est une erreur où tombent les souverains, qui aiment à régner avec faste. Accoutumés à voir tout plier devant eux, ils s'imaginent qu'on pliera encore devant leur ombre. Mais le partage de Constantin étoit trop extraordinaire, pour être généralement approuvé. On demandoit de quel droit il disposoit ainsi de l'empire. On prévoyoit des guerres civiles; & tant de souverains, nés dans la pourpre, n'étoient certainement pas d'un heureux présage. Il suffisoit de se rappeller Commode, qui seul jusqu'alors étoit né d'un pere déja empereur.

Le sénat eût été en droit de rejeter tous ces princes, & de choisir un Auguste dans une autre famille : le droit cede à la force, & les trois fils de Constantin furent reconnus & proclamés. Les deux neveux, comme plus foibles, périrent : les soldats leur ôterent la vie. Ils égorgerent encore deux freres de Constantin, Jule-Constance & Annibalien, & cinq autres de ses neveux dont on ignore les noms. Gallus, âgé d'environ douze ans, fut ménagé, par ce qu'il ne paroiſſoit pas devoir vivre; & Julien, âgé de ſix, dut ſon ſalut à Marc, évêque d'Aréthuſe, qui le déroba aux aſſaſſins. Ils étoient, l'un & l'autre, fils de Jule-Conſtance, mais de deux lits différents. On n'attribue ces maſſacres qu'à Conſtance ſeul. Il eſt au moins certain qu'il ne s'y eſt pas oppoſé; & il eſt très vraiſemblable qu'il a contribué à la fureur des ſoldats; il y gagna la Thrace & les états d'Annibalien. Conſtant acquit la Macédoine & l'Achaïe; & Conſtantin conſerva des prétentions ſur l'Italie & ſur l'Afrique. Les trois freres s'étoient aſſemblés en Pannonie pour faire eux-mêmes ce partage, ſur lequel il reſte d'ailleurs beaucoup d'obſcurité.

Ses trois fils méritent peu d'être connus. Les écrivains de ce temps, ſacrifiant chacun la vérité aux intérêts de ſa ſecte ou de ſa religion, paroiſſent n'avoir voulu faire que des panégyriques ou des ſatyres. Les uns ne voyent que des vertus, ou les autres ne voyent que des vices; & comme ils ont ſouvent altéré juſqu'aux faits, il eſt bien difficile d'aſſeoir un jugement; on voit ſeulement que les princes, qu'ils louent ou qu'ils blâment, méritent peu d'être connus.

On dit cependant que les enfants de Conſtantin avoient eu la meilleure éducation, qu'on puiſſe donner à des princes. Peut-être le croyoit-on, parce qu'ils avoient eu un grand nombre de maîtres. Ce nombre néanmoins en devoit faire juger différemment. J'avoue d'ailleurs que je ne conçois pas comment, au milieu de la cour de Constantin, des princes pouvoient être bien élevés.

Constance, attaqué par Sapor, roi de Perse, ne reçut aucun secours de ses freres. Cette guerre, ruineuse pour les deux peuples, dura autant que son regne & au de-là. Elle fut seulement suspendue de temps en temps, parce que Sapor avoit à se défendre contre les barbares du nord. Quoiqu'on en connoisse peu les détails, on voit que Constance se fit mépriser, & que Sapor acquit peu de gloire.

Guerre de Constance avec la Perse.

Il y avoit environ deux ans & demi que Constantin étoit Auguste, lorsqu'il arma contre Constant, passa les Alpes, tomba dans une embuscade, fut défait, & perdit la vie; Constant se trouva maître de tout l'occident.

Défaite & mort de Constantin, son frere.
340

Constantin n'est connu que par son panégyriste. Jamais les panégyristes n'ont été si communs que sous ces derniers regnes; & cela n'est pas étonnant, puisque les empereurs se piquoient d'être théologiens. Car dans ce siecle où les différentes sectes avoient chacune intérêt de ménager les souverains qui les protégeoient, des princes théologiens ne pouvoient manquer de panegyristes.

Les sources où ces docteurs puisoient, n'étoient pas toujours bien pures. Souvent, en

Pourquoi Constance

favorable aux Ariens. croyant prendre un parti avec connoissance, ils ne faisoient que suivre les impressions de quelque hypocrite, ou les scrupules de quelque dévote. Il y avoit alors à Constantinople un prêtre Arien, qui s'étant introduit auprès de Constantia, sœur de Constantin le grand, gagna peu-à-peu la confiance de cette princesse, & lui persuada que la condamnation d'Arius étoit une injustice criante. Constantia, au lit de la mort, communiqua ses scrupules à son frere, en lui recommandant le prêtre par qui elle croyoit avoir été éclairée. Aussitôt le grand Constantin se crut éclairé lui-même; & quoiqu'il eût en horreur de se donner pour juge en matiere de religion, il ne balança pas entre l'autorité du concile de Nicée & les scrupules d'une femme, trompée par un prêtre. Ce fut alors qu'il rappella d'exil Arius, & qu'il persécuta les catholiques.

Le prêtre arien conserva sur l'esprit de Constantin le même crédit qu'il avoit eu sur celui de Constantia. Il fut même le dépositaire du testament de cet empereur, avec ordre de ne le remettre qu'entre les mains de Constance. Cette confiance lui ayant donné beaucoup de considération, il entraîna, dans son parti, tous ceux qui gouvernoient le prince, c'est-à-dire, les femmes & les eunuques. Vous voyez que Constantin le grand, pour avoir partagé

tagé les foiblesses de sa sœur, sera la premiere cause des progrès de l'Arianisme.

Constance favorisa donc les Ariens; mais Constant prit, avec zele, la défense des catholiques, & menaça de rétablir par les armes les évêques déposés: c'eût été la premiere guerre de religion. L'église cependant qui ne fait pas les évêques par les armes, n'autorisoit pas à les rétablir par cette voie. Quoiqu'il en soit, la crainte eut plus de pouvoir sur l'ame de Constance, que la religion, & même que les intrigues de la cour. Il consentit donc au rappel de St. Athanase & des autres évêques exilés.

Constant protége les catholiques.

Constant néanmoins n'étoit pas à redouter. Il y avoit à peine deux ans qu'il avoit effrayé son frere, lorsque Magnence fut proclamé Auguste dans la ville d'Autun. A cette nouvelle, généralement abandonné, il prit la fuite, & perdit la vie dans les Pyrénées, lorsqu'il étoit sur le point de passer en Espagne. Il étoit âgé de trente ans, & en avoit regné douze.

Magnence lui ôte l'empire & la vie.
350

On doit, sans doute, des éloges à la protection qu'il a donnée à l'église. Cependant s'il a pensé, comme bien des princes, que cette protection tient lieu de toute vertu, il ne mérite certainement pas le titre de bienheureux que des Peres lui ont donné. On sait qu'il préféroit les plaisirs à ses devoirs, ce qui

Tom. X.　　　　　　　　　P

seul suffit pour déshonorer un prince. Ainsi, sans se donner la peine de démêler ce qu'il étoit, c'est assez de considérer la maniere dont il a perdu l'empire & la vie, pour juger combien il étoit haï & méprisé.

Magnence, né au de-là du Rhin, avoit été fait captif & transporté dans les Gaules. Avec beaucoup de vices, peu de talents, point de vertus, il s'éleva par la faveur de Constantin le grand. Son regne, qui fut court, dévoila son avarice & sa cruauté.

Constantine, sœur de Constance, donne la pourpre à Vétranion.

Maître des Gaules & de l'Espagne par la mort de Constant, il le fut bien-tôt de l'Italie, de la Sicile & de l'Afrique. L'Illyrie cependant se déclara pour Vétranion, qui commandoit l'infanterie dans la Pannonie. On dit même que ce fut Constantine, sœur de Constance, qui revêtit ce général de la pourpre, afin de l'opposer à Magnence. On ajoute qu'elle croyoit avoir le droit de faire un empereur, parce que Constantin, son pere, lui avoit donné à elle même le diadême & le titre d'Auguste. Cette prétention de la part d'une femme, paroît fort singuliere, quand on se rappelle les siecles précédents. Il falloit, en effet, que les enfants de Constantin eussent des idées bien étranges. Vous voyez avec quelle facilité le despotisme fait disparoître les droits des peuples.

Vétranion, né dans les pays incultes de la haute Mœsie, étoit un vieux soldat, si ignorant qu'il ne sentit le besoin d'apprendre à lire, que lorsqu'il fut empereur. Quoique grossier, il ne manquoit ni de probité ni d'expérience. Il étoit même généralement aimé. Il écrivoit à Constance qu'il ne se regardoit que comme son lieutenant, & qu'il n'avoit pris la pourpre, que pour arrêter les progrès de Magnence; il étoit bien simple, s'il croyoit que Constance voulût, pour lieutenant, un second empereur.

Sur ces entrefaites, Népotien, proclamé Auguste par une troupe de bandits ramassés de toutes parts, se rendit maître de Rome, & livra cette ville au pillage. Il prit alors le nom de Constantin. Quelques jours après, vaincu par Marcellin, général de Magnence, il le perdit avec la vie. Fils d'Eutropie, sœur de Constance, il avoit échappé, on ne sait comment, au massacre de sa famille. *Népotien prend la pourpre, & périt.*

Magnence, qui avoit proscrit tous ceux qu'il soupçonnoit avoir été attachés à Constant, fit de nouvelles proscriptions après la victoire de Marcellin. Il ordonna, sous peine de mort, à tous les Romains d'apporter au trésor la valeur de la moitié de leur bien, & il offrit des récompenses aux esclaves qui dénonceroient leurs maîtres. On lui prodigua cependant les titres de libérateur de l'empire, de réparateur *Conduite de Magnence.*

de la liberté, de conservateur de la république. Plus la servitude est grande, plus elle cherche de nouveaux moyens pour flatter le despote; & ils sont quelquefois si grossiers, qu'on les prendroit pour une satyre. Magnence, se préparant à la guerre, appella les barbares d'au de-là du Rhin, auxquels il offrit l'empire à piller.

<small>Constance se prépare à la guerre.</small>

Constance étoit alors en Asie, où la guerre avec les Perses l'avoit retenu. Heureusement pour lui, Sapor se retira, ne sachant ou ne pouvant pas profiter d'une circonstance qui lui étoit si favorable.

Il se prépara donc à passer en occident. En dix mois, dit Justin, il équipa une flotte plus considérable, que celle que Xerxès avoit équipée en dix années. Il exhorta les idolâtres qui étoient dans ses troupes, à se convertir : il permit de se retirer à ceux qui ne voulurent pas recevoir le baptême ; quoiqu'il ne voulût combattre qu'avec des soldats chrétiens, il ne s'étoit pas lui-même fait baptiser encore.

<small>Il arrive dans la Thrace & entre dans l'Illyrie.</small>

Il venoit d'arriver dans la Thrace, lorsque Vétranion & Magnence, qui se préparoient à réunir leurs forces, lui firent des propositions de paix qui l'ébranlèrent. Il paroissoit disposé à les accepter, quand son père, qui lui apparut en songe, lui promit la victoire & le rassura. Ayant donc continué de marcher, il passa le pas de Sucques, défilé étroit qui est entre les monts Hémus & Rhodope, & par lequel la Thrace communique avec l'Illyrie.

Vétranion, qui n'étoit pas arrivé à temps pour défendre ce passage, fut obligé d'entrer en négociation. Mais pendant qu'il traitoit, on débaucha ses troupes, & il tomba entre les mains de l'empereur, qui le relégua à Pruse en Bithynie. Heureux d'être redevenu particulier, il ne concevoit pas pourquoi Constance ne partageoit pas un bonheur qu'il savoit procurer aux autres.

Vétranion est relégué en Bithynie.

Magnence traversa les Alpes juliennes, & Constance s'occupoit d'un concile, qu'il faisoit tenir à à Sirmich. Cependant les deux armées arriverent dans la haute Pannonie. Après avoir eu tour-à-tour des avantages l'une sur l'autre, elles engagerent une action générale dans les campagnes de Murse sur la Drave. On prétend que plus de cinquante mille hommes y périrent.

Magnence perd deux batailles & se tue.

Constance, loin du danger, étoit dans une église, lorsque Valens, évêque de Murse & Arien, qui avoit pris ses mesures pour être des premiers instruit de l'événement, s'écria tout à coup, que l'ennemi étoit en fuite, & qu'un ange venoit de lui en apporter la nouvelle. L'empereur conçut la plus grande idée de la sainteté de cet évêque, & crut lui devoir la victoire.

Magnence se retira en Italie. Forcé de reculer encore, il se réfugia dans les Gaules;

353

P 3

il perdit une seconde bataille dans les Alpes cottiennes; & il s'enfuit à Lyon, où voyant ses soldats prêts à le livrer, il se donna la mort. Il a regné trois ans & demi.

Constance donne sa confiance aux délateurs.

Naturellement soupçonneux & sanguinaire, Constance le devint encore davantage, lorsqu'il fut seul maître de l'empire; & sa puissance ne parut s'accroître, que pour donner à ses vices un plus libre cours. Jaloux de proscrire tous ceux qui avoient suivi le parti de son ennemi, il répandit ses délateurs dans tout l'empire. Un d'eux, Paul, surnommé *la chaîne*, parce qu'il tramoit mieux qu'un autre des accusations, parcouroit les provinces, & entroit d'autant plus dans la confiance de l'empereur, qu'il enveloppoit, dans ses calomnies, un plus grand nombre d'innocents. Cependant, parce qu'une vengeance soutenue demande une fermeté que Constance n'avoit pas, il pardonnoit quelque fois aux plus coupables; & parce que la flatterie saisissoit cette occasion d'applaudir à sa clémence, il croyoit avoir acquis le droit de ne plus pardonner. En général, c'étoit assez d'être accusé, pour être puni.

Il est le jouet de ceux qui l'entourent.

Le caractère soupçonneux de ce prince le rendit le jouet de tous ceux qui l'entouroient. En feignant de trembler pour ses jours, on exagéroit les moindres fautes, on envenimoit les actions les plus indifférentes, on diminuoit, on tournoit en ridicule les succès des uns, on supposoit une ambition criminelle aux autres, &

on lui reprochoit continuellement à lui-même de n'être pas assez en garde, ou d'être trop indulgent. Mais afin que vous puissiez mieux juger des intrigues qui faisoient agir Constance, il faut vous faire connoître ce que c'étoit que sa maison & sa cour.

Il semble que, depuis Constantin, les empereurs ne se crussent grands, que par la multitute des valets qui remplissoient le palais. Or, parce que, sous les princes foibles, les valets ont toujours du crédit, on rechercha l'honneur de l'être, au point qu'on l'acheta; & il arriva, qu'au lieu d'en régler le nombre sur les besoins du service, on en reçut autant qu'il s'en présenta avec de l'argent ou avec de la protection. Il y avoit, dans la maison de Constance, mille officiers de cuisine, autant de barbiers, beaucoup plus d'échansons, & les eunuques étoient en si grand nombre qu'on ne les comptoit pas.

Multitude de ses valets.

Ces ames intéressées n'avoient donné que pour reprendre avec usure. Souvent le concours leur avoit fait acheter cher un emploi qui rapportoit peu; pour se dédommager, ils prirent, lorsqu'ils eurent occasion de prendre; & dès qu'ils eurent pris une fois, ils se crurent autorisés à reprendre, toutes les fois que les mêmes occasions se présentoient. Ils se firent donc un droit de chaque abus qu'on toléra. Enhardis par des protecteurs qui ne leur man-

Leur avidité.

quoient jamais, ils eurent continuellement de nouvelles prétentions ; & ils les firent si bien valoir, que les plus gros gages n'étoient rien, comparés à ce qu'ils appelloient les profits de leur place. Un barbier, par exemple, avoit par jour vingt rations de pain, de quoi nourrir vingt chevaux, une grosse pension & des gratifications fréquentes. On a jugé qu'il en coûtoit plus pour les domestiques du palais, que pour la subsistance des armées, & ce n'est pas une exagération.

<small>Les grands avoient la même avidité</small>

Les mêmes abus regnoient parmi ceux qui occupoient les grandes charges : ils avoient aussi leurs profits. Ces valets, qu'on prenoit pour les grands seigneurs de l'état, ne permettoient à leurs inférieurs de se faire des droits, que parce qu'ils vouloient s'en faire eux-mêmes, & ils s'en faisoient d'énormes. On n'imagine donc pas ce que coûtoit la maison du prince.

<small>Les eunuques commencent, sous Constance, à s'élever aux grandes charges.</small>

Quand le souverain est vain, foible, ignorant, les derniers de ses valets sont ceux qui lui plaisent davantage, parce qu'il n'est jamais plus à son aise qu'avec eux. Aussi les eunuques, qui, jusqu'alors avoient été la partie la plus vile de la maison des empereurs, commencerent, sous Constance, à s'élever aux premiers emplois. Un d'eux, nommé Eusebe, Arien, faux, avare, cruel, étoit son grand chambellan, & gouvernoit l'empire. Je remarquerai enêtre que les femmes avoient beaucoup de crédit dans sa cour, & qu'elles prenoient toujours quelque part au gouvernement.

Des milliers de valets désœuvrés, des favoris sans vertus, des ministres sans talents, des femmes qui affichoient la coquetterie, l'esprit ou la dévotion, voilà donc ce qui entouroit l'empereur. L'argent étoit l'unique mobile de ces ames qui ne s'occupoient qu'à tramer des intrigues. Tout se vendoit, les plus grandes charges & les plus bas emplois; on s'enrichissoit à force de bassesses, on se ruinoit à force de dissipations. On s'élevoit rapidement, on tomboit plus rapidement encore; & l'état étoit gouverné par le même esprit, qui faisoit & défaisoit les fortunes des particuliers : les entreprises du gouvernement n'étoient souvent que l'effet d'une intrigue de cour.

L'intrigue faisoit tout.

Constance, au milieu de cette foule qui le poussoit en sens contraires, ne jouoit le souverain, qu'en affectant une gravité ridicule. En public, immobile comme une statue, il n'osoit, ni tourner la tete, ni faire un geste, ni se moucher, ni cracher. C'est ainsi qu'il croyoit conserver toute sa dignité.

Gravité ridicule de Constance.

Telle étoit la cour de Constantinople; il y en avoit une autre en orient, où Gallus, neveu de Constantin le grand, avoit été envoyé lors de la guerre de Magnence.

Gallus, gouverneur de l'orient.

Ce prince, à qui Constance avoit donné le

titre de César & une de ses sœurs, cette même Constantine dont nous avons parlé, se regardoit comme l'héritier de l'empire, & gouvernoit en maître absolu. On voyoit dans sa cour les mêmes abus que dans celle de son beaufrere. La flatterie, sur-tout, s'y montroit s'il est possible, avec plus d'impudence encore. Comme il forçoit les sophistes à faire son panégyrique & à le prononcer devant lui, la manie de le louer devint si contagieuse, que quoiqu'il fût Arien, les écrivains catholiques lui prodiguoient des éloges. Il est vrai qu'il paroissoit avoir quelque zele pour le Christianisme: mais il étoit gouverné par Aëtius, son théologien, homme sans principes & sans mœurs qui, après avoir fait toutes sortes de métiers, s'étoit arrêté à celui d'hypocrite, comme le plus lucratif dans son siecle, & qui étoit en horreur aux Ariens, quoiqu'il professât l'Arianisme.

Constantine, haute & ambitieuse, entretenoit la confiance de son mari, lui donnoit des conseils pernicieux, & l'enhardissoit au crime. Ce n'étoit pas assez pour Gallus de répandre des délateurs dans les provinces qu'il gouvernoit: il se déguisoit pour découvrir lui-même ceux qui parloient mal de lui. Je ne parlerai pas de ses cruautés : je me lasse d'entrer dans de pareils détails ; & je vous cacherois volontiers les vices des mauvais princes, si c'étoit assez de vous les cacher pour vous en garantir.

Gallus, ainsi que Julien, avoit d'abord été la victime des défiances de Constance, qui les avoit fait conduire l'un & l'autre au château de Macelle, près de Césarée en Cappadoce. Là, ces deux princes, toujours observés comme des prisonniers, & privés de tout commerce avec les personnes qui pouvoient leur être attachées, furent d'ailleurs entretenus avec magnificence. On les élevoit dans la réligion chrétienne, ou, pour parler avec plus de précision, dans l'Arianisme. On les ordonna même *lecteurs*, & ils en firent les fonctions : mais les exercices pieux, auxquels on les forçoit ne leur donnoient que du dégoût pour la vraie piété. Cette contrainte irritoit, sur-tout, Gallus, qui étoit dans un âge, où les passions font desirer la liberté. Il ne soupiroit donc qu'après le moment, qu'il ne sentiroit plus le poids des chaînes ; & quand il eut été fait César, il ne connut plus de frein.

Education de Gallus & de Julien.

Il gouvernoit l'orient depuis près de quatre ans, lorsque l'empereur, qui prit de l'ombrage, lui ôta, sous différents prétextes, une partie des troupes, & l'invita, par des lettres d'amitié, à venir à Milan, afin de traiter ensemble des affaires de l'empire. Gallus hésita. Cependant, soit qu'il osât se flatter, soit qu'il ne lui fût pas possible de désobéir, il partit d'Antioche : ce fut sa perte. Constance le fit mourir dans une ville de Dalmatie, où il l'avoit fait conduire.

Mort de Gallus.

354

Silvain, forcé à se soulever, périt par la trahison d'Ursicin.

Silvain, fils d'un Franc qui avoit servi sous Constantin, commandoit alors dans les Gaules. Ce général, qui avoit donné des preuves de capacité & de fidélité, excita la jalousie des courtisans, qui l'accuserent de penser à l'empire. Forcé d'y penser en effet, ou d'être condamné sans avoir été entendu, il se fit proclamer.

Ursicin, qui avoit commandé la cavalerie en orient, & qui, sous de fausses accusations, venoit d'être rappellé avec Gallus, étoit à Milan, où les courtisans, qui lui faisoient un crime de sa réputation, tentoient de le perdre; il eût été, sans doute, immolé à leur jalousie, si la révolte de Silvain ne l'eût pas rendu nécessaire. Il fut donc envoyé dans les Gaules. Cependant il ne réussit que par une trahison. Il fit assassiner Silvain.

Les Gaules ouvertes aux barbares.

Constance, à qui les moindres talents faisoient ombrage, retira les troupes qu'il avoit dans les Gaules, & ne laissa à Ursicin que le titre de général. Les Francs néanmoins, les Allemands & les Saxons avoient ruiné quarante-cinq villes le long du Rhin. Maîtres d'une grande étendue de pays, ils portoient encore le ravage au de-là. Plusieurs villes de l'intérieur étoient abandonnées, & il y en avoit d'autres, dont les habitants n'osoient semer que dans l'enceinte des murs. Eusébie, femme de l'empereur, saisit cette occasion pour hi perſuader d'envoyer, dans les Gaules, Julien avec le titre de Céſar.

Agé de vingt quatre ans, Julien ne paroiſſoit pas devoir être ſuſpect. Juſqu'alors, il n'avoit eu que la paſſion des lettres, recherchant les ſophiſtes de réputation, & allant à toutes les écoles qui avoient de la célébrité. Appellé à la cour, il y parut avec la barbe & le manteau de philoſophe. On en plaiſanta, & on plaiſanta encore davantage, quand on le vit avec tout l'attirail de ſa nouvelle dignité; ſon embarras fit juger aux courtiſans, qu'il ſeroit, à la tête d'une armée, plus ridicule que redoutable. Ils ſe tromperent. Il eſt vrai que Julien n'avoit jamais vu la guerre, mais il en avoit fait une étude; & les courtiſans ne l'étudient pas, même lorſqu'ils la voyent. Il lui étoit néanmoins difficile de réuſſir, parce qu'il ne pouvoit qu'être traverſé par ceux dont on l'avoit entouré: c'étoient des eſpions qui devoient l'obſerver, & des capitaines qui devoient moins lui obéir que le conduire lui-même. En un mot, on vouloit que les troupes ne viſſent en lui qu'un fantôme, choiſi ſeulement pour repréſenter l'empereur.

Conſtance donne à Julien le commandement des Gaules.

Conſtance, qui ſe piquoit d'être théologien, liſoit ou feignoit de lire tout ce qu'on écrivoit ſur la religion. C'étoit un malheur pour l'état, comme pour l'égliſe: car par la confiance avec laquelle il jugeoit de ce qu'il

Il entretient les diſputes de religion.

n'entendoit pas, il ne produisoit que des scandales & des troubles. Sa cour suivoit son exemple ; le mot *consubstantiel* étoit le sujet de toutes les conversations : les eunuques, les femmes, les gardes, les valets, tout le monde enfin dissertoit sur le dogme. Les Ariens entretenoient cette manie par des brigues qui tendoient à ruiner les catholiques. Mais à force de disputer, ils ne s'entendirent plus eux-mêmes : ils se diviserent & formerent plusieurs sectes.

Les conciles leur devenant aussi nécessaires pour se concilier, que pour porter de nouveaux coups aux catholiques, Constance leur en accorda autant qu'ils en demanderent. Il en fit tenir un si grand nombre qu'il ruina les voitures publiques. Dans ces voyages, les évêques étoient défrayés, & les voitures, qu'on avoit établies pour le service de l'état, n'y pouvoient plus suffire.

Il fait un formulaire. 355

Cependant l'Arianisme, qui avoit infecté tout l'orient, commençoit à peine à se répandre dans les provinces occidentales, lorsque l'empereur fit tenir à Milan un nouveau concile, la même année que Julien partit pour les Gaules. Il y vint. Il déclara qu'il vouloit rétablir la paix de l'église : il assura que Dieu lui en avoit révélé les moyens : il rappella les succès dont le ciel l'avoit comblé, & les regardant comme un gage sûr de ses lumieres & de sa foi, il proposa lui-même un formulaire, rempli des erreurs de l'Arianisme. Les évêques catholiques, qui étoient en plus grand nombre dans ce concile, l'ayant rejeté, il les menaça de l'exil, & l'effet suivit les menaces.

La persécution fut générale. Les Ariens employerent les intrigues, les calomnies, les séductions, la violence; & l'empereur ordonna aux magistrats de toutes les provinces de bannir tous les évêques, qui refuseroient de signer son formulaire. Les Ariens, qu'on établissoit dans les sieges vacants, faisoient naître de nouveaux désordres: car lorsque les peuples, qui n'en vouloient pas, se soulevoient, ce qui arrivoit souvent, il falloit égorger une partie des brebis pour donner des pasteurs à l'autre.

Il persécute pour le faire recevoir aux catholiques.

On employoit, auprès des catholiques exilés, les caresses, les promesses; & lorsqu'on ne pouvoit pas les séduire, on leur faisoit souffrir les plus cruels traitements. Plusieurs succomberent; l'église gémit, sur-tout, de la chûte d'Osius, évêque de Cordoue, & de celle du pape Libere. Tous deux jusqu'alors avoient soutenu la foi avec beaucoup de courage: le premier, âgé de cent ans, avoit été l'ame de plusieurs conciles.

Les violences, dont on usoit, dit Mr. de Tillemont, pouvoient faire des hypocrites qui, par lâcheté, déguisoient leurs sentimens pour plaire aux puissances du siecle: mais elles étoient aussi peu capables de convaincre les esprits, que de gagner les cœurs. Car on ne persuade point, quand on fait retentir par-tout les menaces du prince; & on ne laisse point lieu à la raison, lorsque le refus est suivi du bannissement & de la mort. Telles ont été les maximes des Chrétiens, tant qu'ils ont été persécutés; & il seroit bien à souhaiter qu'ils ne les eussent jamais oubliées, lorsqu'ils ont été dans le cas de pouvoir persécuter eux-mêmes. (*)

Comme la vraie religion n'a pas d'autres armes que la persuasion, elle ne doit pas avoir d'autres boucliers que la douceur & la patience. Souffrir & prier pour ses persécuteurs, voilà l'esprit de l'évangile. Ce fut aussi en général la conduite des catholiques. Mais quelques uns oublierent ce qu'ils se devoient à eux-mêmes & à l'église. Ils se permirent les invectives les plus fortes dans une cause qui pouvoit se défendre par la raison seule; & ils

---

(*) Dieu, disoit St. Hilaire à l'occasion des persécutions de Constance, nous a enseigné à le connoître. Il ne nous y a pas contraints. Il a donné de l'autorité à ses préceptes, en nous faisant admirer ses opérations divines. Il ne veut point d'un consentement forcé. Si l'on employoit la violence pour établir la vraie foi, les évêques s'éleveroient contre cet abus, & ils s'écrieroient: Dieu, est le Dieu de tous les hommes; il n'a pas besoin d'une obéissance sans liberté; il ne reçoit pas une profession que le cœur désavoue; il ne s'agit pas de le tromper, mais de le servir.

paru-

parurent autoriser les violences du tyran qu'ils irritoient.

Les catholiques ont néanmoins donné quelquefois des louanges à Constance; c'est qu'il a accordé de nouvelles exemptions au clergé, & qu'il a sévi contre l'idolatrie. Il fit fermer des temples, il en fit abattre plusieurs, il condamna au dernier supplice ceux qui sacrifieroient aux idoles. Cependant la crainte de causer des soulévements fut cause qu'on n'exécuta pas toujours ses ordres. Il y avoit des villes, où l'on professoit publiquement l'idolatrie : l'empereur en étoit témoin lui-même dans Antioche, où il faisoit souvent son séjour; & il ne cessa pas d'élever aux emplois des payens déclarés. Si un prince Chrétien ne doit pas employer contre l'idolatrie les mêmes armes, que les idolâtres avoient employées contre l'église; il doit encore moins, en contradiction avec lui-même, condamner à mort les payens & les tolérer tout-à-la fois. Avant de publier des loix, il faut être sûr de pouvoir les faire observer.

Cependant les catholiques lui ont donné des louanges.

Cette conduite peu conséquente rendoit l'empereur si méprisable aux yeux des Ariens mêmes, qu'ils osoient souvent lui résister en face. Il proposoit un jour des réglements ecclésiastiques, & quelques évêques applaudissoient déja, lorsque Léonce évêque de Tripoli en Lydie, l'interrompit tout à coup. *Je m'étonne*, lui dit il, *que chargé des affaires de l'état, vous vous ingériez encore*

Les Ariens le méprisoient & lui résistoient ouvertement.

Tom. X. Q

faire des réglements, sur des objets, qui sont uniquement de notre compétence.

<small>Insolence d'un évêque Arien.</small>

Une autrefois que les évêques d'un concile s'empressoient de faire la cour à l'impératrice Eusébie, ce même Léonce fut le seul qui s'en dispensa. Eusébie lui en fit faire des reproches, l'invita à la venir voir, offrit de le combler de présents, & promit de lui bâtir une basilique. *Dites à l'impératrice,* répondit-il, *qu'en exécutant ce qu'elle promet, elle ne feroit rien pour moi : ses bienfaits tourneroient à l'avantage de son ame. Si elle veut une visite de ma part, qu'elle la reçoive avec les égards dûs aux évêques. Quand j'entrerai, qu'elle se leve aussitôt, qu'elle vienne au devant de moi, qu'elle s'incline profondément pour recevoir ma bénédiction ; & lorsque je me serai assis, elle se tiendra debout dans une contenance modeste, jusqu'à ce que je lui aie fait signe de s'asseoir. A ces conditions, je l'irai voir : autrement elle n'est ni assez puissante, ni assez riche pour me faire trahir la majesté du caractère épiscopal.*

<small>Elle est aprouvée par Constance.</small>

L'impératrice porta ses plaintes à Constance, qui bien loin d'oser blâmer Léonce, donna le nom de liberté apostolique à l'orgueil de cet évêque. Les Ariens ne lui avoient pas appris que le véritable esprit apostolique est éloigné de la vanité comme de la flatterie. Aussi étoient-ils avec lui insolents & flatteurs tout à la fois.

Toujours mobile au gré des eunuques, des femmes & des évêques de sa cour, il changeoit d'opinion, suivant que les différents partis Ariens prévaloient tour-à-tour par leurs intrigues. Il persécutoit la secte qu'il avoit favorisée, & bientôt après il la favorisoit, pour persécuter celle qu'il avoit fait triompher. Les sectes s'excommunioient réciproquement: aucune ne cherchoit la vérité: toutes briguoient la faveur: elles ne tendoient qu'à se détruire.

<small>Ce prince changeoit continuellement de sectes.</small>

Ces divisions déterminerent l'empereur à convoquer un concile général. Nicomédie avoit été choisie, lorsque cette ville fut détruite par un tremblement de terre, qui s'étendit dans l'Asie, dans le Pont, dans la Macédoine, & qui ébranla cent cinquante villes & plusieurs montagnes. Les fléaux de cette espece furent fréquents sous ce regne.

<small>Grand tremblement de terre. 358</small>

Alors les Ariens, qui n'ignoroient pas que, si toute l'église se réunissoit, ils ne feroient pas le plus grand nombre, proposerent de tenir deux conciles, l'un en orient, l'autre en occident, persuadés qu'il leur seroit facile de prévaloir dans l'un des deux. On choisit Rimini & Séleucie, capitale de l'Isaurie. Les ordres de l'empereur étoient qu'après les séances, les conciles lui enverroient chacun dix députés pour lui rendre compte des décrets; & en attendant leurs décisions, il fit lui-même un formulai-

<small>Conciles de Séleucie & de Rimini. 359</small>

re avec huit évêques, qu'il avoit assemblés à Sirmich.

Les évêques catholiques signent une profession Arienne.

Le concile de Rimini, composé de quatre cents évêques dont quatre-vingt seulement étoient Ariens, confirma la foi de Nicée, & fit partir ses députés, dix jeunes évêques sans expérience, qui, intimidés ou séduits, signerent le contraire des décisions qu'ils avoient apportées. Ce qui est plus surprenant encore, c'est que le concile, qui les désapprouva, succomba lui-même, bientôt après. Soit foiblesse, soit surprise, tous les peres sans exception signerent une profession de foi, qui cachoit l'Arianisme sous des expressions équivoques. *Le monde chrétien*, dit à cette occasion St. Jérome, *fut étonné de se voir Arien*.

Les évêques catholiques étoient simples & peu exercés aux subtilités. Il n'en étoit pas de même des Ariens, qui avoient fréquenté les écoles trop célébres de l'orient. Les artifices de ceux-ci tromperent les plus zélés pour la foi, tandis que les autres, intimidés par les menaces de Constance, se crurent heureux d'avoir trouvé un moyen de conciliation.

Ils reviennent de la surprise qu'on leur a faite.

Les Ariens triompherent: mais leur triomphe ouvrit les yeux aux catholiques. Ils reconnurent leur faute, ils la désavouerent; & l'erreur se dissipa d'autant plus rapidement, qu'elle n'avoit pas été volontaire.

Quant aux évêques de Séleucie, ils ne purent s'accorder. Les Ariens & les demi-Ariens se séparerent, firent deux professions différentes, & s'anathématiserent mutuellement. Pour les rapprocher malgré-eux, Constance fit signer la formule arienne de Rimini aux députés des deux partis, & il envoya des ordres dans toutes les provinces pour forcer les évêques à la recevoir. Ce fut le sujet d'une nouvelle persécution. Telles étoient les occupations de ce prince, pendant que Sapor menaçoit l'empire, & que Julien le défendoit contre les barbares.

Les Ariens ne peuvent s'accorder.

Le jeune César, par les victoires & par la sagesse de son gouvernement, avoit rétabli la sureté & l'abondance dans les Gaules. Les ennemis, en fuite au de-là du Rhin, n'étoient plus pour lui qu'une occasion d'élever de nouveaux trophées ; chaque campagne avoit ajouté à sa réputation. Enfin respecté des soldats, chéri des peuples, il étoit devenu, pour achever son éloge, l'objet de la jalousie de Constance & des railleries des courtisans. Ils l'appelloient *Victorin*, froide allusion à un tyran, qui, du temps de Gallien, avoit usurpé, dans les Gaules, le titre d'Auguste. L'empereur, par une contradiction bien digne de lui, applaudissoit au mépris que sa cour affectoit pour Julien, & s'approprioit en même temps tous les succès de ce Général. Il ne le nommoit seulement pas, lorsqu'il en publioit les victoires ; mais il se

Succès de Julien.

Q 3

représentoit lui-même, rangeant les troupes, combattant aux premiers rangs, donnant tous les ordres, renversant les ennemis. Il paroit, en un mot, comme s'il eût été à la tête de l'armée, & que Julien eût présidé à un concile.

Il est proclamé Auguste. — Les préparatifs, qu'il faisoit contre les Perses, furent un prétexte qu'il saisit, pour enlever à Julien l'élite des troupes. Il ne daigna pas seulement adresser ses ordres à ce général : il ne lui écrivit que pour lui dire qu'il eût à ne pas s'opposer à ses volontés. Julien ne s'y opposa pas : ce furent les soldats, qui refuserent d'obéir, & malgré toutes ses résistances, ils le proclamerent Auguste à Paris.

Constance meurt, & Julien est reconnu. — Il passa les Alpes, après avoir repoussé les Allemands qui s'étoient jetés sur les Gaules, à la sollicitation de l'empereur. L'Italie, l'Illyrie, la Macédoine, la Grece se déclarerent aussitôt pour lui ; & il n'eut pas besoin de combattre, Constance, qui étoit parti d'Antioche, étant mort sur ces entrefaites, en Cilicie, dans sa quarante cinquieme année. Reconnu dans tout l'empire, Julien continua sa marche, & fut reçu à Constantinople au milieu des acclamations.

Sa vie mérite d'être étudiée. — La vie de Julien mérite d'être etudiée, Monseigneur. Elle vous apprendra combien il est dangereux pour les princes de se prévenir & de s'aveugler ; & vous verrez qu'ils font alors d'autant plus de maux, qu'ils veulent davantage le bien, & qu'ils ont plus de talents pour le produire. Je ne ferai pas néanmoins l'histoire de ce regne. La vie de Julien écrite par Mr. l'Abbé de la Bletterie m'en dispense, & je vous la ferai lire.

Je remarquerai, seulement, que son éducation fut la principale cause de ses erreurs. Séduit par des sophistes, il se prévint contre l'église, parce qu'il jugea de tous les Chrétiens par la secte des Ariens, dans laquelle il avoit été élevé. Il vit les travers de Constance, il vit les maux que les hérésies avoient produits, & confondant le mensonge & la vérité, il ne pensa plus qu'à détruire la religion chrétienne. Il se rendit odieux: il mérita, sur-tout, d'être plaint.

Cause de ses erreurs.

Pendant un an & huit mois que dura son regne, il s'occupa des moyens d'abolir le Christianisme. Il employa à cet effet la politique, & il fit plus de mal à l'église, que s'il l'eût persécutée ouvertement. La guerre qu'il fit aux Perses mit fin à ce projet. Il fut blessé dans un combat qu'il livra au de-là du Tigre; & il mourut, âgé de trente-deux ans. En lui finit la maison de Constance Chlore, si florissante sous Constantin.

Sa mort. 363

Jovien, qui lui succéda, fit une paix honteuse, repassa le Tigre, & perdit dans sa retraite une partie de ses troupes. Quoique jeune encore, & qu'il eût des défauts, il avoit des ver-

Court regne de Jovien.

Q 4

tus que l'âge auroit pu mûrir : mais il n'a regné que sept à huit mois. Arrivé à Antioche, il donna des preuves de sagesse par la conduite qu'il tint pour rétablir la paix dans l'église. Il mourut en Galatie, lorsqu'il alloit à Constantinople. Mr. l'Abbé de la Bletterie a encore écrit sa vie.

Barbares, qui ont attaqué l'empire, pendant le regne de Constance. Pendant le regne de Constance, les Francs, les Allemands, les Saxons & les Perses ne furent pas les seuls ennemis de l'empire : les Romains eurent encore à se défendre contre les Quades, les Sarmates & d'autres peuples du nord. Les Isaures, qui se retiroient dans les rochers du mont Taurus, firent de grands ravages en Asie; & les Sarrasins, dont les Romains n'avoient appris le nom que du temps de Marc-Aurele, pillerent plus d'une fois la Mésopotamie. Tant que ces barbares ne forment point d'établissemens, ils ne méritent pas de nous arrêter.

LIVRE DIX-SEPTIEME.

CHAPITRE PREMIER.

Depuis la mort de Jovien jusqu'à Théodose.

De tous les maux qui préparoient la ruine de l'empire Romain, les disputes sur la religion n'étoient pas les moindres : c'étoit la source d'une guerre intestine, qui devoit durer plus que cet empire. L'erreur s'armoit, parce qu'elle n'avoit que la violence pour se propager ou pour se défendre ; & quelquefois la vérité s'armoit encore, parce qu'en matiere de religion, le zele ne se contient pas toujours dans de justes bornes. Ces différents partis cherchoient à se rendre les princes favorables : trouvant tour-à-tour des protecteurs, ils devenoient tour-à

Combien les disputes de religion étoient funestes à l'empire.

tour plus puissants; & les desordres croissoient d'un regne à l'autre.

Vous avez vu jusqu'où ils étoient montés. Il étoit temps de protéger l'église, sans lever le glaive sur ses ennemis, & de reconnoître que la persécution qui ne suffit pas pour convaincre, ne suffit pas pour convertir. On venoit de voir les temples se remplir, aussitôt que Julien les avoit ouverts & ce prince aposta avoit démasqué les faux Chrétiens, que la persécution avoit faits.

Tolérance dont Jovien forma le projet.

Jovien avoit été confesseur. On ne pouvoit donc pas douter de son zele: mais il étoit convaincu, comme le dit Mr. l'Abbé de la Bletterie, que la foi se persuade & ne se commande pas. En quoi, remarque ce même écrivain, il pensoit comme St Athanase: on peut ajouter, comme tous les peres de l'église, pendant plus de trois siecles.

Cet empereur forma donc le projet d'une tolérance, qui, ménageant les préjugés, ramena peu à peu tous les peuples à la vraie religion. Mais cette tolérance n'ôtoit rien à la protection qu'il devoit à l'église. Vous avez vu qu'il l'a protégée de tout son pouvoir.

C'est aux circonstances à déterminer ce que la tolérance exige des souverains.

Le terme où cette tolérance doit s'arrêter est bien difficile à déterminer: car elle est entre deux extrémités, la persécution & l'indifférence. C'est aux circonstances où se trouve un empire, à marquer au prince, ce qu'il peut permettre, ce qu'il peut défendre, & l'usage qu'il doit faire de son autorité. Je ne vois pas qu'il y ait des regles assez générales à cet égard; c'est un écueil où les meilleurs princes peuvent échouer. Tantôt, pour être tolérants, ils paroîtront indifférents; & d'autres fois pour ne pas être indifférents, ils deviendront persécuteurs. Une situation si délicate, demandoit dans ceux qui parvenoient à l'empire, plus de lumieres que les temps ne le permettoient. Ce n'étoit pas ici un cas, où ils pussent se conduire sans dangers, par les conseils des autres. Car ceux qui les entouroient, avoient intérêt de leur persuader, ou l'indifférence sous le nom de tolérance, ou la persécution sous le nom de zele. Comment éviter également ces deux écueils? Je voudrois que Jovien eût vécu plus long-temps; quelle qu'eût été sa conduite, il nous instruiroit au moins par ses fautes.

Bien plus: il est encore fort difficile de nous instruire parfaitement, en observant la maniere dont les premiers empereurs se sont conduits: pour en juger surement, il faudroit connoître toutes les circonstances où ils se sont trouvés. Si Constantin, par exemple, n'eût démoli que les temples, où le culte étoit contraire aux bonnes mœurs; s'il n'eût fait taire que les oracles, où la fourberie étoit manifeste; enfin, s'il n'eût défendu que les enchantements, la magie & toutes les pratiques grossieres, qui étoient plutôt l'abus que l'essence de la reli-

Nous ne pouvons pas nous en instruire en observant la conduite des premiers empereurs chrétiens.

gion payenne, on ne pourroit que le louer. Les idolâtres les plus raisonnables n'auroient osé le désapprouver : il n'eût même fait que ce que les souverains pontifes avoient droit de faire; & cependant il se préparoit à pouvoir un jour entreprendre davantage. Il ne lui falloit donc que de l'adresse, pour obtenir par douceur & peu à peu, ce qu'il ne pouvoit emporter de force & tout à coup. Mais jaloux, comme il l'étoit de son autorité, pouvoit-il user de ces ménagements.

Nous voyons donc ce qu'il pouvoit absolument faire. S'il lui a été permis de passer quelquefois les bornes que je viens de prescrire, il est au moins évident qu'il a été trop loin, puisqu'il a porté des loix qu'il n'a pu faire exécuter. Lorsque ses fils défendirent généralement à tout le monde de sacrifier, ils déclarerent qu'ils ne faisoient qu'ordonner l'exécution des loix que leur pere avoit faites. Cependant Constance fut témoin qu'on ne les observoit pas, & il fut obligé de le souffrir. Tous ces empereurs s'étoient donc trop hâtés de porter ces loix.

Si d'un côté nous remarquons l'abus que Constantin a fait de son autorité, de l'autre nous connoissons l'usage qu'il en pouvoit faire, sans être taxé d'imprudence. Cependant nous ne saurions apprécier exactement tout ce qu'il y a de bien & de mal dans sa conduite, parce que les circonstances des temps où il a regné, ne nous font pas aſſez connues. Nous ſerons dans le même cas par rapport aux regnes ſuivants.

Quelques jours après la mort de Jovien, l'armée élut empereur Valentinien, fils de Gratien, qui de ſimple ſoldat étoit devenu comte d'Afrique. L'empire trouvoit dans ce prince un catholique qui avoit été confeſſeur ſous Julien.

Valentinien eſt élevé à l'empire.

Protecteur de ſa communion, Valentinien laiſſa aux hérétiques & aux payens une entiere liberté de conſcience. Il défendit ſeulement, comme ſources de déſordres, les pratiques magiques & les ſacrifices nocturnes. Il ſe fit, ſur-tout, une loi de ne ſe porter jamais pour juge en matiere de religion, & de conſerver aux évêques ſeuls le droit d'en décider. Il pouvoit avoir pris ce parti à l'exemple de Jovien, & plus encore à la vue des maux que Conſtance avoit cauſés.

La tolérance le rend ſuſpect d'indifférence.

Malgré les preuves qu'il avoit données de ſa foi ſous Julien, ſa tolérance le rendit ſuſpect d'indifférence. Il ſemble néanmoins que Conſtantin & Conſtance auroient dû faire remarquer combien les princes intolérants ſont dangereux pour l'égliſe ainſi que pour l'état. Que les ſouverains gouvernent leurs peuples avec juſtice, qu'ils leur donnent l'exemple de la piété, qu'ils faſſent enfin chérir la religion qu'ils profeſſent, & ils auront rarement beſoin d'employer l'autorité. Voilà, ſur-tout, la protection qu'ils doivent à l'église. Mais si livrés au vice, ils persécutent pour faire croire ce qu'ils ne pratiquent pas, quel fruit attendent-ils de leur prétendu zele ? Que l'on compare les progrès des Ariens avec ceux des autres hérétiques dans les siecles précédents, & on sera convaincu que les hérésies n'ont jamais été plus funestes, que depuis que l'autorité s'est mêlée des disputes de religion.

Son caractère. Valentinien avoit des qualités qui le rendoient digne du trône. Il aimoit la vérité, il soulageoit les peuples, il donnoit les emplois au mérite : mais parce qu'il comptoit trop sur ses lumieres, il en étoit plus facile à tromper, & on le trompa.

Il prend pour collegue Valens son frere. Il songeoit à prendre un collegue, & c'étoit même le vœu de l'armée. *Si vous préférez l'état,* lui dit un de ses généraux, *vous choisirez : si vous préférez votre famille, vous avez un frere.* Valentinien préféra sa famille, & s'associa Valens, son frere, homme peu instruit, sans expérience dans la guerre & protecteur des Ariens. Il lui céda l'orient, c'est-à-dire, la Thrace, l'Asie & l'Egypte, & il se réserva l'occident. Il semble qu'il ne vouloit qu'assurer l'empire dans sa famille : car trois ans après, au sortir d'une maladie, il déclara Auguste Gratien son fils, âgé de huit ans.

Procope aspi- Valens, dès la seconde année de son regne, devenu si odieux qu'on le comparoit à Tibere, se vit menacé de perdre l'empire. Un parent de Julien, Procope, profita de cette disposition des esprits, fut proclamé Auguste par quelques cohortes, & se fit reconnoître à Constantinople, pendant que Valens étoit en Galatie. Il ne regna qu'un an. Peu digne de commander luimême, il fut trahi par ses généraux, & livré à Valens qui lui ôta la vie.

re à l'empire & périt.

Les barbares, que Julien avoit contenus, recommençoient leurs hostilités. Les Gaules étoient exposées aux courses des Francs, des Allemands & d'autres peuples de Germanie. Les Saxons venoient par mer porter la désolation sur les côtes. Les Sarmates & les Quades pilloient la Pannonie. Les Pictes & les Ecossois ravageoient la Bretagne. Les Austuriens & d'autres nations Maures ne causoient pas de moindres désordres en Afrique. Enfin l'orient avoit pour ennemis les Goths, les Isaures, les Perses, les Sarrasins & les Blemmies qui se jetoient souvent sur l'Egypte.

Les barbares tombent de toutes parts sur l'empire.

L'occident fut défendu par les victoires de Valentinien, & par celles de deux de ses généraux, Jovien & Théodose. Cependant ce regne est l'époque, où les Romains, devenus perfides, commettent ouvertement les trahisons les plus noires. Ils égorgent les Saxons qui se retiroient sur la foi d'un traité. Ils font assassiner Vithicabe, roi des Allemands, Gabinius, roi

Trahisons des Romains.

des Quades, & Para, roi d'Arménie. Rome idolâtre avoit eu des Fabricius : pourquoi faut-il que les trahisons deviennent si fréquentes sous des princes Chrétiens. Valentinien, sans doute, quoique confesseur, n'étoit pas assez instruit de ses devoirs. On ne voit pas qu'il ait fait aucune recherche sur les trahisons de ses généraux ; & il paroît avoir trempé lui-même dans la mort de Vithicabe.

Schisme à Rome. 366.

C'est encore à ce regne qu'on voit commencer, dans l'église, des troubles qui se renouvelleront dans la suite, & qui produiront de grands maux. Le siege de Rome étoit déja devenu l'objet de l'ambition, parce que les pontifes avoient mille moyens de s'enrichir, & qu'ils pouvoient vivre dans l'opulence & dans le luxe. Damase, successeur du pape Libere, avoit été élu canoniquement; & cependant Ursin, diacre de l'église romaine, forma un parti, & se fit élire. Ce fut le sujet d'une guerre. L'antipape soutint un siege, dans une basilique. Il fallut que Prétextat, préfet de Rome, payen célebre par sa sagesse & par son équité, armât pour chasser les schismatiques, & ce schisme dura plusieurs années.

Mort de Valentinien. Les Huns & les Alains. 375.

Valentinien mourut en Illyrie dans la douzieme année de son regne & dans la cinquante-cinquieme de son âge, l'an 375, époque où les Huns commencerent à pénétrer en en Europe. (*) Les hordes de ces barbares, les plus puissantes de toutes celles qui erroient dans le nord, toujours armées les unes contre les autres, avoient causé plusieurs révolutions; & celles qui avoient été vaincues, forcées de céder, s'étoient retirées sur les bords de la mer Caspienne & du Pont-Euxin, & tomberent sur les Alains qui habitoient ces contrées. Ces deux peuples, après une guerre longue & sanglante, se réunirent, & passerent ensemble le Palus méotide.

Les Goths s'étendoient alors depuis le Tanaïs jusqu'au Danube, & leur roi Ermanéric se faisoit redouter jusqu'à la mer Baltique, & paroissoit avoir conquis toute la Germanie. Cette nation étoit formée de plusieurs peuples, auxquels une peuplade, originaire de Scandinavie, paroît avoir donné son nom. On distinguoit en général, les Ostrogots qui habitoient l'orient, & les Visigots qui habitoient l'occident. On met parmi les nations Gothiques, les Gépides, les Hérules, & les Vandales: quelques uns ajoutent les Lombards & les Alains. Mais la plupart de ces origines sont peu certaines. Je remarquerai qu'il n'est pas possible que la Scandinavie ait produit tous les peuples qu'on en fait sortir.

Les Goths.

(*) Il faut consulter sur les Huns les mémoires de M. de Guignes.

Les Goths s'établissent dans la Thrace.

Les Goths succomberent sous les efforts des Huns. Ils abandonnerent leur pays au vainqueur, & s'étant reculés jusques sur les bords du Danube, deux cents mille demanderent à Valens la permission de s'établir dans la Thrace, & offrirent de servir dans les armées romaines. Leur proposition fut acceptée, à condition néanmoins qu'ils n'entreroient dans les terres de l'empire, qu'après avoir quitté les armes: condition qui fut mal observée, parce que les officiers de l'empereur furent plus occupés à les dépouiller qu'à les désarmer. D'autres Goths firent encore la même demande, & furent refusés; parce qu'il parut dangereux de recevoir un si grand nombre de barbares. Ils passerent malgré les Romains.

Valens, par avarice, s'expose à manquer de soldats.

Valens comptant que les Goths lui fourniroient désormais assez de soldats, licencia une partie des anciennes troupes, & exempta de la milice les citoyens Romains. Son avarice lui fit voir un avantage à imposer une somme sur chaque village pour chaque soldat dont il l'exemptoit. Il ne vit pas qu'il surchargeoit les peuples déja trop foulés, & qu'il ruinoit les armées.

Soulévement des Goths.

Cependant la Thrace, ne pouvant suffire à la subsistance de ses anciens habitants & des nouveaux peuples qui l'inondoient, éprouva une grande famine, dont les Goths, sur-tout, ressentirent les effets. Maxime & Lupicinus, qui commandoient dans cette province, ne penserent point à les soulager : au contraire, ils les irriterent par des injustices & par des trahisons. Forcés à prendre les armes, les Goths invitent les Alains & les Huns à venir à leur secours. Ces peuples se joignent à eux, & toute la Thrace est exposée au pillage des barbares.

Valens, qui étoit à Antioche, se pressa de faire la paix avec les Perses, & vint combattre les Goths, près d'Andrinople, avec une armée levée à la hâte. Il perdit la bataille & la vie ; les deux tiers de ses troupes resterent sur la place. Il a regné quinze ans.

Valens perd la bataille & la vie.
378

Gratien, depuis la mort de son pere, regnoit en occident, avec son frere Valentinien que l'armée lui avoit donné pour collegue, & qu'il chérissoit comme son fils. Il n'avoit que seize ans, lorsque son pere mourut, & son frere en avoit quatre.

En Occident Gratien avoit, pour collegue, son frere Valentinien II.

La jeunesse de Gratien & la foiblesse de son caractère rendoient presque inutiles les qualités estimables qu'on remarquoit en lui ; quoiqu'élevé dans la piété & dans le goût des lettres par le poëte Ausone, il ne fut jamais capable de s'appliquer aux affaires du gouvernement, & on abusa de sa facilité.

Sa foiblesse le rend incapable de soins & lui fait commettre des injustices.

Il y avoit eu bien des abus sous le dernier regne. On lui persuada d'en punir les auteurs, parce qu'on vouloit perdre Théodose ; & ce

R 2

général, qui avoit servi l'état avec autant de fidélité que de talents, fut exécuté à Carthage. Son fils, disgracié, se retira en Espagne sa patrie: il portoit le même nom. Un prince sage doit moins penser à punir les abus qui se sont commis avant lui, qu'à prévenir ceux qui pourroient se commettre. Les recherches qu'il fait sur le regne qui a précédé, font toujours périr des innocents.

Défaite des Allemands.

Gratien marchoit contre les Goths. Valens, qui craignoit de partager avec lui l'honneur de la victoire, n'ayant pas voulu l'attendre, il tourna ses forces contre les Allemands qui s'étoient jetés dans les Gaules. Il les joignit près de Colmar, les défit & les poursuivit au de-là du Rhin. Ils perdirent plus de trente mille hommes. Gratien se distingua par son courage.

Gratien reconnoissant qu'il ne peut défendre l'empire, s'associe Théodose.

379

Après la mort de Valens, ce prince, âgé de vingt ans & n'ayant qu'un enfant pour collegue, commandoit depuis l'Euphrate jusqu'aux îles Britanniques, & depuis la Numidie jusqu'au Danube. Cependant l'empire avoit toujours ses anciens ennemis. Les Huns venoient d'en augmenter le nombre. Les Goths, vainqueurs, ravageoient la Thrace: ils avoient forcé le pas de Sucques: ils se répandoient dans l'Illyrie, dans la Macédoine, dans la Grece. Sur leurs traces, se poussoient, comme des flots, les Sarmates, les Quades, les Alains, les Huns, les Vandales, les Marcomans. Ces barbares n'avoient plus qu'à franchir les Alpes juliennes, pour porter la désolation dans toute l'Italie.

Le jeune Théodose, relégué en Espagne, paroissoit l'unique ressource de l'empire. On ne présumoit pas néanmoins que Gratien l'employât, parce que les princes pardonnent rarement à ceux qu'ils ont offensés. On se trompa. Théodose fut rappellé, eut le commandement des armées, & défit les Goths & les Sarmates qui s'étoient rassemblés sur le Danube. L'année suivante, Gratien le prit pour collegue, & lui céda l'orient.

CHAPITRE II.

Théodose.

Les Goths obtiennent des terres.

APRÈS avoir été vaincus par Théodose, les Goths n'avoient plus de retraite, puisque leur ancien pays étoit occupé par les Huns. Il falloit, par conséquent, les exterminer, ou leur céder des terres. Il eût été cruel & dangereux de les réduire au désespoir, & d'ailleurs la Thrace avoit besoin d'être repeuplée. On leur abandonna donc une partie de cette province, on leur donna les droits de cité, on les exempta de tout impôt, & on en fit des soldats pour la défense de l'empire.

Ils servent dans les armées sous des chefs de leur nation.

Les circonstances, qui sont quelquefois plus fortes que toute autre considération, paroissoient demander qu'on prît ce parti. Cependant cette faveur accordée aux Goths, pouvoit armer d'autres barbares, dans l'espérance d'obtenir la même grace, & il eût été plus prudent de les distribuer dans différentes provinces. Vraisemblablement ils ne voulurent pas se séparer, parce qu'ils se seroient livrés à la discrétion des Romains, dont la mauvaise foi leur étoit connue. Ils obtinrent même de ne servir dans les armées, que sous des chefs de leur nation. Il en naîtra bien des troubles.

On auroit tort néanmoins de faire des reproches à Théodose. Quand le désordre est à un certain point, on ne peut pas tout à la fois corriger le présent & pourvoir à l'avenir. Il paroît que ce prince fit tout ce qu'on pouvoit attendre d'un courage éclairé. L'empire eût succombé sans lui : il en a retardé la chûte.

Les maux de l'église, de nature à n'attendre des remedes que du temps, étoient grands, sur-tout, dans les provinces orientales, où Valens, persécuteur des catholiques, avoit été favorable à toutes les sectes & même à l'idolâtrie. Les Ariens, maîtres dans la plupart des grandes villes, s'arrogeoient une espece de domination : d'autres hérétiques, & il y en avoit de bien des especes, briguoient la faveur de la multitude, & semoient la division parmi les peuples. Enfin l'idolatrie avoit encore des temples célébres.

Maux de l'église.

Trop de sévérité pouvoit causer des troubles. Théodose le jugea, & se conduisit d'abord avec réserve. Mais sa douceur ne fut pas approuvée par tous les catholiques. Les plus

La modération de Théodose est blâmée.

ardents se plaignoient, qu'il voulût attirer les ames à la vérité par la persuasion, au lieu de les forcer, par la terreur, à quitter extérieurement leur hérésie; comme si quitter extérieurement l'hérésie, c'étoit devenir catholique. Ils ne savoient, si cette conduite de l'empereur étoit de sa part, défaut de zele, timidité ou prudence. C'est ainsi qu'en parloit, remarque Tillemont, St. Grégoire de Naziance, quoiqu'un des plus modérés; & cela n'est pas étonnant, puisque ce saint blâmoit Constance d'avoir laissé la vie à Julien.

Situation embarrassante de ce prince.

Il seroit difficile de représenter combien la situation de Théodose étoit embarrassante. Tout lui tendoit des pieges, le zele des catholiques, comme le fanatisme des hérétiques. Si ceux-ci vouloient le tromper, ceux-là s'aveugloient quelquefois eux-mêmes. St. Grégoire de Naziance en est une preuve. *Il y a eu des temps*, dit-il, aux payens, *que nous avons eu l'autorité, mais qu'avons nous fait à ceux de votre religion qui approche de ce que vous avez fait souffrir aux Chrétiens ? vous avons nous ôté votre liberté ? avons nous excité contre vous une populace en fureur ? avons nous établi des gouverneurs pour vous condamner au supplice ? avons nous attenté à la vie de quelqu'un ? avons nous même éloigné personne des magistratures ? en un mot, avons nous fait contre vous aucune des choses que vous nous avez fait souffrir, ou dont vous nous avez menacés* ? Je ne conçois pas, dit du Pin, comment St. Grégoire peut accorder toutes ces maximes avec ce qu'il vient de dire, que Constance avoit très mal fait de laisser l'empire & la vie à Julien. On ne conçoit pas non plus comment il faisoit toutes ces questions avec tant de confiance, lui qui blâmoit la modération de Théodose. Avoit-il oublié la loi qui condamnoit au dernier supplice, ceux qui sacrifieroient aux idoles ? & ignoroit-il ce qui s'étoit passé sous Constance & sous Constantin ? Par ce discours de St. Grégoire, on peut juger du langage que tenoient, aux empereurs, les catholiques que le zele aveugloit.

Théodose ne tarda pas à porter des loix contre les hérétiques. La premiere est de la seconde année de son regne, l'an 380. Elle ordonne, à tous les peuples de son obéissance, de suivre la foi du concile de Nicée ; déclarant que ceux qui n'obéiront pas, seront traités comme infâmes, & subiront les peines qui leur seront infligées par la justice divine & par l'autorité impériale.

Loix qu'il fait contre les hérétiques.

Une autre loi, portée l'année suivante, défend à ceux qui ne suivent pas la foi du concile de Nicée, de tenir des assemblées dans les villes, sous quelque prétexte que ce soit. Elle ordonne que toutes les églises de l'empire soient remises aux évêques catholiques ; &

qu'on chasse des villes tous les hérétiques qui feront quelque résistance.

Les Ariens qu'on entreprit de chasser, excitèrent des séditions parmi le peuple. Cependant cette même loi fut renouvellée quelques mois après, avec deux nouvelles clauses: une défense aux Ariens de bâtir des églises, soit dans les villes, soit dans les campagnes, & une déclaration que tous les lieux, où ils auroient fait quelque fonction, seroient acquis au fisc. Enfin, par une loi de 388, Théodose défend aux hérétiques de demeurer dans les villes, & ordonne de les chasser dans les déserts.

Loix contre les idolâtres. L'idolatrie, relevée par Julien, avoit pris sous Valens de nouvelles forces. Théodose tenta de la détruire par des loix. En 381, il défendit les sacrifices, sous peine de proscription, soit dans les temples, soit ailleurs. En 385, il menaça des plus grands supplices ceux qui chercheroient l'avenir dans les entrailles des victimes. En 392, il publia une loi qui défendoit toute immolation, sous peine de mort; & tous les autres actes d'idolatrie sous peine de confiscation des lieux où ils auroient été faits. Enfin, il ordonna de fermer, ou même de démolir les temples; & Cinege, un des préfets du prétoire, fut entre autres chargé de cette commission.

Défauts des De pareils ordres ne pouvoient pas être exécutés, sans quelque résistance de la part des payens. Alexandrie fut, pendant plusieurs jours, le Théâtre d'une guerre qui coûta la vie à beaucoup de Chrétiens, & le sang coula dans plusieurs provinces.

loix de Théodose.

Il faut, dit on, qu'il n'y ait qu'une religion dans l'état. Il le faudroit, sans doute : rien ne seroit plus à desirer. Mais quand il y en a plusieurs, est-ce une raison de chasser une grande partie des sujets, parce qu'ils ne pensent pas comme le prince, de les égorger ou d'en faire des hypocrites & des sacrileges ? car enfin, c'est tout ce que peut la violence. Elle démolit les temples, elle ôte les églises : l'hérésie & l'idolatrie restent. Si les loix de Théodose eussent été exécutées, on eût peuplé les déserts & dépeuplé bien des villes.

Au reste, on se feroit une fausse idée de la conduite de cet empereur, si on en jugeoit par les loix qu'il a portées. *Il espéroit*, dit Tillemont, *que sans qu'il fût besoin de punir, la foi orthodoxe se répandroit assez d'elle-même, quand l'église auroit la liberté entiere de prêcher la vérité. Il avoit, sans doute, plus de compassion que d'indignation pour ceux qui aimoient leur aveuglement ; & il pouvoit juger que moins les hérétiques seroient persécutés, plus ils se diviseroient & se persécuteroient eux-mêmes, ce qui ne manqua pas d'arriver. Les loix mêmes*, ajoute cet écrivain, *dont il ne pressoit pas l'exécu-*

tion, les retenoient dans la crainte ; parce que l'églife pouvoit s'en fervir, & s'en fervoit effectivement, lorfqu'elle le jugeoit néceffaire pour arrêter leur audace.

Les premiers empereurs Chrétiens s'imaginerent qu'il suffiroit de menacer, pour ramener à l'églife les hérétiques & les idolâtres, & ils porterent des loix fanglantes. Ils fe tromperent l'événement le prouva : mais ils ne voulurent pas avouer qu'ils s'étoient trompés. Ils continuerent donc de porter les mêmes loix, & cependant ils n'en preffoient pas l'exécution, parce qu'ils voyoient l'impoffibilité où ils étoient de les faire exécuter. Cette contradiction fauvoit la dignité du prince.

Cette conduite des empereurs accoutuma peu-à-peu à penfer que les peines, portées par les loix, n'étoient que comminatoires, & il en réfulta deux inconvéniens. D'un côté, ces loix ne pouvoient être un frein pour les peuples, qui s'accoutumoient à regarder, comme de fimples formules, les peines dont elles menaçoient ; de l'autre, l'exécution de ces loix devenoit une chofe arbitraire, qu'on abandonnoit au fanatifme, au faux zele & aux intérêts particuliers de tous ceux qui avoient quelque autorité dans les provinces : car fi les empereurs ne la preffoient pas, il eft certain qu'ils ne l'empêchoient pas. Les loix mêmes de Théodofe permettoient les voies de fait contre les hérétiques ; elles armoient donc, les uns contre les autres, tous les citoyens qui voudroient se servir du prétexte de la religion. Depuis Constantin, il y a bien peu de sagesse dans la législation ; & il y en aura encore moins, parce que l'ignorance se répand tous les jours davantage.

Les désordres, au commencement du regne de Théodose, n'étoient pas les mêmes dans toute l'église. En occident, s'il s'élevoit quelques troubles, elle jouissoit en général de la paix. En orient, au contraire, déchirée par une multitude de sectes, elle étoit encore troublée par les divisions même des catholiques. Un concile paroissoit l'unique moyen de rétablir l'union : on le crut au moins, & Théodose en convoqua un à Constantinople, où cent cinquante évêques de ses provinces se rassemblerent ; l'occident n'y prit point de part. St. Mélece, évêque d'Antioche, y présida.

Concile œcuménique de Constantinople. 381.

Le concile commença par déposer Maxime le cynique, qui s'étoit établi sur le siage de Constantinople, & dont l'ordination étoit nulle ; cette place fut donnée à St. Grégoire de Naziance.

Sur ces entrefaites, St. Mélece étant mort, il s'éleva dans le concile, des dissentions au sujet de l'élection à l'évêché d'Antioche. Les esprits s'échaufferent : on se souleva contre St. Grégoire, dont l'avis n'étoit pas celui du grand nombre ; & on parla de le déposer, sous prétexte que son intronisation étoit contraire aux canons. Ce saint aima mieux se démettre, que d'être l'occasion d'un schisme.

Il étoit beau de renoncer à un siege qui étoit le second de l'église, & qui paroissoit le disputer au premier ; il eût été plus beau de le quitter sans regret, & on est fâché de voir St. Grégoire se plaindre durement des évêques qui l'avoient forcé à cette démarche. Il les représente comme des gens ignorants & grossiers, comme des superbes & des ambitieux, comme des avares qui ne songent qu'à amasser par toutes sortes de voies, comme des hypocrites qui sous l'apparence des vertus, cachent de grands déréglements. C'est, dit il, une assemblée d'oisons & de grues, qui se battent & se déchirent sans discrétion ; une troupe de geais, un essaim de guêpes qui sautent au visage ; il paroît en effet, que les peres de ce concile montrerent beaucoup de passion, & que St. Grégoire avoit raison d'en être scandalisé.

Après avoir fait des réglements sur la discipline & sur la jurisdiction des églises, le concile fit des canons sur le dogme. Les Macédoniens, qui nioient la divinité du St. Esprit, & les Apollinaristes qui avoient différentes erreurs sur l'incarnation, furent anathématisés, ainsi que les Ariens; & comme il importoit de s'expliquer, sur la divinité du St. Esprit, avec plus de précision qu'on n'avoit fait jusqu'alors, on ajouta au symbole de Nicée, que le St. Esprit procéde du Pere. On ajoutera dans la suite *& du fils*, ce qui sera le sujet d'une longue dissention.

Ce concile, le second œcuménique, n'a été reconnu, en occident, que long-temps après, & quoique reçu en orient, sans obstacles de la part des évêques catholiques, il ne fit pas cesser les disputes. A Constantinople, sur-tout, elles dégénéroient en manie, on dogmatisoit dans les places publiques; comme à la cour, & il n'y avoit point d'artisan, qui ne se donnât pour théologien. *Si vous voulez changer une piece de monnoie*, dit St. Grégoire de Nysse, *on vous fait de grands discours sur la différence du fils engendré & du pere non engendré: si vous demandez combien vaut le pain, on vous répond que le pere est plus grand, & que le fils lui est soumis: & si vous demandez quand le bain sera chaud, on vous assure bien sérieusement que le fils a été créé.*

Théodose invita les chefs des différentes sectes à conférer ensemble, & il les rassembla à Constantinople. Il se flattoit qu'ils s'expliqueroient, qu'ils s'entendroient, & qu'ils se rapprocheroient; il se trompa; la dispute les

Théodose fait conférer ensemble les chefs de secte, & la dispute les aigrit.

aigrit, & ils en devinrent plus opiniâtres ; c'est ce qu'on devoit attendre des passions, de la mauvaise foi & du fanatisme qui divisoient les partis.

Il est pardonnable de se tromper, quand on fait le premier une tentative; on peut donc excuser Théodose. Mais cette faute sera souvent répétée. On diroit que les souverains sont condamnés à ne pas s'instruire par l'expérience.

Gratien, devenu odieux, perd l'empire & la vie. 383.

En occident, Gratien publioit les loix de Théodose, & quelquefois il en pressoit l'exécution. Il fit abattre dans le sénat l'autel de la victoire, monument auquel la superstition attachoit le sort de l'empire : il confisqua les revenus des pontifes: il supprima les privileges des prêtres payens & des vestales : & il refusa le titre de souverain pontife que les empereurs, même chrétiens, avoient porté jusqu'alors ; ce refus, qui parut aux catholiques un acte de piété, offensa les Romains qui le regarderent comme une marque de mépris.

Pendant qu'il aliénoit ses sujets, il attiroit à la cour les barbares, dont les hommages flattoient sa vanité : il ruinoit son épargne par des profusions, & il négligeoit tous les soins du gouvernement. Sa conduite lui fit perdre l'estime des troupes & l'amour des peuples.

Maxime, qui avoit été valet dans la maison de Théodose, & qui pour lors commandoit

doit en Bretagne, profita de ce mécontentement, se fit proclamer Auguste & passa dans les Gaules. Gratien marche contre lui: mais son armée l'abandonne: les villes même s'opposent à sa suite; elles lui ferment les portes; & lorsqu'il croit échapper à la faveur d'un déguisement, il est arrêté, & perd la vie.

Valentinien II, alors âgé de douze ans, reconnut Maxime, qui promit de ne pas passer les Alpes, & Théodose dissimula. Les Huns & les Perses, qui étoient entrés dans la Mésopotamie, lui faisoient une nécessité de porter ses forces en orient, & ne lui permettoient pas de s'engager dans une guerre civile. Il parut donc aussi reconnoître Maxime; il songea néanmoins à le repousser, s'il formoit quelque nouvelle entreprise, & il saisit la première occasion de faire la paix avec la Perse.

Maxime, qui a fait périr Gratien, arme contre Valentinien, & a la tête tranchée. 387

Quelques années après, Valentinien n'eut que le temps de s'enfuir, & de se jeter entre les bras de Théodose, qui arma & qui vainquit Maxime. Cet usurpateur eut la tête tranchée; d'ailleurs on ne fit aucune recherche de ceux qui avoient suivi son parti. Théodose publia même une amnistie pour les rassurer; & il rétablit Valentinien dans l'empire d'occident.

Son armée étoit presque toute composée de Huns, d'Alains & de Goths, c'est qu'il eût eu peu de troupes, s'il n'eût pas soudoyé des barbares. Il étoit même nécessaire de s'en

L'armée de Théodose étoit presque toute compo-

Tom. X.   S

fée de barbares.

servir, parce qu'incapables de goûter la paix, ils auroient attaqué l'empire, s'ils ne l'avoient pas défendu. Cependant cette politique avoit l'inconvénient de leur apprendre l'art de la guerre, & de leur faire appercevoir toute la foiblesse des Romains.

St. Ambroise empêche de punir les incendiaires d'une synagogue.

Théodose, qui s'arrêta quelques années en Italie, étoit à Milan, lorsqu'il apprit que des Chrétiens avoient brûlé une synagogue, à Callinique en Mésopotamie; il ordonna de punir les incendiaires, & de réparer les dommages faits aux Juifs. Cet ordre, quoique juste, fut un sujet de scandale pour St. Ambroise, évêque de Milan; il écrivit à l'empereur, que l'évêque de Callinique seroit prévaricateur, s'il lui obéissoit: il lui représenta que les Juifs avoient souvent brûlé des églises, sans qu'on les eût punis, ni condamnés à les rétablir: & il ajouta qu'il étoit indigne d'un prince chrétien de prendre le parti d'une synagogue contre l'église. Sa lettre, comme le remarque du Pin, tenoit plus de la déclamation que du raisonnement; & cependant il menaçoit l'empereur de le priver de la communion, s'il ne révoquoit ses ordres. Théodose les révoqua; il eut lieu de s'en repentir: car les Chrétiens, impunis, se porterent dans la suite à de tels excès, qu'il fut obligé de sévir, & de porter une loi pour réprimer leurs violences.

Il me semble que, sans manquer au respect qu'on doit au zele de St. Ambroise, on peut dire que les noms de juifs & de chrétiens lui ont fait prendre pour une affaire de religion une affaire de pure police; qu'il a eu tort, par conséquent, de se porter pour juge de la conduite de l'empereur, & encore plus de le menacer d'excommunication.

Pendant le séjour que Théodose fit en Italie, il prit en quelque sorte sous sa tutele le jeune Valentinien, & il gouverna l'occident. C'est alors, sur-tout, qu'il parut se flatter de pouvoir porter les derniers coups à l'idolatrie: c'est alors aussi que ses loix occasionnerent plus de soulevements. Il vint à Rome, où quoique ferme dans ses principes, il parut se conduire avec plus de modération. Il exhorta les sénateurs à embrasser la religion chrétienne: il n'accorda rien à leurs instances pour le maintien de l'ancien culte : au contraire, il supprima les fonds destinés pour les sacrifices. Mais il témoigna de la considération aux payens qui avoient servi l'état, & il donna des dignités à plusieurs.

Conduite de Théodose avec les idolâtres, pendant son séjour en Italie.

Il ne manquoit plus au zele de Théodose que d'édifier l'église par une pénitence publique.

Pénitence publique de Théodose. 390.

Comme on préparoit des jeux à Thessalonique, le peuple de cette ville demanda un cocher du cirque qui avoit été mis en prison, se souleva contre le commandant qui le lui refusoit, l'assomma, & plusieurs autres personnes périrent encore dans cette sédition. L'empereur, qui avoit d'abord ordonné de punir les coupables, se laissa presqu'aussitôt fléchir aux prieres de St. Ambroise & promit de pardonner; cependant on lui représenta que l'impunité est, en pareil cas, d'une extrême conséquence; & on ne manqua pas de raisons d'état assez apparentes, dit Tillemont, pour le lui persuader. *Assez apparentes* me paroît étrange; sans doute, cet ecrivain parle ainsi, parce qu'il ne conçoit pas que les meilleures raisons puissent balancer l'autorité d'un saint; mais St. Ambroise, aujourd'hui exempt d'erreur dans le ciel, n'approuve certainement pas ceux qui pensent qu'il a été infaillible sur la terre.

Théodose devoit donc sévir; mais ceux qu'il chargea des ses ordres, abuserent étrangement de sa confiance. Ce prince avoit fait grace à plusieurs personnes qui avoient conspiré contre lui, & avoit fait grace à la ville d'Antioche où il y avoit eu une sédition violente. Est-il vraisemblable que ses ordres ayent été d'assembler au cirque le peuple de Thessalonique, de l'envelopper de soldats, & d'égorger indistinctement tout ce qui s'offriroit? C'est néanmoins ce qui fut exécuté.

Un prince répond de ceux à qui il confie ses ordres; Théodose étoit donc coupable. St. Ambroise eut le courage de lui reprocher son crime. Cependant il sortit de Milan, parce que, dit

Tillemont, *l'empereur trouvant mauvais qu'il sût les resolutions de son conseil, il étoit de la prudence qu'il s'éloignât de la cour, pour ne point apprendre des choses qu'il ne pourroit ni dire de peur d'exposer ses amis, ni taire parce qu'un évêque ne peut taire la vérité sans blesser sa conscience.* J'avoue qu'il y a, dans la conduite de l'évêque de Milan, des choses que j'ai de la peine à comprendre. Car de quel droit avoit-il des espions dans le conseil du prince ? & comment allioit il, avec la religion, avec la probité, les trahisons qu'il faisoit commettre à ses amis ? Quoiqu'il en soit, l'empereur reconnut son crime, & se soumit à la pénitence publique, alors le seul moyen de se reconcilier à l'église. Il ne fut absous qu'après huit mois d'humiliation. Telle étoit encore dans ce siecle la discipline ; elle se relâchera dans la suite. Cependant les évêques continueront de fulminer des excommunications contre les souverains, vous verrez les abus qui en naîtront. Théodose, pendant sa pénitence, se dépouilla des ornements impériaux ; un jour viendra où l'excommunication dépouillera les princes de toute autorité.

Sous ce regne, les moines commençoient à devenir puissants ; répandus dans les villes, non-seulement, ils faisoient une guerre ouverte aux payens, ils s'ingéroient encore dans toutes les affaires ; ils suscitoient des disputes ; ils

Puissance des moines.

commettoient des violences, & ils excitoient des séditions parmi le peuple. Théodose publia une loi, qui leur enjoignoit de se retirer dans les déserts, conformément à l'esprit de leur état. Quelques années après, ils eurent assez de crédit auprès de lui pour la lui faire révoquer; & depuis cette époque, leur puissance s'est toujours accrue.

Valentinien II perd l'empire & la vie. 392.

Après un séjour de trois ans en Italie, Théodose repassa en orient, &, l'année suivante, Valentinien eut le sort de son frere. Un de ses généraux, le comte Arbogaste, Franc d'origine, le fit assassiner, & revêtit de la pourpre Eugene, qui avoit enseigné la rhétorique, & qui étoit secretaire de Valentinien. Il comptoit gouverner sous le nom de cet empereur.

Eugene, qui a usurpé l'empire a la tête tranchée. 394.

Pour se faire un parti, Eugene rouvrit les temples des idoles, où la foule se précipita. Théodose, à qui il avoit envoyé une députation, dissimuloit, & faisoit ses préparatifs. Deux ans après, vainqueur près d'Aquilée, il fit trancher la tête à Eugene, Arbogaste se tua, & il n'y eut plus de sang versé. Il survécut peu à sa victoire. Il mourut au commencement de l'année suivante, la cinquantieme de son âge & la seizieme de son regne.

Mort de Théodose. 395.

On lui a donné le surnom de grand. Il seroit difficile de l'apprécier. Dans ce siecle, l'ignorance commençoit à tout confondre; & l'esprit, qui dominoit, n'étoit qu'un ramas d'idées contradictoires. C'étoit l'effet des disputes qui s'élevoient entre les sectes, & de la conduite inconsidérée des princes qui les avoient fomentées. Théodose ne paroît pas avoir eu assez de lumieres pour se conduire à travers ce chaos.

CHAPITRE III.

Depuis la mort de Théodose jusqu'à la prise de Rome par Alaric.

Théodose avoit partagé l'empire entre ses deux fils, Arcadius & Honorius. 395.

THÉODOSE, le dernier prince qui ait été maître des deux empires, laissa deux fils, Arcadius âgé de dix-sept ans, & Honorius âgé de dix. Le premier regna, suivant ses dispositions, en orient; le second, en occident.

Foiblesse de ces deux princes.

Voilà donc deux enfants qui vont gouverner, & leur enfance durera. Toujours foibles, il ne seront capables, ni d'acquérir des lumieres, ni d'agir par eux mêmes. Ils seront l'un & l'autre le jouet des intrigues de leur cour, & cependant ils regneront dans les temps les plus difficiles.

Etat de l'empire.

Les divisions intestines renouvelloient sans cesse les plaies qu'elles avoient faites, & une législation absurde les envenimoit. Les barbares menaçoient de toutes parts, & l'empire n'avoit pour se défendre que d'autres barbares, qui l'avoient défendu sous Théodose. C'étoient des Goths, qui étoient commandés par des chefs habiles, & qui voyoient la foiblesse du gouvernement. Les ennemis étoient donc au dedans & au dehors.

Théodose avoit donné, pour ministre, à l'aîné de ses fils, Rufin, Gaulois qui s'étoit élevé à la préfecture d'orient par une suite de perfidies. Cet homme d'ailleurs n'avoit aucun talent.

Rufin, ministre d'Arcadius.

Stilicon, Vandale d'origine, gouvernoit l'occident sous Honorius. Général habile, il ne manquoit pas de lumieres pour l'administration : mais il n'étoit ni moins injuste, ni moins ambitieux que Rufin.

Stilicon, ministre d'Honorius.

Sous ces deux ministres, également avides, tout fut vénal, & les emplois se multiplierent au gré de leur avidité. Ils n'ont remédié à aucun abus. Il paroît plutôt que, voulant se rendre nécessaires, ils n'ont pensé qu'à faire durer les troubles. Leur mésintelligence suffisoit pour les entretenir, & pour en produire de nouveaux.

Ces deux ministres ont entretenu les troubles.

Rufin craignoit l'ambition de Stilicon qui se portoit pour tuteur des deux princes ; & il avoit un autre rival dans Eutrope, eunuque qui prenoit de l'ascendant sur Arcadius, & qui devoit bientôt gouverner. Cet homme, pour qui tout moyen étoit bon, osoit aspirer aux premieres dignités, abusoit insolemment de la foiblesse de son maître, & avoit la rapacité des gens de son espece.

L'eunuque Eutrope.

Irruption des barbares dans l'empire d'orient.

Les Huns ravageoient l'Asie, & les Goths de Thrace se répandoient dans toutes les provinces situées entre la mer Adriatique & le Pont-Euxin. Ils se présenterent aux portes de Constantinople, & ils se jeterent sur la Grece. Alaric, leur chef, avoit servi sous Théodose contre Eugene. Il se montrera bientôt en Italie. On veut que Rufin, pour ruiner Stilicon, ait imaginé d'appeller ces barbares dans les provinces qu'il gouvernoit lui-même. Cette conduite eût été bien mal adroite. Il est plus naturel de penser que ces peuples n'inondoient l'orient, que parce que Théodose n'étoit plus.

Stilicon, traversé par Rufin, est forcé de faire retraite devant Alaric.

Stilicon, dont la prudence & le courage avoient mis les provinces occidentales à l'abri des insultes des barbares, marcha contre Alaric avec une armée composée des troupes de Théodose & de celles d'Eugene, & joignit les Goths dans la Thessalie. Il se disposoit à les attaquer, lorsqu'un ordre d'Arcadius lui enleva une partie de ses forces. Rufin avoit engagé son maître à rappeller l'armée de Théodose. Stilicon la renvoya, & chargea du soin de le venger, Gaïnas, capitaine Goth qui la conduisit à Constantinople ; trop foible alors pour hasarder une bataille, il se retira.

Gaïnas le venge. Mort de Rufin.

Arcadius vint au devant de l'armée. Rufin l'accompagnoit. Il comptoit sur les intelligences qu'il avoit ménagées parmi les troupes; & ce jour là même, il se flattoit de partager l'empire avec son maître. Mais au signal que donna Gaïnas, des soldats se jeterent sur lui & le tuerent aux pieds de l'empereur.

Eutrope le remplaça & en eut la dépouille. Ce nouveau ministre, qui n'ignoroit pas combien il étoit haï & méprisé, fit une loi qui condamnoit à mort, tous ceux qui conspireroient contre un des conseillers du prince, ou qui en auroient formé le dessein; & on ne vit plus que des délations & des proscriptions. Cependant le ministre donnoit des fêtes à son maître.

Eutrope lui succede.

Alaric, qui avoit conduit les Goths jusques dans le Peloponese, leur livra la Grece. Ils ruinerent, sur-tout, les temples des idoles; & ce qui avoit échappé aux loix des empereurs, ne put échapper à leurs armes. Ce sont les barbares qui acheveront la ruine de l'idolatrie.

Les Goths ravagent la Grece.
396

Corinthe se défendoit encore, lorsque Stilicon marcha une seconde fois contre les Goths. Il eut des avantages dont il ne profita pas. Les uns le blâment, d'autres le justifient. Il est certain qu'Eutrope le traversa. Il le fit déclarer ennemi de l'empire, pour avoir attaqué les barbares dans le Peloponese; la cour de Constantinople fit même alliance avec Alaric, & lui donna le commandement dans la Grece

Stilicon marche contre eux; il est traversé par Eutrope.

& dans l'Illyrie orientale. Ces deux provinces faisoient partie de l'empire d'orient, depuis le partage que Gratien avoit fait avec Théodose.

Eutrope excite des soulevemens en occident.

Toujours jaloux de Stilicon, Eutrope tenta de le faire assassiner. Il sollicita les généraux d'Honorius à se soulever; & il réussit à faire prendre les armes à Gildon, qui commandoit en Afrique, & à qui sa révolte coûta la vie.

Il est fait consul.
399.

Il gouvernoit l'orient, & son ambition n'étoit pas satisfaite. Il vouloit réunir en lui les titres à la puissance. Il ne voyoit pas qu'il les aviliroit sans se décorer; & son maître, trop foible, le fit consul. L'orient en fut indigné, & l'occident refusa de le reconnoître; pour avoir voulu trop s'élever, Eutrope hâta sa perte.

Trame de Gaïnas contre Eutrope.

Un Goth qui commandoit en Phrygie, le comte Tribigilde, se souleve; & Gaïnas, qu'on ne savoit pas être d'intelligence avec lui, est chargé de le réduire. Celui-ci part. Arrivé en Phrygie, il exagere les forces du rebelle, il en fait craindre les progrès, & il conseille de traiter avec lui; ajoutant que Tribigilde n'a pris les armes, que pour se soutenir contre Eutrope, & qu'il est prêt à les quitter, si on veut lui sacrifier cet eunuque.

Eutrope a la tête tranchée.

Eudoxie, femme d'Arcadius, jalouse de gouverner, & d'ailleurs irritée contre Eutrope qui avoit menacé de la chasser du palais, se joignit à ses ennemis, & obtint de l'empereur un ordre de l'arrêter. Cet eunuque eut la tête tranchée, l'année même de son consulat. Il fit voir combien les favoris les plus puissants doivent peu compter sur un prince foible.

Eudoxie prit les rênes du gouvernement, & on put tout se permettre, sous cette femme, gouvernée elle-même par des eunuques. En effet, Gaïnas, qui se révolte, force l'empereur à lui livrer les victimes qu'il demande: il le force à venir à Chalcédoine pour traiter avec lui: il le force à lui conserver le titre de général; il obtient même les ornements du consulat, & il entre dans Constantinople, comme en triomphe.

Gaïnas se révolte.

Dans ce siecle, il semble qu'il n'y avoit plus que le zele de la religion qui pût donner du courage. Les Goths étoient Ariens, & ils n'avoient point d'église. Gaïnas en demande une. St. Jean Chrisostome, évêque de Constantinople, la refuse, également inflexible aux menaces de Gaïnas & aux instances de l'empereur. On prend les armes. Les Goths sont massacrés, & leur chef forcé à se retirer au de-là du Danube, y trouve les Huns, qui étoient toujours les ennemis des Goths, & perd la vie en combattant contre eux.

Il perd la vie dans un combat contre les Huns.

L'orient n'offre que des troubles.

L'orient, jusqu'à la mort d'Arcadius, n'offre plus que des troubles, produits d'un côté par le zele & de l'autre par la persécution. St. Jean Chrisostome vouloit réformer les mœurs, & Eudoxie persécutoit ce saint évêque, le plus vertueux & le plus éloquent de son siecle.

Alaric en Italie. 402

Pendant que ces désordres se passoient en orient, l'occident étoit plus que jamais exposé aux irruptions des barbares. Alaric, souverain en quelque sorte dans l'Illyrie où il commandoit, & proclamé roi par ses troupes, ravageoit les provinces qu'arrose le Pô, & menaçoit Rome. On n'avoit point d'armée à lui opposer. Stilicon entame une négociation, fait ses préparatifs, & tombe tout-à-coup sur les Goths. La bataille fut sanglante & indécise. Mais les enfants d'Alaric ayant été faits prisonniers, il fut obligé d'accepter la paix aux conditions qu'on lui offrit, & il se retira.

Honorius établit son siege à Ravenne.

Maximien avoit établi son siege à Milan, afin d'être plus à portée de défendre les frontieres. Honorius, qu'Alaric venoit d'effrayer, établit le sien à Ravenne, afin d'être plus à portée de s'enfuir; il pouvoit de-là passer en Epire. La lâcheté de ce prince livroit donc l'Italie aux barbares.

Défaite de Radagaise. 405

Aussi les Goths reparurent bientôt; plus de deux cents mille hommes, conduits par Radagaise, se jettent sur cette province, pénetrent jusqu'en Toscane, & mettent le siege devant Florence. Radagaise étoit idolâtre, & il en paroissoit plus formidable aux payens, qui croyoient que la protection de ses dieux lui assuroit le succès de son entreprise. Leur aveuglement étoit même si grand, qu'ils se réjouissoient de cette invasion. Ils se flattoient que le moment étoit arrivé, où ils alloient relever les temples, & rétablir l'ancien culte.

Les barbares, ignorants dans l'art militaire, n'étoient propres qu'à ravager un pays ouvert; & s'ils tentoient une entreprise avec courage, ordinairement ils l'executoient avec peu de précaution. Stilicon leve à la hâte une armée, composée principalement de Huns, d'Alains & de Goths, surprend Radagaise & le défait entiérement. Ce chef, qui fut pris, perdit la vie. On fit une quantité étonnante de prisonniers; & ceux qui échapperent au fer du vainqueur, se disperserent dans les montagnes, où ils périrent presque tous. Pour perpétuer le souvenir de cette victoire, le sénat éleva un arc de triomphe qui fut le dernier.

Cette victoire en effet, étoit le dernier effort d'un empire qui ne pouvoit plus se soutenir. Honorius va perdre toutes les provinces transalpines.

Un déluge de barbares inonde tout à coup les Gaules, & se répand sans obstacle jusqu'aux

Invasion des barbares dans

Pyrénées. Ce sont des Vandales, des Sueves, des Alains, des Huns, des Sarmates ; & bientôt après, les Francs & les Bourguignons suivent le chemin qui leur est ouvert.

les Gaules. 406

Les troupes romaines, qui étoient en Bretagne, ne pouvoient plus attendre de secours, & cependant elles étoient exposées aux invasions des Pictes & des Ecossois, peuples féroces qui habitoient le nord de l'île. Elles songerent à leur défense. Après avoir nommé Auguste Marc qu'elles tuerent, & Gratien qu'elles tuerent encore, leur choix s'arrêta sur un soldat, qui prit le nom de Constantin. Ce nouvel Auguste passa dans les Gaules dont il s'assura. Son fils Constant, qui de moine venoit d'être fait César, lui soumit l'Espagne; & Honorius fut forcé de le reconnoître.

Constantin maître des Gaules & de l'Espagne, & reconnu par Honorius. 407

Alaric menaçoit alors l'Italie, il paroît qu'il avoit fait des préparatifs pour une entreprise à laquelle Stilicon l'avoit invité, & qu'on avoit été obligé d'abandonner ; & il demandoit en dédommagement une somme qu'on ne pouvoit pas lui donner, & qu'on lui promit.

Alaric menace l'Italie.

Sur ces entrefaites, on apprit la mort d'Arcadius, qui laissoit l'empire à Théodose son fils, enfant de sept ans; on prétend que Stilicon songeoit à la tutele de ce jeune prince, lorsqu'il périt par la perfidie d'Olimpius dont il avoit fait la fortune.

Mort d'Arcadius, & de Stilicon. 408

Olim-

Olimpius l'accusoit d'aspirer à l'empire, & d'avoir appellé les barbares dans les Gaules. Cependant le foible Honorius balançoit à lui livrer sa victime. Alors, profitant de l'absence de Stilicon, il souleve l'armée contre les amis de ce ministre, & il les fait égorger. L'empereur ne balance plus: il auroit trop craint le ressentiment de son général. Il le fit donc arrêter, & on lui trancha la tête.

L'empire perdoit un défenseur. Cependant cette révolution lui enlevoit des soldats, & les armoit contre lui. Trente mille barbares, qui avoient servi sous Stilicon, & dont les femmes & les enfants avoient été massacrés dans le soulevement, se réfugierent auprès d'Alaric, lui offrirent leurs services, & lui demanderent vengeance.

<small>Trente mille barbares, qui avoient servi dans les armées Romaines, passent dans le camp d'Alaric.</small>

Le roi Goth traverse l'Italie sans obstacle, & vient jusqu'à Rome qu'il assiége. Olimpius, qui s'étoit saisi du ministère, n'avoit pris aucune mesure pour l'arrêter: il étoit même hors d'état de donner aucun secours aux Romains; & il venoit de répondre avec un mépris outrageant, lorsqu'Alaric avoit fait demander la somme qu'on lui devoit.

<small>Rome assiégée par Alaric. 408</small>

Rome, bientôt réduite à la derniere extrémité, n'eut pas assez d'or pour se racheter. Elle livra ce qu'il y avoit de plus précieux dans les temples des idoles; & parce que cela ne suffisoit pas, elle s'engagea par un traité

<small>Elle capitule.</small>

que l'empereur ratifia, & donna, pour ôtages, les enfants des principaux citoyens. Alaric se retira dans la Toscane, où il attendit l'exécution du traité.

Alaric reprend les armes. 409.

On lui manqua de parole, & il reprit les armes. Son armée étoit grossie des troupes d'Ataulfe, son beau frere, & de quarante mille esclaves qui s'étoient enfuis de Rome.

Honorius fait des loix pour & contre les hérétiques & les payens.

Olimpius venoit d'être disgracié, & avoit eu, pour successeur, Jovius, préfet du prétoire, un traître sans talents. Sous le premier de ces ministres, Honorius avoit porté des loix sanglantes contre les hérétiques & contre les payens : sous le second, il leur accorda, aux uns & aux autres, une entiere liberté de conscience.

Alaric donne & ôte tour à tour la pourpre à Attale.

Pendant que, remué uniquement par les intrigues de sa cour, il ne fait que des démarches ou fausses ou contradictoires, Alaric force les Romains à le méconnoître ; & leur donne, pour empereur, Attale, préfet de la ville, fantôme qu'il revêt & qu'il dépouille tour-à-tour de la pourpre, suivant ses intérêts.

Les Vandales s'établissent en Espagne.

Sous prétexte de secourir Honorius, Constantin se proposoit la conquête de l'Italie, lorsque Géronce, qui commandoit pour lui en Espagne, se souleva : ce fut à cette occasion que les Vandales, les Sueves & les Alains pasferent les Pyrénées. Ils profiterent de cette guerre civile pour s'établir en Espagne. Ils mirent d'abord tout à feu & à sang. Devenus plus humains, lorsqu'il furent possesseurs tranquilles, ils gouvernerent les peuples avec douceur ; mais cette révolution fit aux églises de cette province une plaie qui saigna long-temps : elle répandit l'Arianisme, elle corrompit la discipline, & elle fit oublier toutes les loix ecclesiastiques.

Les barbares continuoient toujours de ravager les Gaules, & Constantin, qui portoit son ambition au de-là, n'y avoit pas encore assuré sa puissance Chaque peuple étoit obligé de penser à sa sureté. C'est dans cette conjoncture, que les Armoriques, qui habitoient les côtes entre la Seine & la Loire, secouerent le joug des Romains, & commencerent à se gouverner en république. Honorius venoit alors de renoncer à toute souveraineté sur la Bretagne, & les peuples de cette île recouvroient leur liberté.

Les Armoriques secouent le joug des Romains.

Alaric traitoit avec la cour de Ravenne, lorsque Sarus, capitaine Goth qui étoit au service d'Honorius, l'attaqua brusquement. Cette trahison le ramena sous les murs de Rome, & il livra cette ville au pillage. Cependant, parce qu'il professoit l'Arianisme, il ordonna de respecter les lieux saints : il défendit, sur-tout, de faire aucune insulte à ceux

Rome est prise par Alaric. Mort de ce conquerant. 410

qui se réfugieroient dans les églises de St. Pierre & de St Paul. Ces asyles sauverent un grand nombre de citoyens : mais le fer & le feu firent encore de grands ravages. Ce conquérant mourut la même année, lorsqu'il méditoit la conquête de l'Afrique.

CHAPITRE IV.

Jusqu'à la mort d'Honorius.

Les dernieres années d'Honorius n'offrent plus que des troubles, qui se passoient principalement dans les Gaules. Nous les allons parcourir.

Constantin avoit franchi les Alpes, dans le dessein de se rendre maître de l'Italie ; il comptoit sur Allobic, général d'Honorius. La mort de ce traître le força biêntôt à se retirer.

<small>Constantin assiégé dans Arles. Honorius le fait mourir. 411.</small>

Il venoit lui-même de perdre tout à fait l'Espagne, & il alloit perdre l'empire. Géronce, qui poursuivoit Constant, le surprit à Vienne, & lui fit trancher la tête. Il vint ensuite assiéger Arles, où Constantin s'étoit renfermé, & il donna la pourpre à Maxime.

Constantius, général d'Honorius, & le seul que ce prince n'eût pas choisi parmi les barbares, jugea cette conjoncture favorable pour recouvrer les Gaules. Il avoit servi sous Théodose, & il montroit des talents.

À peine eut-il passé les Alpes, que Géronce, abandonné de ses troupes, fut contraint de s'enfuir en Espagne où il périt. Maxime, qui l'y suivit bientôt après, eut le même sort; & Arles ouvrit ses portes. Les habitants obtinrent une capitulation avantageuse, & Constantius promit la vie à Constantin, qui fut ordonné prêtre. Mais Honorius le fit mourir, lui & son fils Julien. Alors Jovin, à la tête d'un corps de barbares, venoit de se faire proclamer Auguste dans la Gaule ultérieure.

Ataulfe dans les Gaules.
412

Ataulfe envoya la tête de ce rebelle à l'empereur, ce qui fait juger qu'il avoit un traité d'alliance avec Honorius. Cette alliance ne dura pas, & il l'avoit prévu, sans doute : car il traînoit toujours après lui Attale, comme un épouvantail dont il pouvoit se servir. En effet, il lui rendit la pourpre, il ravagea les Gaules, & il en conquit une partie. Il épousa néanmoins une sœur d'Honorius, Placidie qu'Alaric avoit faite prisonniere à Rome. Au reste, lorsqu'on le voit reparoître à la tête des Goths, on ne sait pas ce qu'il avoit fait depuis la mort de son beau-frere.

Les Bourguignons s'établissent dans les Gaules.
413

On rapporte à ce temps le premier établissement des Bourguignons dans les Gaules, où ils avoient fait plusieurs irruptions; ils se fixerent dans la premiere Germanie, pays dont l'Alsace n'est aujourd'hui qu'une partie. Ils embrasserent la foi catholique, gouvernerent avec douceur les peuples conquis, & commencerent à s'appliquer à l'agriculture & aux arts méchaniques.

Cependant Conſtantius recouvre une partie des Gaules. Les Goths, qu'il a vaincus, lui abandonnent cette province, & ſe retirent en Eſpagne, où Ataulfe eſt tué; il a pour ſucceſſeur Sigéric, ſon ennemi, qui fait égorger tous ſes enfants, & qui lui-même eſt aſſaſſiné après avoir régné ſept jours. Vallia, que les Goths choiſiſſent alors pour chef, fait la paix avec Honorius : il lui rend Placidie, & il ſe charge de la guerre contre les Vandales.

Révolutions parmi les Goths.
415

Les courſes des Goths qui, malgré leurs victoires, ne peuvent ſe fixer, prouvent combien ce peuple étoit encore barbare, & incapable d'être gouverné par des loix. Il n'y avoit que le temps qui pût enfin le dégoûter d'être par tout en guerre, & de ne trouver la paix nulle part. Vallia avança ce moment. Après de grands avantages qu'il remporta ſur les Vandales, il obtint de Conſtantius la ſeconde Aquitaine où il s'établit. Cette province s'étendoit depuis Toulouſe qui en devint la capitale, juſqu'à l'océan. Elle comprenoit le Poitou, la Saintonge, le Périgord, le Bordelois, l'Agénois, l'Angoumois & la Gaſcogne.

Ils s'établiſſent dans la ſeconde Aquitaine.
419

Il y avoit dix ans que Conſtantius gouvernoit & défendoit l'empire, lorſqu'Honorius le prit pour collegue. Il mourut quelques mois

Mort de Conſtantius.
420

après. Il avoit épousé Placidie, & il laissoit d'elle deux enfants, Valentinien & Honorius.

Mort d'Honorius.
423

Placidie, chassée d'Italie par son frere, se retire avec ses deux fils à la cour de Constantinople, & Honorius meurt la même année. Ce prince a regné vingt neuf ans.

CHAPITRE V.

Jusqu'aux temps où Attila commence à menacer l'empire.

L'EMPIRE de Constantinople offre peu d'événements, depuis la mort d'Arcadius jusqu'à celle d'Honorius. Il fut d'abord gouverné par Anthémius, préfet du prétoire, ministre éclairé, sage & vertueux, qui réprima les abus & qui fit respecter la puissance de son maître.

<small>Anthémius gouverne l'empire d'orient.</small>

Il commençoit à rétablir l'ordre & la tranquillité dans les provinces, lorsque Pulchérie, sœur de Théodose, obtint le titre d'Auguste, parut à la tête des affaires, & prit son frere, en quelque sorte, sous sa tutele. Elle se chargea, sur-tout, de son éducation.

<small>Pulchérie se saisit des rênes du gouvernement.</small>

Cette princesse, plus âgée que Théodose de deux ans, en avoit quinze ; & quoiqu'elle gouvernât l'état, on ne dit point par qui elle étoit gouvernée. On lui donne des talents au dessus de son âge, au dessus de son sexe. On ne parle plus d'Anthémius. Il faudroit cependant, pour l'honneur de Pulchérie, qu'on nous eût appris la mort de ce ministre ; quoi-qu'il en soit, le regne de Théodose prouvera que cette princesse a eu peu de talents ou peu d'influence.

Goût de Théodose le jeune pour les sciences.

Théodose avoit de la douceur, de la piété, du goût pour les arts & pour les sciences, & même assez d'intelligence pour y faire quelques progrès. Curieux de s'instruire, il donnoit beaucoup de temps à l'étude : il paroissoit ne vouloir rien ignorer de ce qu'il est possible de savoir. Avec ces qualités qui se montroient en lui dès son enfance, il se conduira néanmoins comme un prince foible & ignorant.

Sa curiosité ne pouvoit ni se fixer, ni se régler.

Il y a deux sortes de curiosité. L'une nous fait dédaigner tout ce qui nous est étranger, pour nous porter aux choses qu'il est de notre devoir de connoître. Elle ne se lasse point : elle ne quitte pas un objet, qu'elle ne l'ait approfondi : & si elle trouve des obstacles, elle n'en fait que plus d'efforts. Cette curiosité, qui est le caractère des ames fortes, peut seule donner des connoissances vraies, solides & utiles.

Il y a une autre curiosité, qui se trouve quelquefois dans une ame lâche, lente & paresseuse ; tout la dégoûte ; elle ne s'entretient qu'en changeant d'objet continuellement & sans discernement. Elle effleure tout : elle ne saisit rien : si elle s'arrête quelquefois, c'est sur des choses frivoles, qui ne demandent aucun effort de la part de l'esprit. Alors elle se laisse tomber avec tout le poids de son inertie, elle s'appesantit, & elle fatigue, par des questions puériles, ceux à qui elle croit demander des lumieres.

Telle étoit la curiosité de Théodose; ceux qui font son éloge, le disent instruit dans tous les arts & dans toutes les sciences. Il étoit peintre, il étoit sculpteur, il avoit étudié la botanique, il savoit la médecine, il se piquoit de se connoître en pierres précieuses, il se croyoit théologien. *Il se croyoit instruit dans tous les genres.*

Il étoit cependant peu instruit en tous genres, si nous en jugeons par ses connoissances en théologie. Il avoit fait sa principale étude de cette science, & on admiroit, sur-tout, dans cette partie, les progrès de son esprit. *Il s'appliquoit sur-tout à la théologie; mais sans succès.*

Sa piété dégénéroit en foiblesse, parce que c'étoit la piété d'une ame foible. Il prioit sans cesse, il visitoit continuellement les églises, il les enrichissoit, il faisoit un monastere de son palais. Il savoit l'Écriture par cœur. Il en avoit recherché & lu tous les commentaires. Il n'ignoroit aucune des questions qui troubloient l'église. Il connoissoit parfaitement toutes les pratiques religieuses. Enfin il entretenoit, dit-on, les évêques, comme s'il eût vieilli dans le sacerdoce. Voilà ce qu'on louoit en lui. Un fait suffira pour nous faire juger de ses lumieres.

Fait qui le prouve. Un moine, à qui il avoit refusé une grace, eut l'insolence de lui dire, qu'il le retranchoit de la communion des fideles. A ce mot, l'empereur crut voir tomber sur lui tous les foudres de l'eglise. Non-seulement, il eut la simplicité de se croire excommunié, il crut encore devoir s'abstenir de toute nourriture, jusqu'à ce que l'excommunication eût été levée par celui même qui l'avoit portée. En vain un évêque, en qui il avoit confiance, l'assura que tout le monde n'avoit pas le droit de séparer ainsi de l'église; il ne put être rassuré, que lorsque le moine même lui eut donné l'absolution. S'il y a souvent des princes aussi ignorants que celui-là, le sacerdoce n'aura pas de peine à usurper l'empire. Aussi l'usurpera-t-il.

Sa pieté étoit celle d'un moine. Théodose, dit Tillemont, avoit tout ce qu'il falloit pour devenir saint dans une vie particuliere ; &, selon l'expression de St. Augustin, il pouvoit être déifié en demeurant dans la solitude. Il avoit donc de la pieté : mais sa pieté étoit celle d'un moine, & cependant il avoit d'autres devoirs à remplir. Considérons-le comme souverain.

Son ineptie dans les affaires. Autant sa curiosité paresseuse le portoit sur mille choses inutiles, autant elle l'éloignoit des affaires de l'empire. Incapable d'application, il laissoit faire, il approuvoit sans examiner, il signoit sans lire. Il avoit plus de vingt ans, lorsqu'on lui fit signer un acte, par lequel il abandonnoit sa femme pour être esclave. Pulchérie lui avoit elle-même tendu ce piege. Il parut honteux de sa négligence, & il ne se corrigea pas. Il eut trouvé trop de fatigue à veiller sur la conduite de ses ministres : il avoit plutôt fait d'abandonner sa confiance à qui la vouloit, & de laisser faire.

De tous ceux qui entourent un prince foible, les valets sont le plus à portée de se saisir de cette confiance, qu'il veut déposer quelque part. Les eunuques gouvernerent donc sous Théodose. Ils l'occuperent de jeux, & ils prirent pour eux les affaires. Aulieu de commander, il obéissoit : mais il se trouvoit soulagé.

Il abandonne sa confiance aux eunuques

Il falloit donc obéir aux eunuques, ou être traité comme rebelle au souverain, & ce fut une source d'injustices & d'atrocités. St. Isidore, qui vivoit sous ce regne, dit qu'on donnoit des héritiers à des hommes encore vivants; qu'aux uns on enlevoit leurs enfants, à d'autres leurs femmes, & qu'il y avoit peu de citoyens riches, à qui on ne ravît les biens.

Injustices sous son regne

Parce que l'empereur manquoit de courage, les ministres acheterent la paix. Aussitôt les barbares en firent commerce ; & comme ils

Ses ministres achetoient

continuellement la paix. étoient toujours en armes, elle étoit encore à vendre après qu'on l'avoit rachetée. Ce commerce devint ruineux pour l'empire. Les trésors qu'on livroit si souvent, en échange d'une paix qu'on montroit sans la donner, mirent dans la nécessité de surcharger les peuples; & il arriva que l'excès des impôts, joint aux injustices les plus criantes, chassoit de l'empire les meilleurs citoyens. On préféroit d'aller vivre parmi les barbares.

Ils se portoient pour juges en matière de foi. C'est, sur-tout, par son zele pour la religion, que Théodose paroît avoir mérité des éloges. Ce zele néanmoins n'a pas toujours été favorable à la vérité. Il se porta pour juge dans les questions qui diviserent l'église : ou plutôt il en fit juges ses eunuques. Ce n'est pas qu'il voulût s'arroger sur les évêques le droit d'en décider : mais, comme je l'ai dit, les eunuques étoient plus près de lui pour se saisir de sa confiance.

Les bienfaits de Théodose ont été funestes à l'église. Il contribua encore, par une piété peu éclairée, aux déréglements des ecclésiastiques. C'est ce que remarque Tillemont d'après St. Isidore. *La piété des princes religieux a fait voir ou même a causé l'irréligion des évêques*, dit ce saint. *Les honneurs extrêmes, qu'ils leur ont rendus, ont affoibli la piété de ceux qui recevoient ces honneurs ; & les grandes libéralités, qu'ils leur ont faites, leur ont donné occasion de vivre dans les délices & dans les excès du luxe.*

Cette piété, dont parle St. Isidore, ne contribuoit pas seulement à corrompre la discipline ecclesiastique; elle entretenoit encore le fanatisme des idolâtres & des hérétiques qu'elle faisoit persécuter. Théodose renouvella les loix, portées contre eux par ses prédécesseurs, & donna lieu aux plus grands désordres. Les villes furent exposées aux irruptions des moines, qui, se croyant, par état, les executeurs de ces loix sévères, sortoient en force de leurs deserts, tomboient sur les hérétiques, sur les idolâtres, sur les Juifs, soulevoient les peuples, insultoient les magistrats, & commettoient toutes sortes de violences. L'Egypte, où ils étoient en grand nombre, & dont le peuple avoit toujours le même fanatisme, a été plus d'une fois le théâtre de leur séditions sanglantes. En 415, les Juifs furent chassés d'Alexandrie. On pilla leurs biens: on en massacra plusieurs; & Hipatie, parce qu'elle étoit payenne, fut mise en pieces par le peuple. C'étoit la fille du géometre Théon. Elle donnoit elle même des leçons de philosophie. On faisoit cas de ses connoissances, & on respectoit ses mœurs. Il est fâcheux que le zele, quelquefois trop impétueux, de St. Cyrille, alors évêque d'Alexandrie, paroisse avoir contribué à ces malheurs. Théodose ne les punit pas. On n'en sera pas étonné.

Les loix en faveur de la religion occasionnent de grandes violences.

En Perse, vers le même temps, le zele inconsidéré d'un évêque, fut la cause d'une vio-

Persécution contre les

Chrétiens & guerre occasionnée par le zele inconsidéré d'un évêque.

lente persécution contre les Chrétiens. On prétend qu'Isdegerde, roi de Perse, avoit conçu le dessein d'embrasser le Christianisme, lorsque l'évêque Abdas brûla un temple du pays. Cette violence le fit changer de résolution, & il devint persécuteur. La persécution, qui dura jusques sous Varane son fils, forçoit les Chrétiens à se réfugier sur les terres de l'empire. Varane les fit redemander : Théodose les refusa, & ce fut le sujet d'une guerre. La paix se fit l'année suivante, en 422.

Jean proclamé Auguste après la mort d'Honorius. 423

A la mort d'Honorius, Théodose eût tenté de réunir les deux empires sous sa domination, si cette entreprise ne l'eût pas engagé dans une guerre. Mais Jean, secrétaire d'état d'Honorius, avoit été proclamé Auguste, & il comptoit sur une armée de Huns, qu'Aëtius, son général, devoit lui amener.

Théodose envoie Valentinien III. en Italie.

Théodose, se bornant donc à l'orient, reconnut Valentinien III. pour empereur, & l'envoya en Italie avec Placidie sa mere. Il lui donna une armée commandée par Ardabure.

Valentinien est reconnu en occident.

Jean étoit déja décapité, lorsqu'Aëtius arrivoit à son secours avec un corps de Huns. Ce général, qu'il importoit de gagner, passa au service de Valentinien qui fut généralement reconnu ; & Placidie gouverna sous le nom de son fils, enfant de six ans. Il semble que l'empire fût condamné à n'avoir plus de chef.

Valen-

Valentinien devoit principalement l'empire au courage & à la fidélité de Boniface qui commandoit en Afrique. Aëtius, jaloux des droits que ce général avoit à la faveur, tenta de le rendre suspect à Placidie, & il y réussit. En même temps, il écrivit à Boniface, qu'on l'accusoit d'une conspiration, & il lui conseilla de veiller à sa sûreté.

Placidie, trompée par Aëtius, force Boniface à la révolte.

Boniface, qui comptoit sur l'amitié d'Aëtius, ne douta point que sa perte ne fût arrêtée. Appellé à la cour, il refusa de s'y rendre, & il disposa tout pour se défendre dans son gouvernement. Placidie, que cette conduite confirmoit dans ses soupçons, crut voir dans Aëtius un sujet fidéle, & arma contre Boniface.

Celui-ci, trop foible pour résister aux troupes de Valentinien, appelle les Vandales, établis dans la Bœtique depuis quelques années, & il leur fournit des vaisseaux, pour passer le détroit. En moins de deux ans, Genseric, leur roi, capitaine hardi, prudent, habile, sur-tout, à semer la division parmi ses ennemis, se rendit maître de toute l'Afrique, à l'exception de Carthage, Hippone, & Cirte : révolution, qui ne fut pas moins funeste à l'église qu'à l'empire.

Boniface livre l'Afrique aux Vandales.
427

Placidie ayant enfin reconnu qu'Aëtius l'avoit trompée, rendit sa confiance à Boniface, qui tenta vainement de chasser les Vandales. Il perdit encore Hippone, & il fut battu.

Rentré en grace, il défait Aëtius.

Tom. X. V.

A qui on a ôté le commandement, & il meurt de ses blessures.
431

A son retour, Valentinien lui donna le commandement des armées, & l'ôta, ou voulut l'ôter à son rival. Mais Aëtius, qui étoit dans les Gaules à la tête des troupes, le conserva. Il faisoit alors la guerre aux Francs, qui s'établissoient dans la Belgique; & il paroît qu'il leur céda, par un traité, les terres qu'ils avoient conquises.

Pour lui ôter le commandement, il falloit le vaincre. Boniface le vainquit. Cette victoire priva l'empire de deux grands généraux. Boniface mourut de ses blessures quelques jours après; & Aëtius se retira chez les Huns, dans la Pannonie, où il leva une nouvelle armée.

Aëtius se fait craindre, & reprend le commandement des armées.

Avec le secours de ces barbares, il devenoit formidable. Placidie traite avec lui : elle lui rend le commandement des armées: elle y ajoute le titre de Patrice; & ce fut encore un bonheur pour l'empire qu'Aëtius voulût le servir.

État de l'empire d'occident.

Telle étoit la foiblesse du gouvernement : il ne pouvoit punir un rébelle : il se voyoit contraint à le rechercher par des graces. Il autorisoit donc à tout oser ; & on peut juger des abus qui s'introduisoient dans ces temps de révolutions, où l'avarice, le fanatisme & la férocité confondoient tous les droits. Exactions de la part des magistrats, soulévements de la part des peuples : voilà le tableau qu'offroient les provinces. Dans cet état déplorable, elles se réjouissoient en quelque sorte des invasions des barbares, qui n'ayant pas encore appris les vices des Romains, leur faisoient espérer un gouvernement moins odieux.

La plus grande partie des Gaules avoit été abandonnée aux Francs, aux Goths & aux Bourguignons. Valentinien conservoit peu de chose en Espagne, où les Sueves s'étoient emparés de la Bœtique, abandonnée par les Vandales. Il ne lui restoit en Afrique que Cirte & Carthage; & l'Illyrie occidentale étoit moins à lui, qu'aux barbares qui la vouloient ravager.

Provinces qu'il a perdues.

Par-tout où les barbares s'établissoient, ils portoient l'Arianisme ou l'idolâtrie; & ils s'armoient contre les catholiques qu'un zele inconsidéré armoit contre eux. Il sembloit qu'une persécution générale dût achever d'exterminer les peuples. C'étoit l'effet de l'intolérance des empereurs. Leurs loix étoient prises à la lettre, dans ces temps où les barbares, qui conservoient leur férocité jusques dans le sein du Christianisme, ne cherchoient que des prétextes pour s'égorger. Je n'en donnerai qu'un exemple.

L'intolérance armoit tous les peuples.

Sous le regne de Théodose le grand, Ithace, évêque en Espagne, suscita une violente persécution contre les Priscillianistes, hérétiques, auxquels on reprochoit les erreurs des Gnostiques & des Manichéens. On leur enlevoit leurs

Exemple de cette intolérance.

V 2

églises, on les chassoit des villes, on les dépouilloit de leurs biens, on les faisoit mourir dans les supplices. Ce fanatique, à la vérité, fut condamné dans plusieurs conciles. On fit schisme avec lui; & on voit, parmi ceux qui s'élevoient contre ses violences, St. Martin, St. Ambroise & le pape Sirice. Il ne faisoit néanmoins qu'exécuter à la lettre les loix des empereurs.

Les Priscillianistes s'armerent à leur tour contre les Ithaciens, lors de l'invasion des Vandales. Ils recouvrerent leurs églises pendant les desordres qu'occasionna cette révolution, & les évêques catholiques n'eurent plus la liberté de communiquer entre eux. C'est alors que l'Espagne fut réduite à l'état le plus déplorable. La discipline se perdit, la foi s'altéra, les opinions se mêlerent comme les peuples, on ne sut plus ce qu'on devoit croire, & cependant on s'égorgeoit toujours.

Etat de l'empire d'orient. L'empire d'orient étoit entier ou à peu près. Il comprenoit l'Illyrie orientale, la Thrace, le Pont, l'Asie mineure, la Syrie & l'Egypte. Les barbares n'avoient pu s'y établir nulle part, & il jouissoit de la paix qu'il avoit faite avec la Perse : mais l'église étoit troublée.

Hérésie de Nestorius. La nature humaine & la nature divine ne font en Jesus-Christ qu'une seule personne. Les Apollinaristes, pour expliquer ce mystère, imaginerent que le Verbe est l'unique ame de Jefus-Chrift. En combattant cette héréfie, on tomba dans une autre. On ne vit dans le Sauveur qu'une ame humaine : on nia que les deux natures fuffent unies de maniere à ne former qu'une feule perfonne ; & on dit que le Verbe habite dans l'homme comme dans un temple. Il s'enfuivoit de-là, qu'un Dieu n'eft pas né, n'a pas fouffert, n'eft pas mort pour nous.

Neftorius, évêque de Conftantinople, fut l'auteur de cette héréfie. Vain, préfomptueux & violent, il fe fit connoître dès le jour de fon intronifation, lorfque prêchant devant l'empereur, il lui adreffa ces paroles : *faites que la foi orthodoxe regne feule fur la terre, & je vous ferai regner avec Dieu dans le ciel; aidez moi à exterminer les hérétiques, & j'exterminerai les Perfes avec vous.* Il ne lui manquoit plus que de dire : *penfez comme moi, ou je vous exterminerai vous même.* D'autres le diront.

Caractère de cet Héréfiarque.

Il ne tenoit pas à ce fanatique que le fang ne coulât de toutes parts. Il perfécuta les hérétiques à l'abri d'une loi qu'il obtint de Théodofe, & dans laquelle font nommés les Eunomiens, les Valentiniens, les Montaniftes, les Meffaliens, les Marcionites, les Photiniens, les Paulianiftes, les Donatiftes, les Audiens, les Manichéens, les Ariens, les Macédoniens, les Apollinariftes, les Novatiens, les Sabbatiens, les Prifcillianiftes, les Phrygiens, les Borboriens, les Euchites ou

Ses perfécutions.

enthousiastes, les Hidroparastates, les Ascodrugites, les Marcellins. Il n'y est point fait mention des Pélagiens, parce que Nestorius leur étoit favorable. Il importe peu de connoître les erreurs de tous ces hérétiques : il suffit, seulement, de considérer leur nombre, & on jugera des troubles que la persécution devoit produire. Elle commença à Constantinople contre les Ariens. En cinq jours, Nestorius les réduisit à un tel désespoir, qu'ils brûlerent eux-mêmes leur église. Il fut surnommé l'incendiaire. L'incendie consuma plusieurs maisons.

Un concile de Constantinople lui est favorable. Cet hérésiarque persécuteur souleva bientôt toute l'église. S. Cyrille, évêque d'Alexandrie, le combattit avec force. Nestorius lui répondit par des accusations calomnieuses ; & il le fit condamner dans un concile, qui se tint à Constantinople. Vous jugez qu'étant à la cour, il eut pour lui les eunuques, &, par conséquent, Théodose.

Un synode de Rome lui est contraire. Cependant un synode de Rome le condamnoit, & le pape Celestin avoit chargé St. Cyrille d'exécuter, en son nom, la sentence portée contre cet hérésiarque. Un concile général parut alors nécessaire. Tous les évêques en désiroient la convocation, & Nestorius la demandoit lui-même : il comptoit sur son crédit à la cour. Ce concile, convoqué par l'empereur, s'ouvrit à Ephese, le jour de la pentecôte de l'année suivante.

Il ne vint à ce concile aucun évêque ni d'Afrique, ni d'Espagne, ni des Gaules. Il n'y avoit plus dans ces provinces de voitures publiques : & d'ailleurs, les chemins, infestés de gens armés, ne permettoient pas de s'engager dans de longs voyages.

Un concile d'Ephese, tenu à ce sujet. 431

Les évêques d'Egypte & ceux de l'Asie mineure, arrivés les premiers, condamnerent & déposerent Nestorius, le jour marqué pour l'ouverture du concile, & sans attendre les autres évêques. Les députés du pape, qui survinrent après le jugement, approuverent tout ce qui avoit été fait. Mais cette précipitation ayant offensé les évêques d'orient, qui avoient Jean d'Antioche à leur tête, ils firent schisme, & ils déposerent, dans leur synode, St. Cyrille d'Alexandrie & Memnon d'Ephese.

Les deux partis sollicitoient à la cour. Théodose, mal instruit, comme à son ordinaire, crut faire sagement d'approuver tout à la fois la déposition de Nestorius, celle de St. Cyrille & celle de Memnon. C'est ainsi que se portant pour juge entre les deux partis, il les condamnoit & les approuvoit en même temps l'un & l'autre. A la fin, néanmoins, Nestorius, malgré ses intrigues, resta seul déposé. L'empereur rétablit St. Cyrille & Memnon sur leurs sieges; & Jean d'Antioche abandonna l'hérésiarque. Mais l'hérésie ne fut pas éteinte.

Conduite de Théodose entre les deux partis.

V 4

Hérésie d'Eutychès.

En voulant prouver contre Nestorius que les deux natures en Jesus-Christ font une seule personne, St. Cyrille se servit quelquefois d'expressions, qui paroissoient confondre les deux natures en une; tant il est difficile à ceux qui combattent une erreur, d'éviter jusqu'à l'apparence d'une erreur contraire.

Eutychès prit à la lettre les expressions de St. Cyrille. En convenant, qu'avant l'incarnation, la nature divine & la nature humaine étoient distinctes, il avança que, par l'incarnation, elles s'étoient confondues; & que comme en Jesus-Christ il n'y a qu'une seule personne, il n'y a aussi qu'une seule nature.

Eutychès étoit un moine de Constantinople, qui avoit la protection de Chrysaphius, eunuque tout puissant à la cour. Théodose se déclara pour lui. Il eut, pour sectaires, tous les moines d'Egypte; & il fut, sur-tout, soutenu par Dioscore, successeur de St. Cyrille. Cette hérésie n'éclata que quelques années après celle de Nestorius. Je les rapproche, parce que je préfére l'ordre des choses à celui des temps.

Les Eutychéens accusoient les Catholiques d'être Nestoriens, & les Catholiques accusoient les Eutychéens, d'être Apollinaristes. De-là, naquirent de longues dissentions & de grands troubles. Observons la conduite de l'empereur: c'est à quoi nous devons nous borner.

Eutychès ayant été condamné à Constantinople, dans un concile auquel présidoit St. Flavien, évêque de cette ville, Chrysaphius, l'ennemi de Flavien, se plaignit à Théodose de cette condamnation; il la lui représenta comme une injustice criante, & il l'assura que tous les peres du concile étoient autant de Nestoriens. Aussitôt l'empereur fait venir l'évêque de Constantinople: il en exige une profession de foi; & il convoque un concile à Éphése pour le juger. Il ne parloit que d'extirper les restes du Nestorianisme, & il devenoit le fauteur d'une nouvelle hérésie.

<small>Théodose en devient le fauteur.</small>

L'intrigue fit Dioscore président du concile, & lui donna main-forte. Proclus, qui commandoit en Asie, eut ordre de marcher à Éphése avec des troupes. Cette précaution ne fut pas inutile. Les soldats parurent, lorsque Dioscore les demanda, & il fallut céder à la force. Ce conciliabule déclara Eutychès orthodoxe: il déposa St. Flavien; & l'empereur exila les évêques qui ne voulurent pas souscrire à ces iniquités. On tenta vainement de lui dessiller les yeux. Tant qu'il vécut, Dioscore jouit de sa victoire pour troubler l'orient; & ce n'est qu'après la mort de Théodose, qu'Eutychès a été condamné dans le concile de Chalcédoine. Son hérésie dure encore aujourd'hui.

Dans le temps que l'hérésie de Nestorius troubloit l'orient, Attila & Bléda, chefs des Huns,

<small>Traité honteux avec A-</small>

tila & Bléda chefs des Huns.
433

ménaçoient l'empire; & Théodose achetoit la paix. Il s'engagea à ne donner aucun secours aux ennemis des Huns, à rendre tous les transfuges qui s'étoient retirés sur les terres de l'empire, & à payer tous les ans un tribut de sept cents livres pesant d'or. Après avoir fait ce traité, les Huns tournèrent leurs armes contre les nations septentrionales. Nous les reverrons bientôt.

CHAPITRE VI.

Jusqu'à la mort d'Attila.

Nous avons vu des hérésies en orient. En occident où l'on étoit plus barbare, on subtilisoit moins ; & nous n'y verrons que des guerres. *Guerres en occident.* 435

Pour obtenir la paix de Genseric, Valentinien lui avoit abandonné une partie de l'Afrique, & il lui restoit assez d'ennemis. Il étoit alors en guerre avec Théodoric, roi des Goths établis dans l'Aquitaine ; avec les Bourguignons, auxquels Aëtius fut même obligé de céder de nouvelles terres ; & avec les Sueves, qui étoient maîtres de la plus grande partie de l'Espagne. Pendant que ces guerres occupoient les troupes, le gouvernement, tous les jours plus foible, livroit les côtes aux pirateries des barbares ; & l'intérieur des provinces, aux troupes de brigands qui les ravageoient.

Dans ce désordre, il sembloit que, pour assurer ses biens & sa liberté, chacun eût recouvré le droit de sa propre défense, & que ce fût une nécessité de piller, pour n'être pas pillé soi- *Les Bagaudes.*

même. Tout le monde arma. Les paysans, rassemblés par troupes, sous le nom de Bagaudes, se souleverent, principalement dans les Gaules; & ils commirent toutes sortes de violences, pour se soustraire aux vexations des riches & aux rapines des magistrats.

Genseric arme contre Valentinien III.
439

Ces troubles ouvroient l'empire aux ennemis. Genseric en profita. Il rompit la paix, prit Carthage, & fit une descente en Sicile. Aëtius étoit alors occupé dans les Gaules, & Littorius, autre général de l'empereur, avoit été défait & pris par Théodoric. Valentinien permit à ses sujets de s'armer pour leur défense, & leur donna tout ce qu'ils pourroient prendre sur les Vandales. Il ne faisoit que montrer sa foiblesse.

Et Théodose arme sans succès contre les Vandales.
441

L'orient arma. L'eunuque Chrysaphius, qui se proposoit la conquête de l'Afrique, épuisa l'empire pour équiper plus de mille vaisseaux. La flotte aborde en Sicile. Elle est à charge, sans être utile. Genseric amuse les généraux par de feintes négociations. L'armée dépérit; & Théodose est bientôt obligé de la rappeller, pour défendre ses provinces, attaquées par les Perses, les Sarrasins, les Isaures & les Huns. Genseric alors fit la paix, & resta maître de toute l'Afrique.

Attila & Bléda attaquent l'orient.
442

Attila & Bléda, après avoir répandu la terreur, dans la Tartarie, jusqu'à la Chine, étoient revenus en Europe. Ils menaçoient l'Illyrie, & ils offroient de vendre encore la paix à Théodose.

Pour cette fois, le conseil de l'empereur osa montrer de la fermeté. Ce fut la ruine de l'Illyrie, de la Mœsie & de la Thrace; & il fallut finir par acheter la paix. Elle coûta six mille livres pesant d'or, & deux mille qu'on s'engageoit à payer chaque année.

En faisant ces traités honteux, les empereurs vouloient ne donner, aux rois barbares, que le titre de généraux de l'empire, & ils appelloient gages, les tributs qu'ils étoient forcés de payer. Attila ne rejetoit ni n'acceptoit ce titre. Ce n'est pas pour des choses d'étiquette qu'un barbare fait la guerre. Mais il prétendoit avoir, parmi ses esclaves, des rois qui valoient les généraux des empereurs & les empereurs mêmes. *Mon maître & le vôtre*, disoient à Théodose les ambassadeurs de ce conquérant; & Théodose faisoit de magnifiques présents à ces ambassadeurs. Lors qu'Attila vouloit enrichir quelques uns de ses esclaves, il les envoyoit en ambassade à Constantinople.

Fierté d'Attila, humiliation de Théodose.

Attila fit mourir son frere, & regna seul sur les Huns. Il avoit subjugué toutes les nations de la Germanie & de la Scythie, & on prétend qu'il étendit son empire jusqu'à l'océan oriental. C'est-à-dire, que la terreur de son nom se répandit dans le nord de l'Europe & de l'Asie, & pénétra bien au de-là des lieux, où il porta ses armes. Les hordes, qui erroient dans la Tartarie, ont pu reconnoître sa domination, soit

Empire d'Attila.

par crainte, soit pour se rendre elles-mêmes plus redoutables, mais il ne regnoit pas sur elles, comme on regne sur des peuples policés. L'opinion faisoit sa puissance, plutôt que la force; & quoiqu'il fît trembler les Romains, son vaste empire devoit tomber avec plus de rapidité qu'il ne s'étoit élevé.

Théodose veut faire assassiner Attila 449

On n'en jugeoit pas ainsi à Constantinople. Théodose, qui désespéroit de vaincre Attila, tenta de le faire assassiner. Ce fut Chrysaphius, son ministre, qui lui en donna le conseil; & ce lâche eunuque l'assura du succès de cette perfidie. Mais tout fut découvert au roi des Huns, qui demanda que Chrysaphius lui fût livré, & qui traita Théodose comme un esclave perfide envers son maître. L'empereur fut obligé de prodiguer ses trésors pour conserver son ministre.

Mort de ce Prince. 450

Pendant qu'il ruinoit ainsi l'empire, c'est alors que, fauteur de l'hérésie d'Eutychès il troubloit l'église. Il mourut l'année suivante dans la quarante-troisieme année de son regne.

Demandes d'Attila à Valentinien.

Il y avoit plusieurs années qu'Honoria, sœur de Valentinien, princesse que son frere avoit chassée du palais à cause de ses débauches, invitoit Attila à porter les armes en Italie, & lui offroit sa main. Le roi des Huns n'avoit paru faire aucune attention aux sollicitations de cette femme, lorsqu'après la mort de Théodose, il la demanda en mariage à Valentinien, avec la moitié de l'empire. Il supposoit, sans doute, qu'elle y avoit des droits. On lui répondit qu'elle n'en avoit point.

Marcien, vieux soldat qui avoit succédé à Théodose, refusoit de payer le tribut. Il répondoit qu'il n'avoit que du fer pour les ennemis. L'orient, sous ce nouveau prince, paroissoit donc pouvoir se défendre. L'occident offroit une conquête plus facile. C'est ce que Genseric représentoit au roi des Huns, & il l'invitoit à conquérir les Gaules. Il vouloir, surtout, l'armer contre Théodoric, dont il étoit l'ennemi.

Attila s'engage dans cette guerre. Pour en assurer le succès, il négocie tout à la fois avec Théodoric & avec Valentinien : il feint de rechercher également l'alliance de l'un & de l'autre : & il tente de persuader aux Romains qu'il arme contre les Goths, & aux Goths qu'il arme contre les Romains : prêt à tomber sur celui des deux peuples qui se laissera surprendre. Il ne trompa personne : Aëtius ouvrit les yeux à Théodoric.

Sa promptitude parut d'abord le servir mieux que sa politique. A la tête de cinq cents mille hommes, il avoit déja ravagé presque toute la partie des Gaules, qu'arrosent le Rhin, la Moselle, la Marne & la Seine, & il assiégeoit Orléans, lorsqu'Aëtius arrivoit à Arles, où il n'avoit encore rassemblé que peu de troupes. Le roi des Visigots, Mérouée, roi des Francs, les

Bourguignons, & d'autres peuples viennent groſſir l'armée de ce général. Il fait une marche forcée. Il ſurprend les Huns, il en fait un grand carnage, il les pourſuit juſques dans la Champagne, où il remporte une victoire complette. Plus de cent ſoixante mille hommes reſtèrent ſur le champ de bataille. Théodoric fut du nombre des morts.

Attila en Italie.
452

Le nord ne produiſoit que des ſoldats. Quelle que fût donc la perte d'Attila, il lui étoit facile de la réparer; & dès l'année ſuivante, il porta l'effroi en Italie. Il prit d'aſſaut Aquilée qu'il ruina entierement : il dévaſta la Vénétie & la Ligurie; & il parut menacer Rome. C'eſt à cette occaſion que les habitants de la Vénétie cherchant un aſyle dans les îles du Golfe, jeterent les fondements de la république de Veniſe.

Attila, malgré ſes ſuccès, ne ſavoit encore s'il devoit marcher à Rome. Il avoit à défendre ſes états contre l'empereur d'orient, qui lui déclaroit la guerre : ſon armée dépériſſoit par les maladies : & Aëtius, à qui Marcien avoit envoyé des ſecours, venoit de remporter quelques avantages. Il craignoit, ſans doute, ce général. Telle étoit ſa poſition, lorſque le pape St. Léon, envoyé par Valentinien, vint lui demander la paix; il l'accorda. Mais les Romains ſe ſoumirent à un tribut. Il mourut l'année ſuivante.

Sa mort.
453

L'empi-

L'empire d'Attila finit avec lui. Ses fils l'af- *Son empire* foiblirent, parce qu'ils le partagerent, & plus *finit avec lui.* encore parce qu'ils ne succéderent pas à la réputation de leur pere. Les peuples, auparavant soumis, secouerent le joug. Les Huns, presque toujours vaincus, se disperserent. Une partie se retira vers le Pont-Euxin, un grand nombre se confondit avec les autres barbares, quelques uns se donnerent aux empereurs d'orient. Enfin, quinze ou vingt ans après la mort d'Attila, cette nation fut comme éteinte. Son nom ne reparoît plus dans l'histoire.

Le grand talent d'Attila étoit, sans doute, de subjuguer les imaginations foibles. Fier, in- *Ce qu'on doit* trépide, hardi dans ses projets, il paroissoit *penser de ce barbare.* inspiré du dieu des combats. On croyoit même qu'il combattoit avec une épée que ce dieu lui avoit donnée, & on lui rendoit une espece de culte. Les rois, qu'il traînoit à sa suite, attendoient ses ordres sans oser l'envisager, & tous ses soldats trembloient devant lui. Cependant il n'est pas sûr qu'il ait été un grand capitaine. Il ne paroît pas avoir eu d'autres idées de conquêtes, que celles que se font tous les barbares. C'étoit assez pour lui de piller, de ravager, de se faire redouter. Il n'imagina jamais de former aucun établissement solide. Sa domination passagere fut l'effet de la foiblesse de ses ennemis, plutôt que de ses talents militaires.

Tom. X.   X

Sans foi avec les peuples auxquels il faisoit la guerre, il se piquoit de rendre justice à ceux qui lui étoient soumis. Il ne souffroit pas qu'on les opprimât, & il punissoit les violences qui leur étoient faites. Avec un extérieur simple, il affectoit de se mettre au dessus des rois par son mépris pour le faste. C'est sur une chaise de bois que les ambassadeurs de Théodose le trouverent assis; & dans le repas qu'il leur donna, il les fit servir en vaisselle d'or & d'argent, pendant qu'on le servoit lui-même en vaisselle de bois. On auroit dit qu'en dépouillant les Romains, il vouloit plutôt les appauvrir que s'enrichir lui-même. En effet, on ne voit pas le besoin que les Huns pouvoient avoir d'or & d'argent; & on auroit jugé, à leur genre de vie, qu'ils devoient au moins être exempts d'avarice. Mais la contagion des vices est si rapide, que les barbares devenoient avides des richesses, avant d'en connoître l'usage.

CHAPITRE VII.

Jusqu'à la ruine de l'empire d'occident.

Après la mort de Théodose le jeune, il semble que l'orient devoit appartenir à Valentinien:  Droits de Valentinien III à l'empire d'orient. car les deux empires se réunissoient, lorsque l'un des deux empereurs ne laissoit, après lui, personne avec le titre de César ou d'Auguste. Heureusement pour l'orient, il eût été impossible à Valentinien de faire valoir ses prétentions. Il n'y songea même pas, & on disposa de cet empire sans le consulter.

Je fonde uniquement ses droits sur ce qu'il étoit empereur d'occident, & non sur ce qu'il avoit épousé Eudoxie, fille de Théodose. Car l'empire ne se régloit pas comme les autres successions : une fille n'en héritoit pas, &, par conséquent, elle ne pouvoit pas le porter à son mari.

Pulchérie vivoit encore. Il est évident que le nom d'Auguste n'étoit en elle qu'une dignité sans pouvoir, & non un titre qui donnât des

Pulchérie dispose de l'empire en

droits : mais alors on ne faisoit pas ces distinctions. Il semble qu'elle ait cru que l'empire ne lui appartenoit pas, puisqu'elle n'osa pas s'en saisir ; & il semble aussi qu'elle ait cru qu'il lui appartenoit, puisqu'elle en disposa. Elle s'imagina, parce qu'elle étoit Auguste, que celui qu'elle épouseroit seroit Auguste comme elle; & quoique son entreprise fût sans exemple, elle ne trouva point de contradiction. Elle épousa donc Marcien & elle lui donna l'empire. Elle y mit seulement pour condition, qu'il respecteroit sa virginité. Elle avoit cinquante-deux ans, & Marcien en avoit cinquante-huit. C'étoit un soldat de fortune, qui avoit été attaché au général Aspar, fils d'Ardabure.

Dès la seconde année de ce regne, on tint à Chalcédoine le quatrieme concile œcuménique où l'empereur & l'impératrice assisterent, & montrerent leur zele pour la foi catholique. Ce concile condamna l'hérésie d'Eutychès, fit plusieurs canons sur la discipline, & donna le second rang au siege de Constantinople, quoique jusqu'alors Alexandrie & Antioche eussent eu la prééminence. Le pape St. Léon refusa son consentement à ce dernier décret. C'est depuis ce concile, qu'on a donné le titre de patriarche aux évêques de Rome, de Constantinople, d'Alexandrie, d'Antioche & de Jérusalem.

Sous les empereurs, les persécutions venoient souvent à la suite des décisions d'un concile. Marcien fut plus sage. *Il appuya de toute son autorité & par un grand nombre d'édits*, dit Tillemont, *les décrets du concile de Chalcédoine. Mais ce fut sans y mêler aucune violence, qui pût rendre la vérité odieuse. Car il n'ordonna jamais qu'on forçât personne à avouer & à signer quoique ce fût malgré lui, ne voulant point faire entrer les hommes dans le chemin de la vérité par des menaces & des violences.*

Je rapporte les expressions de Tillemont, parce que s'il loue la modération de Marcien, il a plus applaudi encore aux loix violentes de Théodose le grand. Ceux qui, comme lui, font des compilations, sont exposés à se contredire, parce qu'ils pensent d'ordinaire d'après différents écrivains, & rarement d'après eux-mêmes. (*)

Quoique Marcien fût monté sur le trône dans des temps orageux, son regne fut tranquille. Les barbares, après la mort d'Attila, furent trop occupés de leurs dissentions, pour former des entreprises sur les provinces romaines. Les Perses ne purent rompre la paix, parce qu'ils étoient eux-mêmes attaqués par les Huns, qu'on nommoit Cidarites. Les Sarrasins, les

Le regne de Marcien a été tranquille.

───────────

(*) Je ne prétens pas diminuer le mérite de l'ouvrage de ce savant. Au contraire, je déclare que j'y ai puisé le fond de tout ce que je dis sur l'histoire ecclésiastique des premiers siècles.

Blemmies & d'autres peuples du midi, firent, à la vérité, des invasions: mais ils furent bientôt repoussés & contenus.

Mort de Marcien. 457.
Marcien donna l'exemple de l'économie, ce qui suffisoit pour réprimer bien des abus, au moins à la cour : il en réprima par sa vigilance dans les provinces. Il avoit peu de lumieres, mais il fut juste. Il mourut dans la septieme année de son regne.

Mort de Valentinien, à qui Maxime succede.
Deux ans auparavant, Valentinien avoit été assassiné, lorsqu'il venoit lui-même de poignarder Aëtius, que l'eunuque Héraclius lui avoit rendu suspect. Ce prince lâche, qui vivoit dans la débauche, avoit deshonoré la femme de Maxime, personnage puissant qui, pour assurer sa vengeance, trama la perte d'Aëtius & se saisit de l'empire.

Loi de Valentinien favorable au S. Siege.
Sous le regne de Valentinien, le pape St. Léon obtint une loi qui soumettoit à la jurisdiction du saint siege tous les évêques de l'empire. Elle leur défendoit de rien innover sans y être autorisés par le pape, & elle leur ordonnoit de comparoître à son tribunal, toutes les fois qu'ils seroient cités. Cette prérogative faisoit du pape un monarque qui pouvoit abuser de sa puissance, & il en naîtra bien des abus.

Abrogation d'une loi qui faisoit les évêques juges en
En vertu d'une loi d'Honorius, les évêques étoient devenus juges sans appel en matiere civile, & tout plaideur étoit autorisé à porter sa cause devant eux. Environ quarante ans après,

Valentinien abrogea cette loi. On en voyoit déja les inconvénients.

Maxime ne regna que trois mois. Il fut massacré, à Rome, par le peuple, à l'approche de Genseric, qu'Eudoxie, veuve de Valentinien, avoit appellé. Le roi des Vandales pilla cette ville pendant quatorze jours. Il emmena avec lui un grand nombre de captifs, entre autres, Eudoxie & ses deux filles, & il refusa ces princesses à Marcien.

Maxime est égorgé & Rome est pillée par Genseric.

Un Gaulois, général de Maxime, Avitus se saisit de l'empire, & après avoir regné un peu plus d'un an, il tombe entre les mains de Ricimer, qui s'étoit soulevé, & qui le fait sacrer évêque de Plaisance. Nous avons déja vu Constantin dans les Gaules être ordonné prêtre, lorsqu'il fut fait prisonnier par Constantius. Ce sont là les moyens que les barbares imaginoient pour rendre un homme incapable de l'empire. Dans la suite, ils feront moines les princes qu'ils déposeront.

Avitus, qui lui succede, est déposé & on lui donne l'évêché de Plaisance.

Le général Ricimer, Sueve d'origine, n'osant ou ne pouvant prendre la pourpre, vouloit au moins en disposer, & il laissa l'empire sans chef pendant dix mois.

Interregne en occident.

En orient, on voyoit à peu près les mêmes scenes. Le général Aspar y disposoit du trône & n'y pouvoit monter. Il le donna, après la mort de Marcien, à Léon qu'il comptoit gouverner,

Léon en orient. Majorien en occident.

457.

X 4

lorsque Ricimer le donnoit à Majorien qu'il comptoit gouverner également.

Majorien avoit servi sous Aëtius. Il paroissoit capable de retarder la chûte de l'empire. Il s'occupa des moyens de rétablir l'ordre & de soulager les peuples. Il vainquit les Vandales qui avoient fait une descente dans la Campanie; & il força Théodoric II, roi des Goths, à quitter les armes.

Majorien est assassiné. Sévérus lui succede, 461

Ricimer ne vouloit pas d'un prince qui gouvernoit par lui même. Il le fit assassiner, & lui donna, pour successeur, Libius Sévérus qui fut tel qu'il le vouloit. Egidius, tout à la fois général des armées romaines dans les Gaules & chef des Francs qui avoient chassé Childéric fils de Mérovée & pere de Clovis, prit inutilement les armes pour venger la mort de Majorien.

Léon n'a que des vices.

Aspar n'étoit pas aussi maître en orient, que Ricimer en occident. Mais Léon n'avoit que des vices. Son avidité insatiable ruinoit les provinces, & armoit son bras contre les citoyens dont il vouloit la dépouille. Les Grecs néanmoins lui ont donné le surnom de grand, parce qu'il parut vouloir protéger la religion. Ils le louoient, sur-tout, de préférer les affaires de l'église à celles de l'état. Il me semble pourtant que dans un temps où tout préparoit la ruine de l'empire, il étoit de l'intérêt de la religion même, qu'un souverain ne donnât pas moins de soins aux affaires de l'état, qu'à celles de l'église.

Anthémius, petit fils de ce sage ministre qui avoit gouverné sous Théodose le jeune, commandoit les troupes, & venoit de se distinguer dans une guerre contre les Goths de Pannonie, lorsque, par la mort de Sévere, l'empire d'occident se trouva sans chef, & que Ricimer, qui n'osoit prendre aucun titre, gouvernoit en tyran depuis plusieurs mois. Léon donna, pour empereur, ce général aux Romains qui lui avoient envoyé une députation à cet effet ; & Ricimer, forcé d'y consentir, rechercha l'alliance d'Anthémius qui lui donna sa fille en mariage.

Anthémius, après un interregne, succede à Severe. 467

Alors l'empereur d'orient crut devoir prendre la défense de l'empire d'occident, & il déclara la guerre aux Vandales. Il en donna la conduite à trois généraux, Basilisque son beau frere, Héraclius & Marcellin. Ce dernier eut ordre d'attaquer la Sardaigne, dont il se rendit maître sans beaucoup de peine. Héraclius ayant ramassé les troupes de l'Égypte, de la Thébaïde & de la Cyrenaïque, fondit tout à coup par mer sur la Tripolitaine, battit les Vandales, prit Tripoli, & marcha par terre à Carthage. Basilisque parut alors avec une flotte formidable, & la perte de Genseric paroissoit assurée. Mais le Vandale feignit de vouloir traiter de la paix : il obtint une suspension d'armes ; & pendant qu'on négocioit, il surprit la flotte & la brûla.

Léon arme sans succès contre Genseric. 468

Ainsi finit cette entreprise. Basilisque, accusé d'avoir trahi l'état, fut exilé.

Il fait assassiner Aspar.
471

En recevant l'empire, Léon avoit promis de déclarer César un des fils d'Aspar, & il n'en avoit rien fait. Aspar néanmoins sembloit devoir être ménagé. Il avoit un corps de troupes à lui, & plusieurs généraux lui étoient attachés. Pour se faire un appui contre ce sujet trop puissant, l'empereur rechercha l'alliance des Isaures, peuple brigand qui avoit souvent ravagé l'Asie; & il appella un de leurs chefs à sa cour, Zénon, homme sans vertus, sans talents, qu'il prit pour gendre, qu'il fit consul, & auquel il donna le commandement des armées. Alors la jalousie d'Aspar ayant éclaté, Léon, qui feint de vouloir l'appaiser, tient enfin la parole qu'il lui avoit donnée. Mais bientôt après il le fait assassiner avec ses deux fils, Ardabure, & Patricius. Celui-ci néanmoins ne fut que blessé.

Ricimer arme contre Anthémius.

En apprenant la mort d'Aspar, Ricimer crut voir le sort qui le menaçoit. Il leva l'étendard de la révolte, & il vint assiéger Rome où Anthémius s'étoit renfermé.

Mort d'Anthémius, d'Olibrius qui lui succede & de Ricimer.
472

Léon envoie Olibrius au secours de l'empereur d'occident. Ce traître se réunit à Ricimer: il se fait proclamer Auguste: Rome est prise, livrée au pillage; & Anthémius est égorgé. Ricimer mourut de maladie quelques jours après, & Olibrius ne regna pas trois mois.

Glicerius prit la pourpre, & ne la porta qu'un an. La cour de Constantinople ne le reconnut pas; & Julius Nepos, envoyé par Léon, & proclamé à Ravenne, le surprit, le força d'abdiquer, & le fit ordonner évêque de Salone en Dalmatie.

Glicerius prend la pourpre & la perd. Julius Nepos.

Sur ces entrefaites, Léon étoit mort, & avoit laissé l'empire à son petit fils, Léon fils de Zenon.

Mort de Léon 474

Sous ce regne, il y eut un grand chambellan qui se fit moine, & qui continua néanmoins d'être grand chambellan & d'en faire les fonctions. Il y eut aussi un moine consul, qu'on reconduisoit solemnellement à son monastère, où il reprenoit son habit de moine. Ces choses sont d'autant plus étranges, que Léon avoit fait une loi qui défendoit aux moines de sortir de leurs couvents & de se répandre dans les villes. On voit combien les barbares brouilloient toutes les idées.

Un moine chambellan, & un moine consul.

Sous le jeune Léon, âgé de cinq ans, Zénon eut la régence, & se trouva maître de l'empire, quelques mois après, par la mort de son fils. Il le perdit l'année suivante, & s'enfuit en Isaurie. Ce prince, aussi odieux que méprisable, fut déposé par les soldats.

Léon II. Zénon & Basiliscus.

Basilisque, qui avoit été exilé sous Léon I, fut alors proclamé. Il donna les titres de César & d'Auguste à son fils Marc. Il souleva les Catholiques, parce qu'il se déclara pour l'hérésie d'Eutychès; & il fit un grand carnage des Isaures, qui étoient à Constantinople. Zénon, à qui cette conduite forma un parti, recouvra l'empire, deux ans après s'être enfui. Il relégua Basilisque en Cappadoce, où il le laissa mourir de faim, & Marc fut fait lecteur dans une église. Pendant ces troubles, l'empire d'occident finissoit.

Népos est chassé. Augustule lui succede.
475

Népos n'avoit regné qu'un an. Oreste, son général, auparavant secrétaire d'Attila, l'avoit chassé, & avoit donné l'empire à son propre fils, Romulus Augustus, qu'on nommoit Augustule, à cause de sa jeunesse, ou par mépris.

Odoacre regne en Italie avec le titre de roi.
476

Pour faire cesser ces révolutions, les barbares, qui remplissoient l'empire, & qui, par conséquent, en étoient les maîtres, n'avoient qu'à déclarer qu'ils ne vouloient plus d'empereur. C'est ce qui arriva. Odoacre assiégea Pavie, où Oreste s'étoit renfermé, prit cette ville d'assaut, fit trancher la tête à ce général, laissa vivre Augustule, qu'il ne craignoit pas, subjugua l'Italie, & regna avec le titre de roi. C'est ainsi que finit l'empire d'occident, dans la cinq cents septieme année depuis la bataille d'Actium, & dans la douze cents vingt-neuvieme depuis la fondation de Rome.

CHAPITRE VIII.

Conclusion de l'histoire romaine.

Dans cette conclusion, je me propose, Monseigneur, de faire un tableau des différentes formes que les circonstances ont fait prendre au gouvernement. Nous mettrons ces choses dans un nouveau jour, en les renfermant dans un espace plus resserré.

Objet de cette conclusion.

Les Romains n'ont jamais eû la liberté de se faire des loix. Ils se sont élevés, & ils sont tombés par la force des circonstances. Leur situation ne leur permettoit pas de subsister par le commerce ; les arts étoient peu connus en Italie ; & d'ailleurs un ramas de pâtres & de vagabonds étoit peu fait pour les cultiver. Il fallut enlever des femmes & envahir des terres ; & pour défendre ce qu'ils avoient pillé, ils furent dans la nécessité de piller encore. Sous Romulus, ils étoient donc, & ils ne pouvoient être que brigands.

Les Romains brigands sous Romulus.

Ainsi Rome naissante devoit périr ou s'agrandir : telle étoit sa constitution. Elle parut d'abord en changer sous Numa. Les victoires, qui ren-

Sous Numa, sans cesser d'être moi

doient les Romains redoutables, furent des circonstances favorables aux vues pacifiques de ce prince. On dit qu'il adoucit, par ses loix, les mœurs du peuple ; & ce sera avec raison, s'il est vrai que les mœurs puissent devenir plus douces, lorsque l'esprit ne s'éclaire pas sur les devoirs de l'humanité. Pour rendre les Romains fideles à leurs engagements, il fit une divinité de la foi ; il en fit une autre d'une pierre, pour empêcher chaque citoyen d'usurper sur les champs de ses voisins. En un mot, il ne les contint que par la crainte de quelque dieu, & il ne leur donna aucune idée de justice. Ou plutôt il ne les contint pas : car on ne voit pas que les Romains ayent été fideles à leurs engagements, ni qu'ils ayent cessé d'usurper les uns sur les autres. Ils continuerent donc d'être brigands, & ils furent seulement plus superstitieux.

brigands, ils deviennent plus superstitieux.

Numa ne leur parla pas d'une autre vie. Il ne se mit pas en peine de leur expliquer ce qu'ils devoient craindre, s'ils déplaisoient aux dieux. Il étoit bien sûr que ces imaginations grossieres craindroient quelque chose, & c'étoit assez.

Numa ne leur parle pas d'une autre vie.

Il laissa les dieux auxquels on croyoit, & il en imagina d'autres auxquels on ne pouvoit manquer de croire. Il ne raisonna, ni sur leur nature, ni sur leur origine. Il ne les représenta pas jaloux de fouiller dans le cœur, pour punir

Ses dieux sont l'ouvrage de l'ignorance la plus grossiere.

jusqu'aux pensées. Ils paroissoient, ainsi que le législateur, ne juger que des actions extérieures.

Toute la religion ne consistoit qu'en cérémonies. On étoit fort exact à n'y rien changer. Elles se faisoient avec magnificence, & la plus grande partie du culte rendu aux dieux étoit des fêtes pour le peuple L'appareil des cérémonies remuoit l'imagination : l'exactitude à les observer les faisoit respecter; & les spectacles, qui les accompagnoient, attiroient le concours de tous les citoyens. Voilà comment les Romains se préparoient à ne s'occuper que de jeux, lorsque la guerre, qui se feroit au loin, ne laisseroit dans Rome qu'une populace désœuvrée.

La religion toute en cérémonies.

L'unique dogme qui se soit introduit parmi eux, c'est que les dieux s'intéressoient à l'agrandissement de Rome. Il en résultoit deux choses : l'une, que le seul moyen de leur plaire étoit de servir la patrie; & l'autre, que l'utilité de la république étoit la seule regle de conduite. Par là, tout tendoit à l'agrandissement des Romains, & l'on peut ajouter que tous les moyens d'y contribuer devoient paroître également légitimes. Avec cette façon de penser, ils commettoient des injustices, sans se croire injustes, & la superstition sembloit faire une vertu de leur férocité même.

Dogme qui s'introduit.

Effets de la superstition sur les Romains.

Cette religion les a bien servis, précisément parce qu'elle n'a pas adouci leurs mœurs. Elle leur a laissé leur premier caractère : ils étoient brigands par état, elle les fit brigands par superstition. Il ne s'agissoit pas de s'assurer de la justice d'une entreprise : il suffisoit de consulter les augures, dont l'interêt public étoit toujours l'interprète, & le soldat ne doutoit pas qu'il n'obéît aux dieux.

Elle ne les portoit pas à la paix.

Dès que les Romains n'étoient pas capables d'être conduits par la lumiere, Numa eût mal fait de raisonner avec eux : il ne pouvoit employer que la superstition. Mais ses institutions ne corrigeoient pas le caractère du peuple : elles le dirigeoient seulement vers le bien public ; & ce bien public n'étoit & ne pouvoit être qu'un brigandage. Tout citoyen religieux fut donc un soldat qui se croyoit tout permis avec les ennemis, c'est-à-dire, avec les peuples voisins. Si Numa, comme on le dit, & comme en effet, il le paroît, a cru faire des Romains un peuple pacifique, il s'est prodigieusement trompé.

Pourquoi les mêmes superstitions ont eu plus d'influence à Rome qu'en Etrurie.

Quand je rapporte des institutions à Romulus & à Numa, ce n'est pas que je veuille assurer qu'ils en sont les auteurs. Mais la tradition, qui les leur attribue, prouve qu'elles sont anciennes. Plusieurs même remontent plus haut que la fondation de Rome, en quelque temps qu'on la suppose. Avant Romulus, la religion des peuples d'Italie avoit, pour base, toutes les superstitions des augures. C'étoit une conséquence que chacun d'eux crût être l'objet des dieux qu'il consultoit. Or, les Romains ayant été, par les circonstances, plus soldats que les autres, ont eu plus de succès, &, par conséquent, plus d'occasions de se persuader que les dieux protégeoient particuliérement leur ville. Voilà pourquoi, cette religion a eu plus d'influence à Rome, qu'en Etrurie, d'où les Romains l'avoient tirée.

Le gouvernement, d'abord mixte, devint despotique sous Tarquin le superbe; & les rois ayant été chassés, la république commença. Mais si les Romains étoient capables de faire une révolution subite, ils ne savoient pas prendre, avec la même promptitude, les mesures convenables à la position où ils se trouvoient. Une idée vague de liberté faisoit desirer à tous de ne pas obéir; & pour ne pas obéir, tous auroient voulu commander. De là, naissoit une inquiétude qui devoit les agiter sans interruption, & qui ne pouvoit s'éteindre que lorsqu'ils porteroient des fers. N'ayant point eu de législateurs, ils ont été réduits à suivre les anciens usages, ou à ne faire des réglements qu'après coup, & d'ordinaire avec peu de prévoyance. Toujours forcés par les conjonctures, toujours remués au gré

Les Romains n'ont jamais pu avoir une idée de la vraie liberté.

des diffentions, il ne leur a pas même été possible de se faire une idée exacte de la liberté qu'ils cherchoient.

Après l'expulsion des Tarquins, les patriciens font seuls souverains.

Après l'expulsion des Tarquins, le gouvernement de Servius Tullius se conserva sous les consuls, & ce fut une source de diffentions, parce que les riches ou les patriciens se trouverent seuls souverains.

Je dis, *les riches ou les patriciens*, & en effet, ce devoit être la même chose : car d'un côté, les Romains ne pouvoient s'enrichir que par des conquêtes ; & de l'autre, les patriciens ont toujours eu, sous les rois mêmes, la plus grande part des terres conquises. Aussi les historiens remarquent-ils que, lorsqu'on établit les consuls, toute l'autorité se trouva entre les mains des patriciens, & cependant les réglements de Servius Tullius la donnoient aux riches.

Auparavant les plébéiens avoient une autorité que les usages limitoient.

Avant Servius Tullius, & lorsque les assemblées se tenoient par curies, les plébéiens avoient la principale autorité ; parce qu'ils étoient en plus grand nombre, & que le plus grand nombre faisoit les loix. Ils étoient souverains dans les comices : car leur volonté avoit son effet, sans le consentement, comme avec le consentement des patriciens.

Mais les souverains avoient un frein dans les usages établis. Ils ne pouvoient pas, ou du moins ils n'imaginoient pas pouvoir confier le gouvernement à des magistrats, pris indifféremment dans l'un ou l'autre des deux ordres. Ils les choisissoient toujours parmi les patriciens.

Ceux-ci, d'ailleurs, étoient seuls en possession du sacerdoce. Maîtres des augures, ils les trouvoient favorables ou contraires, suivant qu'une entreprise leur étoit favorable ou contraire à eux-mêmes, & ils avoient tiré ce parti de la religion, qu'elle sembloit n'être faite que pour eux, & qu'elle les mettoit infiniment au dessus des plébéiens. Le sacerdoce leur confirma de plus en plus ces avantages, lorsqu'après l'établissement du consulat, les comices par centuries réunirent en leur personne la souveraineté aux distinctions.

Autorité que le sacerdoce donne aux patriciens.

Alors le gouvernement fut une aristocratie héréditaire. La souveraineté retenue, comme de droit, par les patriciens, passa des peres aux fils, & les familles plébéiennes ne purent plus y avoir aucune part.

Après l'établissement du consulat, le gouvernement est une aristocratie héréditaire & tyrannique.

Cette aristocratie crut ne pouvoir se maintenir que par la tyrannie. On jugea que plus les plébéiens seroient misérables, plus ils seroient dans la dépendance, & tout contribuoit à les rendre misérables. Car la guerre, qui étoit à Rome le seul moyen de s'enrichir, n'enrichissoit que les patriciens, qui se saisissoient de toutes les terres conquises, ou qui les ac-

Y 2

quéroient bientôt par des usures, s'ils avoient été obligés d'en céder.

A la vérité, les magistratures passerent dans les familles plébéiennes: mais cette révolution ne fut favorable qu'au plus petit nombre. Aussitôt qu'un plébéien avoit part à la souveraineté, il prenoit la façon de penser des patriciens; & la multitude, qui l'avoit élevé, trompée dans son attente, restoit dans la sujétion & dans la misere. Voilà pourquoi Rome, devenue la capitale d'un vaste empire, renferma un peuple pauvre, oisif & inutile.

Le tribunat devoit, tôt ou tard, ruiner cette puissance.

Lorsque le peuple se fut retiré sur le mont sacré, les patriciens, trop avares pour abandonner des richesses acquises par des usurpations ou par des usures, aimerent mieux lui donner des protecteurs pour l'avenir, que de lui faire justice sur le passé. On créa donc les tribuns; & parce qu'on ne leur accorda que le droit de s'opposer à ce qu'ils jugeroient contraire aux intérêts des plébéiens, on ne prévit pas combien ils seroient redoutables. Ils ne tarderent pas néanmoins à donner des preuves de leur puissance, puisque, trois ans après, ils bannirent Coriolan. Comme le titre de protecteurs du peuple emportoit le droit de réprimer toute vexation, il n'étoit pas naturel qu'ils s'en tinssent scrupuleusement à prononcer leur *veto*. Ils devoient porter continuellement de nouveaux coups à la puissance des patriciens, & la ruiner par conséquent, tôt ou tard.

Pour bannir Coriolan, les tribuns avoient pris sur eux de convoquer le peuple par tribus; & c'est l'époque, où ils furent véritablement magistrats. Car à la tête de ces comices qu'ils assembloient sans consulter les augures, & d'où ils excluoient les patriciens, ils pouvoient déja balancer la puissance des consuls. Alors commença la démocratie, ou, pour parler avec plus d'exactitude, il y eut alors deux républiques dans Rome, l'une composée des patriciens, & l'autre des plébéiens. C'étoient deux souverains, qui, toujours divisés dans la paix, ne pouvoient se réunir que contre un ennemi commun.

Peu après l'établissement du tribunat, il y eut deux républiques dans Rome.

La loi agraire, proposée par S. P. Cassius, l'an de Rome 267, fut une source intarissable de dissentions, parce que cette loi ne pouvoit jamais s'exécuter. Aussi ce ne fut qu'un appas que les tribuns présenterent au peuple, pour se faire un appui contre les patriciens, & pour s'élever aux dignités.

La loi agraire ne servit qu'à l'élévation des tribuns.

Ce qui leur fut, sur-tout, favorable, c'est qu'on changea la forme des comices par centuries, pour leur faire prendre en partie celle des comices par tribus. Il n'est pas possible, à la vérité, ni de marquer le temps où se fit ce changement, ni d'expliquer exactement en quoi il consistoit. Mais il est certain que le droit

Les changements faits dans la forme des comices par centuries, leur furent, sur-tout, favorables.

de prérogative fut transporté aux comices par centuries. Or, par là, celle qui renfermoit le plus de plébéiens, pouvoit voter la première; & cela suffisoit pour faire passer, au moins quelquefois, toute l'autorité dans le second ordre. Car le suffrage de la prérogative entraînoit d'ordinaire tous les autres; le sort, qui l'avoit déclarée, faisant présumer que les dieux manifestoient par elle leur volonté.

Comment les patriciens & les plébéiens cessant de faire deux ordres, on ne distingua plus que le sénat & le peuple.

Alors, dans les comices par centuries, les patriciens & les plébéiens luttoient, pour ainsi dire, & empiétoient, tour-à-tour, les uns sur les autres. Les patriciens pouvoient diviser le peuple, parce qu'ils entraînoient de leur côté une partie de leurs clients; & le peuple pouvoit aussi diviser les patriciens, parce qu'il y en avoit toujours qui prenoient ses intérêts, soit par justice, soit par ambition. Ainsi les deux souverains, qui partageoient la république, étoient toujours dans une espece de guerre, & avoient toujours aussi des intelligences, réciproquement l'un chez l'autre.

Dans cette confusion, les patriciens & les plébéiens cesserent peu-à-peu de faire des corps distincts. On ne remarqua plus que le sénat & le peuple, & ce furent alors ces deux ordres qui se disputerent la souveraineté. Le sénat attiroit dans son parti les plus riches citoyens: mais le plus grand nombre, les plus ambitieux, sur-tout, étoient dans le parti contraire.

Une chose soutint l'autorité du sénat sur son penchant : c'est le respect du peuple pour ce corps; respect dont il s'étoit fait une si grande habitude, qu'il fut long-temps avant d'oser tout ce qu'il pouvoit. Aussi y eut-il un intervalle, où le sénat & le peuple, les comices par centuries & les comices par tribus, les tribuns & les consuls maintenoient dans la république un équilibre presque parfait. Cet intervalle fut court, parce que l'équilibre ne tenoit qu'à l'opinion. On n'y étoit parvenu que par les dissentions qui avoient élevé les plébéiens: il ne pouvoit manquer de se détruire, lorsque, par de nouvelles dissentions, les plébéiens s'éleveroient encore.

Pendant un temps, l'autorité du sénat se maintint par le respect que le peuple avoit pour ce corps.

Ces dissentions furent infiniment avantageuses, parce qu'elles entretinrent l'émulation, & firent naître les talents à l'envi dans les deux ordres: les uns ne voulant pas perdre les magistratures, & les autres les voulant obtenir. C'est une fermentation qui produisit continuellement d'excellents citoyens, & qui rendit les Romains toujours plus redoutables.

Effets avantageux des dissentions.

Les effets les plus funestes naissent des mêmes causes, comme les plus avantageux: il suffit seulement que les circonstances viennent à changer. Les dissentions ne furent point sanglantes, tant que le sénat put suspendre les entreprises des tribuns, en leur cédant de nou-

Y 4

veaux honneurs. C'est ce qu'on remarque pendant plus de deux siecles. Les grandes & longues guerres qui survinrent ensuite, permirent à la république d'être assez tranquille au dedans. Après la ruine de Numance, les troubles recommencerent.

<small>Comment les dissentions dégénerent en factions & produisent l'anarchie.</small>

Les tribuns s'étoient ouvert & frayé un chemin aux dignités : ils n'avoient plus rien à désirer à cet égard. Leur inquiétude désormais ne pouvoit donc avoir pour cause, que l'ambition de devenir les tyrans de la patrie, ou le dessein de soulager les pauvres, en réduisant les riches dans les bornes prescrites par les loix agraires. Il est évident que ces deux projets devoient également diviser les citoyens en différents partis, & les armer, soit pour conserver leurs biens, soit pour défendre leur liberté. Ce n'étoit plus le temps de ces dissentions, que le sénat appaisoit par le sacrifice de quelques magistratures. Les factions commençoient, & le sang devoit couler. Le sénat arma le premier, & dès qu'il eut donné l'exemple de la violence, les tribuns, à la tête du peuple, ne furent plus que des factieux. Alors le gouvernement ne fut ni aristocratique, ni démocratique : ce fut une anarchie.

<small>Cette anarchie prépare les citoyens à plier sous le</small>

Dans ce désordre, les esprits se disposent peu-à peu à plier sous le joug d'un maître; on commence à dire que la république a besoin d'un chef; & les citoyens courageux luttent vainement pour défendre la liberté expirante; en croyant sauver la république, ils la plongent dans de nouveaux malheurs. Cependant les factions, qui se formoient dans Rome, ne pouvoient produire que des tyrans passagers : c'est la grandeur de l'empire qui devoit enfin assujettir les Romains pour toujours.

joug d'un maître.

En effet, la grandeur de l'empire occasionnoit dans les comices un désordre favorable aux citoyens qui aspiroient à la tyrannie. C'est ce qu'il faut expliquer.

Combien les désordres, qui s'introduisent dans les comices, deviennent favorables aux citoyens ambitieux.

Au commencement de la république, les tribus & les centuries pouvoient s'assembler facilement, parce que le territoire de Rome étoit fort borné. Mais lorsqu'après la prise de Veïes, les tribus se multiplierent, & que plusieurs se trouverent éloignées de Rome, il ne fut plus si facile à tous les citoyens de se trouver aux comices. On a lieu de présumer, que, parmi ceux qui n'étoient pas à portée de s'y rendre, plusieurs n'y venoient qu'autant qu'ils y étoient appellés par des intérêts particuliers ; & que, par conséquent, ils ne conservoient pas le même amour de la patrie, ou que même ils s'accoutumoient insensiblement à la façon de penser des peuples dont ils étoient voisins.

Cet inconvénient fut encore plus sensible, lorsqu'on eut donné le droit de cité à tous les peuples d'Italie. Tant de citoyens ne pouvoient se rassembler à Rome, & cependant il n'y en venoit que trop encore. Comme ils y arrivoient avec des vues différentes, ils se divisoient, ils formoient des partis, & la république étoit sacrifiée.

Pour diminuer l'influence des nouveaux citoyens, qui, par leur nombre, se seroient rendus maîtres des comices, le censeur les accumuloit dans un petit nombre de tribus, & il avoit encore la précaution de les inscrire dans les tribus, dont ils étoient le plus éloignés. C'étoient ordinairement les tribus de la ville, ou quelques unes des tribus rustiques de Servius Tullius.

Alors les anciens citoyens, ne voulant pas être confondus avec les nouveaux dans les mêmes tribus, desirerent de passer dans les tribus consulaires; & l'usage s'introduisit de les répartir dans différentes tribus, sans avoir égard aux lieux qu'ils habitoient.

Si les tribus avoient continué d'être, comme sous Servius Tullius, une division purement locale, le grand nombre des citoyens qui pouvoient venir aux comices, n'auroit pas permis de s'assurer de la tribu à laquelle chacun d'eux appartenoit. La chose étoit encore moins praticable, depuis que les tribus étoient devenues une division politique: car il auroit fallu prendre un à un tous les citoyens qui se présentoient, & consulter les regîtres. Or, c'est une précaution qu'on ne prenoit pas, & qu'on ne pouvoit pas prendre, sur-tout, dans les derniers temps de la république, où les comices, convoqués à la hâte, se formoient tumultuairement. Ces assemblées n'étoient donc qu'une multitude confuse de gens qui se distribuoient comme ils le jugeoient à propos, & de la maniere la plus conforme à leurs vues. Voilà pourquoi on voyoit des plébiscites que le peuple ne savoit pas avoir faits. Tels sont les désordres qui se trouvoient dans les comices depuis que la république avoit trop multiplié le nombre de ses citoyens.

Il est facile de juger comment, au milieu de ces désordres, les ambitieux gagnoient les uns, intimidoient les autres, & séduisoient la multitude. Mais c'étoit toujours à recommencer, parce qu'après avoir exercé les magistratures, on redevenoit simple particulier, & qu'il falloit briguer de nouveau pour les obtenir une seconde fois. Le temps n'étoit pas encore arrivé, où l'on se serviroit du peuple pour avoir des légions, & des légions pour soumettre le peuple.

Il a été un temps où les généraux ne pouvoient pas abuser de leur puissance, parce que les soldats, auxquels ils commandoient, étoient autant de citoyens jaloux de leur liberté, ou du moins, à qui le nom de Tyran étoit odieux. On ne pouvoit donc pas crain-

Sylla est l'époque où les ambitieux aspirent à la tyrannie.

dre, qu'alors les légions s'armaſſent pour leur chef contre la république ; elles ſe feroient, au contraire, ſoulevées contre lui, pour peu qu'elles l'euſſent ſoupçonné d'aſpirer à la tyrannie. Il n'y auroit eu, par conſéquent, que de la témérité dans un pareil projet, & cette ſeule conſidération en écartoit juſqu'à l'idée.

Cependant la république auroit pu être ruinée plutôt qu'elle ne l'a été. Elle ſe ſoutint, moins par ſa propre conſtitution, que par la force des préjugés. Il y a, dans l'eſprit de chaque peuple, une certaine allure, que tout le monde ſuit long-temps, avant que perſonne penſe à porter la vue au de-là. Or, parce que les Romains s'étoient fait une habitude de regarder les magiſtratures comme le comble de l'ambition, il arriva que ceux qui les avoient obtenues, n'imaginoient rien de mieux que de les obtenir encore. Le corps des citoyens penſoit ainſi, par haine pour la tyrannie, & cette façon de penſer ſe communiquoit par imitation à chaque particulier. Marius n'eût deſiré que d'être toujours conſul, & Sylla ſe vit maître de Rome, ſans en avoir formé le projet.

Ce fut alors que les ambitieux ouvrirent les yeux, & que les généraux, déjà ſouverains dans leurs gouvernements, découvrirent que les légions étoient à eux, & qu'ils pouvoient commander dans Rome. Voilà les circonstances où César, qui, un siecle plutôt, eût été bon républicain, projeta de donner des fers à sa patrie. C'est la tyrannie de Sylla qui lui en fit naître le dessein, & il en forma le plan avant même d'avoir passé par aucune magistrature. Il réussit, & peut être n'eût il pas été assassiné, si, content de la puissance, il n'eût pas ambitionné de dompter jusqu'à l'imagination des Romains, en s'obstinant pour de vains titres.

Enfin toutes les circonstances se réunissent pour la ruine de la république, & Auguste regne. La fin tragique de César fut une leçon pour ce tyran, qui eût continué d'être cruel, s'il n'eût pas craint pour sa vie. Il parut peu redoutable, & ce fut la cause de ses succès. Il dut l'empire à la trop grande confiance du sénat, au desespoir précipité de Cassius & de Brutus, & aux extravagances d'Antoine. Il y a des hommes qui naissent bien à propos. Auguste, dans tout autre temps, eût été honteusement chassé de sa légion.

Circonstances qui achevent la ruine de la république.

Toutes les circonstances étoient pour lui. Le cri de la liberté ne se faisoit plus entendre, depuis que les plus fiers républicains étoient ensévelis sous les ruines de la république. On avoit long-temps gémi au milieu des desordres: toutes les familles se ressentoient des guerres, qui avoient déchiré l'empire. Si l'on n'osoit demander un maître, on sentoit au moins le besoin qu'on avoit d'un chef ; & la paix sembloit devoir tenir lieu de liberté. Auguste, se conformant à cette disposition des esprits, s'offrit pour chef, & donna la paix.

Conduite d'Auguste pour assurer sa puissance.

Ce repos fut un moment délicieux pour les Romains. Trop heureux d'être sortis de l'anarchie, ils ne portent point leur vue dans l'avenir, ils ne voyent que le présent c'est le sénat qui gouverne, avec un prince qui le consulte, & qui le respecte. Le peuple s'assemble : c'est lui qui fait les loix, c'est lui qui nomme aux magistratures. En un mot, la république frappe seule les yeux : on ne perce point jusqu'à la puissance cachée qui la dirige, on ne la craint pas. Qu'importe en effet, quand on est heureux, de savoir si on est libre ? C'est ainsi, Monseigneur, qu'ont pensé tous les peuples. Ils aiment moins la liberté, qu'ils ne haïssent la tyrannie, & lorsqu'ils se soulevent, c'est contre les tyrans. Observez donc la conduitez d'Auguste : comparez-la donc avec celle de ses successeurs, & voyez qui vous devez imiter.

Auguste sut, pour son bonheur & pour celui des Romains, entretenir l'illusion du peuple. Il ramena l'abondance : il affecta de donner des marques de considération aux citoyens, qui avoient l'estime publique : il éleva aux magistratures des républicains zélés,

& ménagea jufqu'à ceux qu'il fut obligé d'exclure du fénat : enfin il affura la paix, & il donna des fpectacles.

Il refufe le titre odieux de dictateur. Il n'accepte que les magiftratures, qui s'affocient avec les idées de liberté. Il refufe quelquefois le confulat, pour ne pas devenir fufpect, en le rendant perpétuel dans fa perfonne. Il feint de vouloir fe retirer, au moment du plus grand enthoufiafme. Il ne confent à gouverner encore la république, que pour obéir aux défirs du fénat & aux ordres du peuple. Enfin il ne s'engage que pour dix ans ou pour cinq. Par cette conduite, il intéreffe tous les citoyens à fon fort, & on accumule infenfiblement fur lui toutes les magiftratures. Le peuple, que les malheurs précédents avoient dégoûté d'ufer de fon pouvoir, chérit un joug dont le poids ne fe fait pas fentir.

Augufte n'étoit que le miniftre de la république. Il n'étoit que ce qu'avoient été avant lui ces magiftrats que le peuple avoit jugés plufieurs fois ; & fon gouvernement fut modéré, parce qu'il parut toujours prendre le peuple pour juge. En un mot, il vouloit n'être, ou du moins ne paroître qu'un adminiftrateur, qui tenoit tous fes pouvoirs du peuple & du fénat, qui leur en devoit compte, & qui ne les avoit reçus que pour un temps limité. Cependant cette conduite modérée

Il accoutume le peuple à l'efclavage.

n'étoit qu'un effet de sa politique; & l'ordre, qu'il avoit établi, ne forçoit pas ses successeurs à se conduire avec la même modération. Cet ordre même ne pouvoit subsister, parce qu'il dépendoit uniquement de la volonté du souverain, il devoit donc dégénérer en despotisme.

De l'anarchie, qui avoit étouffé tout amour de liberté, les Romains avoient passé brusquement sous la domination d'un maître, qui leur avoit fait aimer leur esclavage. Le caractère du peuple avoit donc changé tout à coup. Ces ames, autrefois fieres, courageuses, républicaines, s'étoient fait subitement une habitude d'obéir; & toute leur lâcheté devoit se montrer, aussitôt qu'un tyran oseroit les traiter en esclaves. Telle étoit la disposition des esprits, lorsque Tibere parvint à l'empire.

Le despotisme se décele sous Tibere.

Ce prince la connut, sans-doute, & il ne craignit point de s'écarter du plan d'Auguste. D'ailleurs il étoit naturellement trop méfiant, pour tenir une conduite qui paroissoit montrer de la confiance. Il dissimula, tant qu'il craignit un concurrent. Il essaya peu-à-peu sa puissance. Il s'enhardit enfin, & il regna en despote. Il ne conserva quelque autorité au sénat, que pour en faire l'instrument de sa tyrannie; & il ôta les comices au peuple.

Les

Les progrès du despotisme sont naturellement rapides. Cependant un prince, aussi inconsidéré que cruel, étoit fait pour les hâter. Tibere faisoit au moins accuser ceux qu'il vouloit condamner, & le sénat les jugeoit. Caligula n'eut besoin ni des délateurs ni du sénat. Dans ses insomnies, parce qu'il ne dormoit pas & que les citoyens exilés dormoient, il ordonnoit de leur ôter la vie, & on les égorgeoit.

Il se montre à découvert sous Caligula.

Ce qui étoit décidé dans le conseil d'Auguste, avoit la même force, que ce qui avoit été arrêté dans le sénat. Claude pouvoit user de ce droit; mais ce vieil enfant, imbécille, se laissa conduire au despotisme par ses valets. Il jugea sans conseil; il voulut que ses affranchis jugeassent comme lui, avec la même autorité; & ses procurateurs, répandus dans les provinces, devinrent des especes de souverains. Il ne fallut que quatre empereurs pour faire passer la puissance, du peuple au sénat, du sénat au prince, du prince aux valets. Voilà la route que prit le despotisme, & son dernier terme.

Sous Claude il met toute l'autorité entre les mains des affranchis.

Néron fit voir combien il est difficile à un despote de lasser la patience d'un peuple corrompu & avili. Comment ne se seroit-il pas enhardi à toutes les indécences & à tous les attentats, puisqu'il étoit toujours assuré des applaudissements du peuple, de ceux du sénat, de

Sous Néron il ose tout.

ceux de Burrhus même, qui applaudiſſoit, malgré lui, à la vérité, mais enfin qui applaudiſſoit.

Avidité qui croît avec le luxe.

Le luxe, qui avoit commencé dans les derniers temps de la république, avoit toujours fait des progrès; & il devoit croître ſous des princes deſpotes, dont l'intérêt n'eſt pas de le réprimer. Les beſoins qu'il ne ceſſe de multiplier, achevent l'aſſerviſſement des peuples. Néron donna l'exemple, & le luxe fut porté aux derniers excès. Alors il n'y eut plus d'ambition, il n'y eut que de l'avidité. Othon deſira l'empire pour réparer une fortune ruinée; & Vitellius, pour aſſouvir la débauche la plus crapuleuſe.

C'eſt inutilement qu'on amaſſoit des richeſſes; les profuſions du luxe ne permettoient pas de s'enrichir; & on n'en devenoit que plus avide. Cette avidité fut contagieuſe. Elle corrompit tous les ordres de l'état, & ſur-tout, les ſoldats, qui étoient trop néceſſaires au deſpote, pour ne pas partager avec lui les dépouilles des citoyens. Voilà ce qui ruina la diſcipline.

Cette avidité ruine la diſcipline militaire.

Pendant la république, on donnoit des gratifications aux ſoldats, mais peu conſidérables; ce n'étoit qu'une partie du butin fait ſur l'ennemi. Dans les guerres des deux triumvirats, on leur en fit de grandes, & on les prit ſur les biens des citoyens mêmes.

Claude acheta la faveur des gardes prétoriennes. Néron, qui ne se contenta pas de l'acheter une fois, ne cessa de leur faire des largesses. C'étoit une nécessité, que chaque despote sentit le besoin de les ménager toujours davantage, c'est à dire, de les corrompre par de plus grandes profusions.

Les gardes prétoriennes pouvoient se contenter des largesses d'un prince, qui étoit reconnu, aussitôt qu'elles l'avoient fait. Mais quand les armées disposerent de l'empire, elles eurent bien plus d'avidité. Obligées de marcher pour l'assurer à leur général, elles regarderent les richesses de l'Italie & de Rome, comme un butin qu'on devoit leur livrer, & c'est ce qui acheva de ruiner la discipline. Après la mort de Néron, le défaut de subordination produisit les plus grands désordres.

L'ordre, qui se rétablit sous Vespasien & sous Titus, fit voir que toute la force du gouvernement étoit dans la sagesse du prince; & que les loix, toujours méprisées sous les tyrans, sont respectées, quand le prince les respecte. Mais Titus, les délices des Romains, ne fit que paroître, & sous la tyrannie de Domitien, tout rentra dans l'avilissement & dans la confusion. Passons au plus beau siecle de l'empire, & nous nous convaincrons de plus en plus, que la sagesse du souverain faisoit toute la force du gouvernement.

Alors la sagesse du prince faisoit seule toute la force du gouvernement.

Nerva, Trajan, Adrien, Antonin, Marc-Aurele, quels princes, Monseigneur? Je suis fâché que les vices d'Adrien fassent une tache à ce tableau: je reproche même à Trajan ses conquêtes. Mais Antonin, mais Marc-Aurele ne laissent rien à desirer. Que sentez-vous, quand vous lisez leurs regnes, après avoir vu ceux de Tibere, de Caligula, de Claude, de Néron & de Domitien?

Sous ces empereurs, le sénat reprend sa considération, les loix sont en vigueur, la discipline rétablit la subordination dans les troupes, les citoyens recouvrent leur liberté, la république renaît, ce sont ses magistrats qui gouvernent, & le despotisme est banni de l'empire. Mais Commode regne, & le bonheur des Romains ne paroît qu'un songe.

C'est de l'usage que les princes justes font de l'autorité, que nous devons apprendre quels sont les droits des souverains.

C'est en observant la conduite des princes éclairés & vertueux, que vous apprendrez, Monseigneur, quelle est la puissance légitime d'un souverain. Marc-Aurele, sur-tout, vous fera voir quelle en est l'étendue, & quelles en sont les bornes. Bien loin de se juger au dessus des loix, il ne se croyoit digne de commander, qu'en donnant l'exemple de l'obéissance; il ne se regardoit que comme le ministre de la république; & aulieu de dire, *tout est à moi; je n'ai rien en propre,* disoit-il au sénat; *la maison même que j'habite est à vous.* souvenez-vous donc que rien n'est au prince.

Mais la flatterie vous tiendra un autre langage.

Les soldats, qui avoient été contenus, n'en devinrent que plus audacieux sous Commode; & après que ce monstre eut été égorgé, l'empire fut offert à quiconque voulut être l'esclave des légions, pour devenir le tyran du peuple. Alors les attentats, qui se multiplient, creusent des précipices sous les pieds de ces tyrans. La plupart ne font que passer; & dans ce desordre, les meilleurs princes périssent par le fer.

Sort des despotes qui mettent toute leur confiance dans les soldats.

Tel est le sort des souverains, lorsque le peuple n'est rien à leurs yeux, & qu'ils ne comptent que sur la faveur des soldats. Cette faveur coûte cher, & elle coûte tous les jours davantage, parce que l'avidité croît d'autant plus qu'on tente de l'assouvir par de plus grandes largesses. Il vient donc un temps où le despote n'est pas assez riche. Alors l'état se ruine, & la vie du tyran n'en est pas plus assurée.

Commode fut la premiere cause de ces désordres. Sévere les accrut par le relâchement de la discipline, & Caracalla par les profusions immenses qu'il fit aux soldats. Il fut assassiné; &, après lui, Macrin, Héliogabale, Alexandre, les deux Maximins, les deux premiers Gordiens, Maxime, Balbin, le troisieme Gordien, Philippe, Decius, Gallus, Emilien, Valerien livré par trahison aux Perses, & Gallien son fils; Celui-ci fut égorgé après avoir partagé l'empire avec une multitude de tyrans, qui oserent prendre le titre d'Augustes, & qui périrent presque tous de mort violente. Si quatre grands hommes qui se succéderent, Claude, Aurelien, Tacite, Probus, parurent dignes de commander, les trois derniers furent encore assassinés; &, après eux, Carin & Numérien eurent le même sort.

Dioclétien ôte aux soldats le pouvoir de vendre l'empire.

On ne prévoyoit pas quelle seroit la fin de ces desordres. Car les soldats qui avoient vendu l'empire, vouloient toujours le vendre; & le tyran, qui l'achetoit, les armoit bientôt contre lui, parce qu'il avoit contracté une dette, qu'il ne pouvoit acquitter. Il s'agissoit donc de leur ôter le pouvoir de vendre l'empire. Dioclétien le leur ôta. Le plan néanmoins qu'il se fit, souffroit, dans l'exécution, de grandes difficultés, & entraînoit de grands abus. On n'imagine pas comment il pouvoit se flatter de contenir ses collegues; & s'il eût échoué, nous le regarderions comme le plus imprudent des hommes. Mais vingt ans de succès font son éloge, sur-tout, quand on pense au caractère de Maximien Hercule & à celui de Galere.

Comment le gouvernement de Rome se complique, à mesure que l'em-

C'est ici le lieu de considérer comment les ressorts du gouvernement se compliquent & s'affoiblissent, à mesure que l'empire s'étend, & que la corruption générale des mœurs en désunit les parties.

Quand la république commença, la souveraineté se trouvoit dans les comices par centuries, & les consuls étoient tout-à-la fois les magistrats du peuple & les généraux des armées. Ce système simple auroit pu subsister, si les patriciens n'avoient pas abusé de l'autorité. Mais leur avarice souleva les plébéiens, & servit de prétexte à l'ambition des tribuns. Il y eut bientôt deux sortes de comices, deux espèces de souverains, & les magistratures se multiplièrent.

Voilà déja les ressorts qui s'embarrassent, & les troubles croissent avec les dissentions. Mais les ennemis, qui pressent de tous côtés, rapprochent les parties qui tendoient à se désunir, & la république agit au dehors avec toutes ses forces. On prévoit donc qu'elle ne se soutiendra, qu'autant que les parties, qui se divisent, seront contenues par des forces étrangeres : mais, parce que ces forces diminueront, à mesure qu'elle s'étendra elle-même, on prévoit encore qu'elle doit enfin se dissoudre. Les dissentions, qui ont été le principe de sa grandeur, seront donc la cause de sa ruine.

En effet, les consuls ne suffisant pas pour gouverner la capitale & les provinces, il fallut créer des proconsuls; & bientôt après, il fallut continuer ces nouveaux magistrats, & leur donner le temps de finir les guerres qu'ils avoient commencées. Or, cette nouvelle ma-

pire s'étend, & que la corruption générale des mœurs en désunit les parties.

giſtrature devoit un jour être funeſte à la république. Les proconſuls ne pouvoient manquer de devenir plus puiſſants que les conſuls mêmes; puiſqu'ils avoient toujours une armée, qu'ils étoient plus long-temps en charge, & qu'éloignés de Rome, ils étoient plus indépendants.

Cependant les factions, qui continuoient dans la capitale, entraînoient des abus d'autant plus grands, que la puiſſance des factieux s'étoit accrue avec celle de la république. Mais quelque ſanglantes qu'elles fuſſent, ce n'étoient encore que des émeutes, où le ſénat & le peuple, tour-à-tour vainqueurs & tyrans, s'arrachoient la ſouveraineté, ſans pouvoir ſe donner un maître. Il falloit donc faire marcher les légions. Elles ſeules pouvoient réprimer les factieux, commander dans Rome, & de Rome à tout l'empire. Ainſi à l'approche de Sylla, Marius s'enfuit; & Pompée s'enfuit encore, dès qu'il apprit que Céſar avoit paſſé le Rubicon.

Il n'étoit plus poſſible de ſimplifier le gouvernement: l'empire étoit trop vaſte pour être gouverné par un petit nombre de magiſtrats. Auguſte ſuivit le plan qui ſe trouvoit établi. Il ne fit d'autre changement, que de rendre les armées ſédentaires, & de faire du corps des ſoldats un ordre différent de celui des citoyens; par cela ſeul, le gouvernement fut plus compliqué. Il eût, ſans doute, été plus ſimple & plus avantageux pour la liberté, que chaque Romain eût continué d'être citoyen & soldat. Mais ce n'étoit pas l'intérêt du prince : & à la longue, d'ailleurs, ce plan fût devenu impraticable. Ainsi par la nature des choses, & par les vues cachées du souverain, les armées étoient autant contre les peuples de l'empire, que contre les ennemis ; & si elles pouvoient défendre les citoyens, elles pouvoient encore plus facilement les faire plier sous le joug de la tyrannie.

Les entreprises des soldats après Néron, après Commode, & qui ayant recommencé après Caracalla, ne cesserent que sous Dioclétien, sont moins un gouvernement, qu'une anarchie militaire qui préparoit la dissolution de toutes les parties de l'empire. Il n'étoit plus possible, avec le plan d'Auguste, de corriger des abus si multipliés : c'est ce plan même qui les avoit amenés. Ce fut donc une nécessité à Dioclétien de compliquer encore le gouvernement, non qu'il pût se flatter d'en corriger tous les vices : mais il y avoit des abus, auxquels il falloit apporter un prompt remede, & il les réprima.

C'est toujours une preuve de décadence, quand un gouvernement a besoin d'être compliqué. S'il acquiert de nouvelles forces, il ne les conservera pas long-temps, & de nouveaux abus naîtront de la complication même. Il ne seroit pas facile d'imaginer ceux qu'entraînoient quatre princes, quatre cours, quatre grandes armées, & la multitude d'emplois que chacun de ces souverains créoient dans leurs départements. On vit tous les défauts de ce gouvernement, quand Dioclétien ne l'anima plus.

L'empire fut aussitôt divisé, & les guerres civiles, qui recommencerent, ne finirent, que lorsque toutes les provinces furent réunies sous un seul chef.

<small>En changeant tout, Constantin a précipité la ruine de l'empire.</small>

Quand un bâtiment tombe en ruine, on l'étaye comme on peut. C'est proprement ce que fit Dioclétien, & on lui doit la justice de n'avoir fait que les changements auxquels il parut forcé. Il n'en est pas de même de Constantin. Impatient de tout changer, il changea tout sans nécessité. Il précipita même ses entreprises, & donna à tout ce qu'il fit aussi peu de solidité qu'aux murs de Constantinople.

Quoiqu'avant Constantin, l'empire tendît à sa dissolution, il y avoit cependant encore quelque liaison entre ses parties. Le préjugé ne permettoit pas même de penser qu'il pût être divisé, & un général soupçonné de vouloir s'établir souverain dans une seule province, eût été abandonné de ses troupes. Ce préjugé subsistoit même au temps de Gallien: Car alors, quoique chaque Auguste fût cantonné dans un coin de l'empire, aucun d'eux ne renonçoit à l'empire entier.

Mais lorsqu'il y eut deux capitales, il parut y avoir deux empires; &, en effet, il y en eut bientôt deux: ils eurent des intérêts séparés, & ils ne furent plus les parties d'un même tout. Il est vrai qu'il reste toujours quelques traces de l'ancien préjugé. On voit que les empereurs se regardoient comme collegues; que d'ordinaire les loix, quoique faites par un seul, étoient publiées au nom des deux; que des deux consuls, l'un étoit élu en occident & l'autre en orient, & qu'ils avoient besoin d'être reconnus dans les deux empires. Cet usage, qui a souffert quelques exceptions, prouve le pouvoir du préjugé.

L'empire auroit eu besoin d'un réformateur. Je ne dis pas qu'il fût possible de ramener les mœurs à l'ancienne simplicité : mais au moins pouvoit-on les corriger en quelque chose. Constantin n'y pensa pas. Lui qui vouloit tout changer, il transporta dans la nouvelle capitale tous les abus de l'ancienne. Il crut qu'il étoit de la grandeur du souverain d'être entouré d'une populace immense, qui ne subsisteroit que par ses largesses; & il ajouta le fierté asiatique au luxe, qu'il falloit réformer.

Dans les temps de la république, les mêmes citoyens, tout-à-la fois magistrats & généraux, rendoient la justice, & commandoient les armées. Cet usage subsista sous Auguste & sous plusieurs de ses successeurs; & ce fut dans le troisieme siecle de l'ere vulgaire, que les fonctions militaires & les fonctions civiles commencerent à être réparties à des citoyens différents. Constantin voulut achever cette révolution, & il l'acheva. Son dessein étoit de diviser pour affoiblir, & d'affoiblir pour jouir lui-même d'une puissance arbitraire & sans bornes.

Il divisa donc l'empire en quatre préfectures, les préfectures en dioceses, & les dioceses en provinces. Dans chaque préfecture, il mit un préfet du prétoire; dans chaque diocese, un vicaire du préfet, & dans chaque province, un magistrat subordonné au vicaire du diocese, dont elle faisoit partie. Tous ces gouverneurs n'étoient que des officiers civils, dont la puissance ne pouvoit faire ombrage. Cependant pour se précautionner contre les préfets du prétoire, dont le nom seul sembloit faire peur au souverain, Constantin imagina d'instituer le patriciat, & de mettre cette dignité sans fonctions au dessus de la préfecture.

Il créa deux maîtres de la milice, l'un pour l'infanterie, l'autre pour la cavalerie. Ils avoient l'inspection sur les troupes, & c'étoit à eux de regler tout ce qui concernoit la discipline. Mais pour élever une barriere à leur ambition, il ne leur donna le rang qu'après les consuls, les patrices, les préfets du prétoire, le préfet de Rome & celui de Constantinople. Il y avoit encore des généraux, qu'on nommoit ducs ou comtes, & qui commandoient les troupes d'une province. Ce second titre étoit alors supérieur au premier, & se joignoit à bien des emplois.

Dès qu'une fois il y eut des titres sans fonctions, on les multiplia, parce que le souverain se flattoit d'amuser l'ambition par de vains honneurs. On vit des *perfectissimi*, des *egregii*, des *clarissimi*, des *spectabiles*, des *illustres* & des *nobilissimi*. On ne se saluoit plus qu'en se donnant de l'excellence, de la révérence, de la magnificence, de la grandeur, de l'éminence, de la sublimité, &c. Cette politesse barbare se répandoit à mesure que le mérite devenoit plus rare.

Gallien avoit exclus des armées les sénateurs Romains: Dioclétien leur avoit enlevé les provinces, dont ils avoient le gouvernement depuis Auguste. Enfin, humiliés sous chaque despote, ils venoient d'achever de perdre toute leur considération par le transport du siege de l'empire à Constantinople. Ils devoient encore se voir insensiblement enlever toutes les dignités. Constantin leur préféroit les barbares, dont il croyoit n'avoir rien à redouter. Il se trompa, parce qu'on se trompe toujours, quand on veut établir le despotisme. Depuis cet empereur, dont la famille nombreuse fut bientôt exterminée, l'empire se précipita vers sa ruine;

& il est évident que ce fut l'effet d'une politique qui changea tout, qui ne réforma rien, & qui fut une source de nouveaux abus.

Sur la fin de l'empire, l'ignorance confond toutes les idées.

Je ne m'arrêterai pas sur les successeurs de Constantin. Les longs regnes des princes foibles, lorsque l'empire avoit le plus besoin d'un chef, n'offrent que des désordres qu'il suffit d'avoir parcourus. L'ignorance, qui fit des progrès rapides, confondoit toutes les idées. On ne savoit plus ce qui donnoit des droits à l'empire, & nous avons vu des femmes en disposer, parce qu'elles portoient le titre d'Auguste. Ce n'est pas la seule erreur où l'on tomba.

L'an de l'ere vulgaire 457, Léon reçut le diadême des mains d'Anatole, patriarche de Constantinople. Il est évident que cette cérémonie pieuse, qui se faisoit pour la premiere fois, supposoit l'empereur déja fait, & ne donnoit point au patriarche le droit de s'opposer, ni de concourir à l'élection. Cependant, en 491, Anastase successeur de Zénon, ayant été proclamé par le sénat & par l'armée, Euphême, alors patriarche de Constantinople, ne consentit à lui donner le diadême, qu'après que l'empereur, qu'il soupçonnoit d'être Eutychéen, eut signé une profession de foi, & eut promis de protéger les décrets du concile de Chalcedoine. Cette prétention ne parut pas même extraordinaire : car le sénat, qui pouvoit aller en avant, ne l'osa. Au contraire, il ne négligea rien pour engager le patriarche à lever son opposition. Or, si on pensoit déja qu'un hérétique ne peut pas être élu à l'empire, pourquoi ne penseroit-on pas un jour qu'un empereur hérétique peut être déposé?

Telle est la confusion qu'il y avoit dans le gouvernement & dans les idées, lorsque les peuples du nord, qui depuis long-temps se contentoient de piller les frontieres, furent poussés par les Huns; & que, forcés de chercher de nouvelles terres, ils s'établirent de gré ou de force dans les provinces romaines, & subjuguerent enfin l'empire d'occident. Comme toutes les circonstances s'étoient réunies pour l'agrandissement des Romains, elles se réunirent aussi pour leur ruine; & les disputes de religion, & les guerres civiles, & la corruption des mœurs, & la perte de la discipline militaire, & les vices du gouvernement, & la multitude des ennemis.

Tout concourt à la ruine de l'empire.

FIN du dixieme volume.

www.ingramcontent.com/pod-product-compliance
Lightning Source LLC
Chambersburg PA
CBHW050439170426
43201CB00008B/732